国家社会科学基金项目（13BZZ055）

充分就业的长效机制与公共政策重构研究

尹音频　等著

中国财经出版传媒集团
中国财政经济出版社

图书在版编目（CIP）数据

充分就业的长效机制与公共政策重构研究／尹音频等著．—北京：中国财政经济出版社，2018.2

ISBN 978 – 7 – 5095 – 7960 – 2

Ⅰ.①充… Ⅱ.①尹… Ⅲ.①就业政策 – 研究 – 中国 Ⅳ.①F249.214

中国版本图书馆 CIP 数据核字（2017）第 326971 号

责任编辑：胡　博　　　　责任校对：杨瑞琦
封面设计：孙俪铭　　　　版式设计：齐　杰

中国财政经济出版社 出版

URL：http://www.cfeph.cn
E – mail：cfeph@cfeph.cn

（版权所有　翻印必究）

社址：北京市海淀区阜成路甲 28 号　邮政编码：100142
营销中心电话：88190406　北京财经书店电话：64033436　84041336
北京财经印刷厂印刷　各地新华书店经销
787×1092 毫米　16 开　16.25 印张　289 000 字
2018 年 2 月第 1 版　2018 年 2 月北京第 1 次印刷
定价：58.00 元
ISBN 978 – 7 – 5095 – 7960 – 2
（图书出现印装问题，本社负责调换）
本社质量投诉电话：010 – 88190744
打击盗版举报热线：010 – 88190414　QQ：447268889

充分就业的长效机制与公共政策重构研究

国家社会科学基金项目（13BZZ055）

项目负责人： 尹音频

项目组成员： 杨晓妹　杨欣彦　王君斌　陈勇明
　　　　　　　张　莹　魏　彧　张丽丽　杨玲玲

CONTENTS 目 录

1 绪论 ……………………………………………………………（1）
  1.1 研究意义与研究目的 ……………………………………（1）
  1.2 研究方法与结构框架 ……………………………………（1）
    1.2.1 研究方法与技术路线 ………………………………（1）
    1.2.2 研究思路与内容结构 ………………………………（2）
  1.3 创新建树与结论启示 ……………………………………（4）
    1.3.1 主要特色与建树 ……………………………………（4）
    1.3.2 重要结论与政策启示 ………………………………（7）
  1.4 不足与展望 ………………………………………………（16）

2 公共就业政策的理论分析 ……………………………………（17）
  2.1 引言 ………………………………………………………（17）
    2.1.1 劳动经济学的研究 …………………………………（17）
    2.1.2 宏观经济学就业理论的研究 ………………………（17）
  2.2 公共就业政策机制分析 …………………………………（20）
    2.2.1 静态分析：公共就业政策机制 ……………………（20）
    2.2.2 动态分析：公共就业政策机制 ……………………（24）
  2.3 公共就业政策的经济效应分析 …………………………（27）
    2.3.1 公共就业政策与劳动力市场均衡 …………………（27）
    2.3.2 公共就业政策、经济结构与就业结构 ……………（39）
    2.3.3 公共就业政策与宏观经济均衡 ……………………（43）
  2.4 结语 ………………………………………………………（50）

3 中国充分就业的长效机制分析 (52)

3.1 引言 (52)
3.1.1 中国就业的影响因素分析 (52)
3.1.2 促进就业的长效机制分析 (53)

3.2 中国就业状况的总体判断 (54)
3.2.1 中国就业格局的现状分析 (54)
3.2.2 我国就业格局的未来趋势 (62)

3.3 中国就业的决定机制 (63)
3.3.1 中国就业决定机制：制度因素分析 (63)
3.3.2 中国就业决定机制：经济社会因素分析 (67)

3.4 保障充分就业的长效机制 (71)
3.4.1 保障充分就业的制度动力机制 (72)
3.4.2 保障充分就业的经济动力机制 (73)

3.5 结语 (75)

4 微观视角：公共就业政策效应的实证分析 (76)

4.1 引言 (76)
4.1.1 个人所得税与劳动供给的文献综述 (76)
4.1.2 公共就业政策与劳动力市场均衡的文献综述 (78)

4.2 个人所得税改革与劳动供给的实证检验 (81)
4.2.1 数理模型的设定 (81)
4.2.2 模型估计与数据时化 (83)
4.2.3 劳动供给的税收敏感度测度 (86)
4.2.4 结论与启示 (89)

4.3 公共就业政策与劳动力市场均衡的实证检验 (89)
4.3.1 公共就业政策与劳动力市场动态均衡的模型构建 (90)
4.3.2 公共就业政策对劳动力市场动态均衡影响的实证分析 (94)
4.3.3 基本结论与政策启示 (101)

4.4 结语 (103)
4.4.1 个人所得税改革对劳动供给的影响 (103)
4.4.2 公共就业政策对劳动力市场均衡的影响 (103)

5 中观视角：公共就业政策效应的实证分析 (105)

- 5.1 引言 (105)
  - 5.1.1 公共就业政策与产业就业结构的文献综述 (105)
  - 5.1.2 公共就业政策与城乡就业结构的文献综述 (107)
- 5.2 公共就业政策与就业结构的数理分析 (109)
  - 5.2.1 消费行为 (110)
  - 5.2.2 生产行为 (110)
  - 5.2.3 政府行为 (111)
  - 5.2.4 求解最优化过程 (111)
- 5.3 公共就业政策与产业就业结构的实证检验 (113)
  - 5.3.1 模型设定与数据说明 (113)
  - 5.3.2 实证分析过程 (116)
  - 5.3.3 实证结论 (124)
- 5.4 公共就业政策与城乡就业结构的实证检验 (126)
  - 5.4.1 模型设定与数据说明 (126)
  - 5.4.2 实证分析过程 (129)
  - 5.4.3 实证结论 (133)
- 5.5 结语 (134)
  - 5.5.1 公共就业政策对产业就业结构的影响 (134)
  - 5.5.2 公共就业政策对城乡就业结构的影响 (135)

6 宏观视角：公共就业政策效应的实证研究 (137)

- 6.1 引言 (137)
  - 6.1.1 公共就业政策、经济增长与就业增长的文献综述 (137)
  - 6.1.2 公共就业政策、经济波动与就业波动的文献综述 (142)
- 6.2 公共就业政策、经济增长与就业增长的实证检验 (146)
  - 6.2.1 财政货币政策、经济增长与就业增长关系的联立数理模型 (146)
  - 6.2.2 财政政策、经济增长与就业增长：基于联立方程模型的经验分析 (150)
  - 6.2.3 货币政策、经济增长与就业增长关系的实证检验 (155)
  - 6.2.4 实证结论 (162)

6.3 公共就业政策、经济波动与就业波动 ……………………………（163）
　　6.3.1 公共就业政策、经济波动与就业波动的数理分析 ………（163）
　　6.3.2 公共就业政策、经济波动与就业波动联动效应
　　　　　的实证分析 ……………………………………………（165）
　　6.3.3 公共就业政策、经济波动与就业波动联动效应的
　　　　　实证结论 ………………………………………………（183）
6.4 结语 ………………………………………………………………（185）
　　6.4.1 公共就业政策、经济增长与就业增长 …………………（185）
　　6.4.2 公共就业政策、经济波动与就业波动 …………………（185）

7 中国公共就业政策重构探析 ……………………………………（188）

7.1 引言 ………………………………………………………………（188）
7.2 中国公共就业政策评价 …………………………………………（190）
　　7.2.1 中国公共就业政策的实施成效 …………………………（190）
　　7.2.2 公共就业政策的实施缺陷 ………………………………（191）
7.3 中国公共就业政策的重构框架 …………………………………（198）
　　7.3.1 重构公共就业政策系统的必要性 ………………………（198）
　　7.3.2 重构公共就业政策系统的理念与原则 …………………（199）
　　7.3.3 重构公共就业政策的决策模型 …………………………（201）
7.4 新时期的公共就业政策取向 ……………………………………（205）
　　7.4.1 总量视角：保障充分就业的公共政策选择 ……………（206）
　　7.4.2 结构视角：保障充分就业的公共政策选择 ……………（213）
7.5 结语 ………………………………………………………………（230）

参考文献 ………………………………………………………………（232）

后记 ……………………………………………………………………（249）

绪 论

1.1 研究意义与研究目的

就业理论是涉及政治学（公共政策学）、经济学、社会学等多学科交叉的重要学术领域，虽然各学科对就业命题进行了深入的探讨（如经济学）或一般的探讨（如公共政策学），但是跨学科的融合性研究甚为薄弱。为此，深入研究公共就业政策机制理论与实证公共就业政策效应对于开拓多维分析视域，拓展数理计量方法，促进就业理论跨学科地融合发展，具有重大的理论意义与学术价值。

治理失业与实现充分就业，向来都是世界各国政府面临的难题，尤其是经济转轨的中国所面临的重大政治、经济、社会问题。实现更加充分的就业是"十三五"时期我国全面建成小康社会的重要目标。因而，深入探索保障我国充分就业的长效机制与公共政策构架具有重要的战略现实意义与决策应用价值。

本书立足于政治学、经济学、社会学的跨学科视角，力图通过对公共就业政策的理论、实证、制度的系统研究，为就业理论的创新提供跨学科的理论平台，为实证中国公共就业政策效应提供计量工具与实证方法，为优化中国公共就业政策系统提供客观依据与路径，最终达到发挥公共就业政策的正效应，实现更加充分就业的战略目标。

1.2 研究方法与结构框架

1.2.1 研究方法与技术路线

本书综合应用政治学、公共政策学、公共经济学、劳动经济学、发展经济学等多学科理论，遵循构建理论分析框架、实证政策效应、探索政策安排的研究思路，深入系统地探究公共就业政策命题。

1.2.1.1 抽象与规范的理论分析方法

在理论分析中，应用抽象分析与规范分析相结合的方法，从劳动力市场、经济结构、经济增长、公共政策等现象形态中抽象出公共就业政策机制范畴，逻辑地推导出公共就业政策机理与效应，进而构建具有一般意义的理论分析框架，为实证分析与制度分析奠定理论基础。

1.2.1.2 多维度的定量分析方法

在定量分析中，应用多维度相结合的定量分析方法：(1) 数理分析与经验分析相结合。本书的实证分析采用了数理推导和经验分析结合的方法。首先，根据经济学理论构建数理模型，对公共政策变量与就业变量的内在关系进行刻画，通过严格的数学推导，得到各经济变量间的相关程度和变化方向，为实证分析提供理论的先期研判。然后，基于数理模型，构建计量模型，运用微观与宏观经验数据对公共政策就业效应进行实证检验，为优化公共就业政策提供定量数理依据。(2) 静态分析与动态分析相结合。第一，运用静态分析方法研究在宏观经济均衡时，公共就业政策对就业总量的影响。第二，运用动态分析方法，根据蛛网模型，分析了公共就业政策对劳动力市场均衡的影响；根据经济周期理论，实证检验了公共就业政策变化、经济波动以及就业波动之间的动态联动效应，以更贴近经济事实的方式阐释三者间的相互作用过程。

1.2.1.3 系统的公共政策分析方法

应用公共政策分析框架：确定公共政策问题，揭示公共政策机制，评估公共政策效应，提供公共政策重构方案的方法，深入探究我国公共就业政策的优化路径。

1.2.2 研究思路与内容结构

本书从政策机制、政策基础、政策检验、政策选择四个层面深入分析公共就业政策（见图1-1）。

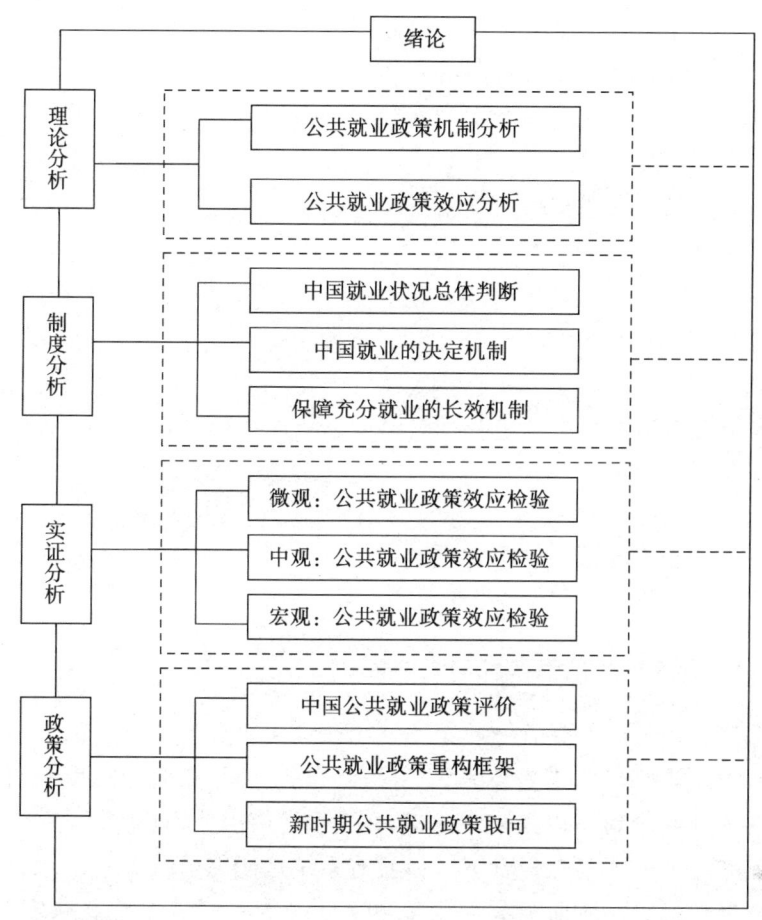

图 1-1 逻辑框架与技术路线

由图 1-1 可见，本书的逻辑框架共有四部分：

（1）政策机制：公共就业政策的理论分析（第 2 章）。阐释公共就业政策机制的构成与特性，揭示公共就业政策机制的运行机理与政策效应，构建公共就业政策的理论分析框架。

（2）政策基础：保障中国充分就业的长效机制（第 3 章）。通过社会经济环境分析，剖析中国就业的态势与决定机制；通过国际与国内社会经济发展趋势分析，阐释保障中国充分就业的长效机制，以揭示公共就业政策重构的社会经济环境与制度背景，为实证分析与政策选择奠定现实基础。

（3）政策检验：中国公共就业政策效应的实证研究（第 4—6 章）。从微观视角，检验公共政策工具对劳动力市场均衡影响。从中观视角，检验公共政策工具对产业就业结构与城乡就业结构的影响。从宏观视角，检验公共政策工具通过经济增长与经济波动对就业增长及波动的影响。通过实证检验，为优化我国公共就业政策提供客观的经验量化依据。

（4）就业优先：中国公共就业政策体系重构（第 7 章）。确定公共就业政策的价值与目标；根据数理实证分析结论，匹配公共就业政策决策模型；进而提出新时期公共就业政策构架与路径。

1.3　创新建树与结论启示

本书在借鉴国内外已有文献精华的基础上，力求在理论分析、实证分析、政策分析三方面有所建树。

1.3.1　主要特色与建树

1.3.1.1　理论分析的系统性与纵深性

文献综述显示关于公共就业政策的理论研究主要分为两支：西方劳动经济学与宏观经济学。第一，从劳动经济学来考察，它主要从微观的维度，研究雇主和雇员对工资、价格、利润以及雇佣关系中的非货币因素（如工作条件等）所作出的行为反应。虽也涉及工资政策，但没有系统地研究公共就业政策。第二，从宏观经济学来考察，凯恩斯学派、货币主义学派等不同流派主要从宏观的维度，分析了失业产生的原因以及治理失业的政策工具。然而，两大理论各自为政，缺乏系统有机的理论分析框架。

本书从政治学与经济学的跨学科视角，构建了包含理论分析、数理模型分析、实证检验、政策安排的系统分析框架。主要的理论建树是创建了公共就业政策机制理论：（1）提出了公共就业政策机制范畴。在拓展公共就业政策概念内涵与外延的基础上，提出了公共就业政策机制范畴，阐释了直接政策子系统与间接政策子系统之间的冲突性与匹配性以及引致的各种综合效应。（2）揭示了公共就业政策机制的作用机理。通过构建含有劳动供给的 MIU 模型，揭示了公共就业政策机制的作用机理。（3）系统阐释了公共就业政策的经济效应。依据拓展的 MIU 模型，贯穿微观、中观、宏观领域，层层递进地分析了公共就业政策对劳动力市场均衡、经济结构、宏观经济均衡的影响，全面阐释了公共就业政策的经济效应。通过逻辑与数理的系统纵深分析，构建了公共就业政策机制理论框架。

1.3.1.2 数理实证分析的拓展性

文献综述显示国内关于中国公共就业政策效应的实证研究主要分为两支：财政或货币政策就业效应的实证分析。这些文献或对财政政策，或对货币政策的就业总量效应进行计量分析［许先普（2009）、郭新强（2012）］。仅有个别文献综合分析了财政政策与货币政策对就业总量或就业潜力的影响［曾学文（2007）、朱加凤（2009）］。由此可见，现有文献在全面性（公共就业政策对劳动力市场、就业结构、就业总量的影响）、综合性（财政政策与货币政策的就业效应）方面的数理实证分析还有深入推进的空间。

本书从微观（劳动力市场均衡）、中观（产业就业结构、城乡就业结构）、宏观（经济增长、经济波动与就业增长及波动）三个层面，运用与拓展数理模型和实证分析方法，系统检验与测量了中国公共就业政策的经济效应，为优化公共就业政策提供了经验数据与量化依据。拓展性的数理实证研究主要有：

（1）构建了融入财政货币变量的托达罗模型。引入财政货币变量，建立包含财政货币变量的劳动力流动模型，阐释财政货币政策如何影响劳动力产业间的流动决策，为分析财政货币政策通过产业间比较收益影响就业结构的作用机理奠定了数理基础。

（2）应用微观模拟方法深入分析个人所得税改革的劳动供给效应。①对个人所得税调整劳动供给效应的多变量分析。本书将现有文献的单变量（免征额）分析拓展为多变量（免征额与税率同时变动）政策效应的微观模拟分析。②对个人所得税调整劳动供给效应的结构分析。现有文献只分析了个人所得税调整对劳动性别供给量的影响。本书深入探析了个人所得税改革对不同性别群体、不同所有制企业员工、不同收入群体劳动供给的结构影响效果，更全面地诠释了个人所得税改革对劳动供给结构的影响。

（3）运用因子分析方法研究公共就业政策对劳动力市场动态均衡的影响。本书从劳动力市场动态均衡的独特视角出发，依据扩展的内生经济增长模型与蛛网模型，揭示公共就业政策的微观作用动态机制，运用中国经验数据，模拟劳动力市场动态均衡演化趋势，进而应用因子分析法实证测度了公共就业政策及其他因素对劳动力市场动态均衡的影响程度。通过使用因子分析法对影响劳动力市场均衡的诸多变量进行降维处理，分析财政货币政策与公共因子的关系，进而判断出财政货币政策对劳动力市场均衡的影响程度，以期为政府优化宏观经济政策提供微观量化依据。

(4) 应用联立方程模型综合分析财政政策、经济增长和就业增长之间相互作用的过程及结果。现有实证文献一般是采用两两分析法实证研究财政政策与就业增长的关系，很少系统分析三者间的传导与联动关系。而财政政策、经济增长和就业之间相互依存、互为因果，共同构成一个经济系统。如果通过单方程分析则会割裂三者间的内在联系，估计结果不够准确。由此，本书构建了一个融入财政政策、经济增长与就业增长的联立方程模型，将财政政策、经济增长和就业增长纳入统一的经济系统中，揭示三者间相互影响的程度及路径，以更贴近现实的方式验证经验事实，得到的实证结论也比一般分步实证更为可靠。

1.3.1.3 政策分析的应用性

文献综述显示国内关于中国公共就业政策选择的研究主要集中在治理总量失业［（莫荣（2012）、蔡昉（2015）、胡鞍钢等（2015）］、治理结构性失业［郑程（2011）、辜胜阻等（2013）、中国就业促进会课题组（2014）］、治理特定群体失业（大学生就业难、农村劳动力就业等）［叶志明（2009）、陈美等（2012）、中国就业促进会课题组（2013）］的公共就业政策三个方面。现有研究成果为进一步探析新时期中国公共就业政策体系的重构提供了基础。然而，两个关键问题仍需深入研究：（1）在"十三五"的经济新常态下，如何推进就业优先发展战略？这一问题的本质涉及如何解决转变经济发展方式与实现充分就业的矛盾，如何解决就业优先战略与创新驱动发展战略之间的矛盾。（2）在"十三五"经济新常态下，如何缓解尖锐的结构性就业矛盾？这些都是需要深入探寻的重大现实问题。

本书在剖析中国就业趋势与就业决定机制的基础上，提出了从制度动力源与经济动力源两方面构建保障充分就业长效机制的思路。据此，阐释了中国公共就业政策的重构框架，进而探索了新时期中国公共就业政策的路径。在制度分析与政策分析中进行了以下独立性研究：（1）提出构建保障充分就业长效机制的基本思路。在经济全球化的后金融危机时代，中国经济发展与就业增长面临"中等收入陷阱"的严峻挑战。保障充分就业的长效机制就是"突破现有社会经济结构的锁定，实现经济发展方式的转变，跨越中等收入陷阱"。因而，构建保障充分就业长效机制的路径是：制度创新→经济发展方式转型→就业持续增长。（2）提出中国公共就业政策的重构框架。在我国经济增长减速的新常态下，中短期应该实施推进"要素平衡发展战略与创新驱动发展战略"的双元公共政策体系，最终过渡到依靠创新驱动发展战略，彻底转变经济发展方式，形成保障我国可持续充分就业的长效动力机制。（3）提出治理结构性失业的公共政策构架。从需求维度：实施构建现代产业体系的公共政策；从供给维度：实施促进人才结构优化升级的公共政策，形成劳动力供求匹配的合理就业结构。

1.3.2 重要结论与政策启示

本书必然涉及系列理论与现实问题，我们力图作出自己的理论阐释、实证解析及政策思考，由此形成以下理论观点、重要结论以及政策启示：

1.3.2.1 理论探索：公共就业政策机制

（1）公共就业政策机制的探讨

一般认为，公共就业政策是指政府所实施的直接干预劳动力市场，治理失业的政策工具体系。这种传统的狭义定义方法具有直接明确的特点，但也具有忽视本源性（经济发展）、关注事后性的局限性。为此，我们认为广义的公共就业政策体系是指政府所实施的直接干预劳动力市场的政策工具子系统与间接影响劳动力市场政策工具子系统的总和。这种广义层面的范畴界定能够弥补狭义定义的缺陷，从方法论层面使公共政策更关注就业的本源性、事前性、协调性。

由于就业与治理失业是涉及国泰民安的政治、经济以及社会的重大问题，因此，公共就业政策具有政治性、经济性、社会性等多重属性。

公共就业政策机制是指建立在社会经济基础之上的，公共就业政策的各个组成部分和环节彼此联系，相互制约和相互影响，从而有机地结合起来，推动整个机体运动和发展的方式。

由图1-2可知，公共就业政策机制是由直接政策工具子系统与间接政策工具子系统共同构成。直接政策工具子系统将通过政府直接创造岗位，提供就业及创业培训等措施，直接干预劳动力市场的均衡。而间接政策工具子系统必须通过经济变量的复杂传导机制，影响劳动力市场的均衡。由于两大子系统的政策目标不同，前者呈现单一性（充分就业），而后者呈现多重性（充分就业、价格水平稳定、经济增长和国际收支平衡），因此，两大政策子系统对就业的影响会呈现多种形式：正向效应、负向效应、叠加效应、互损效应。为此，只有当两大政策子系统产生叠加正效应时，才能取得最优的政策效果。

（2）公共就业政策机制的作用机理

公共就业政策机制的作用机理表现为公共就业政策能够通过市场机制的传导，作用于经济社会中的各变量，引起劳动供需及经济增长的变化，进而影响整

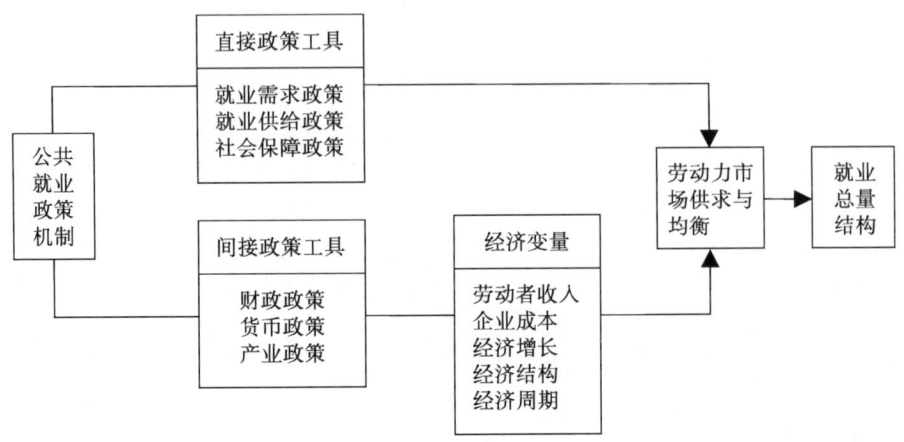

图1-2 公共就业政策机制

个社会的就业水平与就业结构。具体的传导途径为：公共就业政策→微观主体决策→劳动力供求→社会总供求→经济增长与波动→就业状况。(1) 公共就业政策与微观主体决策。政府实施的公共就业政策能够通过价格机制与收入机制的传导对微观经济主体的经济行为产生影响。具体而言，将产生两方面经济影响：一是个人劳动供给和企业劳动需求决策发生改变。劳动者在预算约束变化的条件下，将适时调整最优消费与闲暇，进而改变劳动供给决策；企业在成本及利润变化的条件下，将调整生产规模或要素密集度，实现利润最大化，由此劳动力需求相应变化。二是微观主体消费需求和投资需求发生改变。如果公共就业政策导致个人收入增加，则个人可能会增加消费；如果对企业减税或降低利率，则企业会倾向于增加投资，扩大生产规模，进而影响劳动供求。(2) 公共就业政策与社会总供求。从全社会来考察，在公共就业政策作用下，微观经济主体调整劳动供需，以及消费需求和投资需求的决策行为，将引致社会总供给和总需求的变化，宏观经济会趋向新的均衡状态。根据经济周期理论，经济正好均衡的情况比较少。长期来看，市场经济呈周期性波动态势。(3) 公共就业政策与经济增长、就业状况。经济理论认为经济增长和就业增长是循环互动的过程：先期的要素投入在企业利润最大化和个人效用最大化下实现了一定的经济增长，经济增长必然带来消费需求和投资需求的增长，为满足旺盛的社会总需求，社会总供给必然要扩张，由此对生产要素的需求增加，就业规模扩大。但是，不同的经济增长方式或经济结构对就业的影响不同。综上所述，公共就业政策能够通过由微观经济向宏观经济的传导路径，影响社会就业规模与就业结构。

1.3.2.2 实证检验：重要结论与政策启示

（1）个人所得税制改革与劳动供给

本书应用微观模拟模型，研究了我国2008年和2011年两次个人所得税改革对劳动供给的影响程度。动态模拟结果表明：①个人所得税改革主要影响女性的劳动供给行为。由于男性的劳动供给缺乏弹性，因此这两次个人所得税调整主要对女性的劳动供给产生了正效应，税负降低提高了女性劳动供给，而且2011年个人所得税免征额和税率级距双管齐下的调整效果更好。总之，我国劳动供给处于倒C型曲线的前半段，降低税负有助于劳动供给的上升。②个人所得税改革对不同所有制企业与不同收入阶层的女职工劳动供给的影响呈现差异性。从前者来考察，与国有企业相比，城镇集体企业以及其他企业女职工的劳动供给对减税的敏感度更高，减税促进劳动供给的正效应更强。这主要是由于后两类企业的工资水平或工作稳定性较低，所以减税带来的替代效应更大。再从后者来考察，较低收入阶层和中等偏下收入阶层女性对减税的敏感度更高。虽然这两个阶层均处于免税阶层。但由于她们感受到减税使其与较高收入阶层间的相对收入差距进一步拉大，因而只有更努力地工作才能缩小这种收入悬殊差距，由此劳动供给增加明显。

上述实证结论具有一定的政策意义：①政府应根据不同群体的就业特征，制定有针对性的财税政策。如允许低收入女性以一定比例所得抵免其配偶应税所得；个人所得税边际税率的设计应更倾向于照顾低收入和中等收入阶层。②政府应制定有针对性的女性就业扶持政策。对雇佣女职工超过规定比例的企业给予减征企业所得税的优惠；对服装制造业、餐饮服务业等女性员工较多的企业给予一定的税收优惠政策等。同时还应加强实施女工劳动保护制度、生育保险制度、技能培训计划、失业救济金制度等多种措施，提高女性的就业质量。

（2）公共就业政策与劳动力市场动态均衡

本书应用因子分析法实证测度了公共就业政策及其他因素对劳动力市场动态均衡的影响程度。得到以下实证结论：①蛛网模型能够阐释经济周期中的劳动力市场均衡。较之静态分析方法，蛛网模型更具有考虑时间因素揭示动态均衡的优势。蛛网模型可适用于我国经济周期中的劳动力市场均衡分析，面对金融危机的突变，农民工的非准确预期是发散型蛛网不稳定均衡状态形成的关键条件。②财政货币政策通过左右劳动力市场动态均衡影响宏观就业。从微观作用机制来看，财政货币政策主要通过劳动供求弹性左右劳动力市场动态均衡，进而影响宏观就业总量与结构。而且税率过高或政府支出过低都不利于劳动力市场稳定性均衡的实现。③经济状况与经济政策是影响我国劳动力市场动态均衡的关键因素。从公共因子体系贡献程度来考察，经济状况与经济政策是决定我国劳动力市场动态变化的主要因素，其中，价格与劳动力供求因子（40.440%）、经济实力因子（22.294%）、财政政策因子（15.183%）、收入与货币因子（14.948%）。自2002年实行积极就业政策之后，经济政策对劳动力市场动态均衡的正向作用逐步加强。④各类经济政策的影响程度不同。财政政策对稳定劳动力市场均衡发挥了积极作用，其贡献率大于收入政策与货币政策，而且税收政策的效应强于财政支出政策的效应。分时期而言，财政政策对劳动力市场动态均衡的影响经历了弱显性期、显性期、效用增强期三个阶段，而且2008年所实施的积极财政政策比1998年的积极财政政策对稳定劳动力市场均衡的作用效果更好。而货币政策对劳动力市场均衡的影响微弱，而且其在第二次金融危机中的效果弱于第一次金融危机。

上述实证结论对于政府依据经济与就业波动状况，进行经济政策抉择具有重要的启示意义。①财政货币政策时点的抉择。实证结论显示：中国财政政策就业效应的时滞性一般为3年。这是政府出台或调整宏观经济政策时应该考虑的重要时间变量。我国劳动力市场动态趋势表明，面对国内因素引致的短期经济波动，政府不应频繁地调整财政政策与货币政策；但在外部或内部因素强力引致经济急剧下滑时，政府必须迅速推出反周期调节政策进行干预，以拉动企业的劳动需求，影响劳动者的预期，才能力挽狂澜。②财政货币政策方向的抉择。宏观经济理论认为，逆周期的宏观经济政策是政府调节经济的最佳选择。然而在经济调节实践中政府必须依据国情进行政策抉择。例如，为了应对亚洲金融危机的冲击，1998年我国实施的积极财政政策之一是开征利息税，以达到减少储蓄，刺激消费，扩大就业的目的。然而其实施效果却是不但未减少储蓄，反而减少了人们的可支配收入，抑制了内需。而在应对2008年金融危机的冲击时，我国取消了利息税，从而取得了良好的政策效果。③财政货币政策结构的抉择。实证结论显示：从经济政策的影响程度来考察，财政政策的贡献率大于收入政策与货币政策，而且税收政策的效应强于财政支出政策的效应。因此，如何配置财政货币政策结构达到最佳的调控效果，也是政府决策需要考虑的问题。

（3）公共就业政策与产业就业结构

本书应用回归分析法实证测度了公共就业政策对产业就业结构的影响，得到以下实证结论：

①财政政策对产业就业结构的影响。从税收政策来考察，在整体上，税收政策对三次产业就业的影响分别为正向、负向，而且第三产业受到的负向影响最

大。在税收结构方面,商品税主要对第二产业的就业水平具有负面影响;企业所得税主要对第二、三产业就业水平产生负效应,且对第二产业的负作用最强;个人所得税对第一产业就业有显著的正向作用,但对第二、三产业的影响不显著。再从财政支出政策来考察,在整体上,财政支出政策对第二、三产业就业影响显著为正,对第一产业就业影响显著为负。在财政支出结构方面,财政投资性支出能够影响第二、三产业的就业规模,但影响的方向相反。它促进了第二产业就业规模扩大,但对第三产业就业的抑制作用更明显;科教文卫支出对第三产业就业具有促进作用,对第一产业的就业具有抑制作用,对第二产业就业的影响不显著;社会保障和就业支出对第一产业就业的影响不显著,对第二、三产业就业的影响分别为正向和负向;财政支农支出对第一产业就业比重的提高具有促进作用。

②货币政策对产业就业结构的影响。货币供给增长对第一、三产业就业具有正向效应,对第二产业就业具有负向效应。这主要是因为第二产业平均工资增长速度在三次产业中最快,导致企业的劳动成本较高,进而导致劳动需求减少。而且我国第二产业的资本投入带来的技术进步属于索洛技术中性型,货币供给增长带来的投资增加对资本要素具有引致作用,但对劳动要素却具有挤出效应。

综合而言,首先,政府应加大对第一产业发展的财政信贷政策支持力度,推进农业现代化,提高农业就业规模与质量。其次,政府应加大对第二产业升级发展的财政信贷政策支持力度,推进迈向制造强国,提高工业就业规模与质量。最后,政府应加大对第三产业升级发展的财政信贷政策支持力度,推进智力型现代服务业的发展,提高服务业就业规模与质量。

(4) 公共就业政策对城乡就业结构的影响

打破城乡就业隔离,统筹城乡就业是推进新型城镇化建设的关键。本书运用面板数据方法,实证检验了公共就业政策对城乡就业结构的影响效果。

①财政政策对城乡就业结构的影响。首先,从税收政策来考察,在整体上,税收规模与城镇就业规模负相关,而与农村就业比重正相关。在税收结构方面,商品税和企业所得税与城镇就业负相关,与农村就业正相关。这是由于城镇经济是税收收入,尤其是商品税和企业所得税的主体税源。个人所得税比重变化不能显著影响城乡就业结构,这主要缘于劳动供需双方对个人所得税的敏感性较弱。其次,从财政支出政策来考察,在整体上,财政支出规模与城镇就业规模正相关,而与农村就业比重负相关。这是财政支出的城镇结构性偏向所致。在财政支出结构方面,财政投资性支出有利于城镇就业扩大、不利于农村就业增加;科教文卫支出对城乡就业的影响不显著;社会保障和就业支出对城镇就业具有促进作

用，而对农村就业具有抑制作用。这主要因为城乡社会保障水平差异性较大。财政支农支出不能显著影响城乡就业水平，主要是因为财政支农支出的实际运行效果欠佳。

②货币政策对城乡就业结构的影响。货币供给增长对城镇就业规模具有抑制效应，而有利于扩大农村就业规模。这是由于商业银行更倾向于将贷款投放于城市（比投放于农村风险更小、收益更大），因此货币供给增长带来的资金更多地流向城镇。资本存量的增加可能会导致资本对劳动的替代及工资的加成增长，继而对就业产生不利影响。从实证结果可以看到，以往的"重城镇、轻农村"发展思路已经导致了货币政策对城镇就业的挤出效应。

③收入政策对城乡就业结构的影响。首先，城乡人均可支配收入与城乡就业规模正相关。随着城乡人均可支配收入水平的提高，城乡就业比重也会随之增加。说明我国城乡居民劳动供给的收入效应大于替代效应。其次，城乡收入差距的扩大不利于城镇就业比重的提高。实际上城乡收入差距对城镇就业具有正反两方面的影响：在不考虑其他因素的条件下，根据托达罗模型，劳动力由农村流向城市的规模与预期收入差异有关，两者收入悬殊越大，劳动力转移的规模就越大。因此，城乡收入差距的扩大有利于城镇就业比重的提高。同时城乡收入差距过大，中低收入阶层的"惜购"行为将导致消费需求不足，使得企业的劳动需求下降，城镇失业人口增加。由此可见，过度的城乡收入分配差距影响了社会经济发展，不利于扩大就业规模。

综合而言，我国城乡就业结构仍不合理。比较公共就业政策对城乡就业结构的影响效果，我们发现财政政策和货币政策对城乡就业的影响方向相反，且对城镇就业比重的影响较大。由于城镇就业的吸纳力是决定农村剩余劳动力转移速度及城镇化建设进程的关键因素，为此，政府还须进一步推进结构性减税，优化财政支出结构和方向，推进基本公共服务均等化，缩小城乡收入差距，以打破城乡就业隔离，优化城乡就业结构。

（5）公共就业政策、经济增长与就业增长
①财政政策、经济增长与就业增长关系的实证结论
通过"财政政策—经济增长—就业增长"联立方程模型估计发现，从财政政策对经济增长的影响来考察，税收政策与经济增长负相关，而财政支出政策与经济增长正相关，两者的综合效应为正。这说明虽然税收对社会资源配置产生了一定的扭曲效应，但财政政策整体对经济发展是有益的。再从经济增长对就业量的影响来考察，经济增长能够促进就业量增加，但是经济增长对就业的促进程度较小，经济每增加1%，就业量仅提高0.04%。说明我国经济增长和就业增长具

有非一致性（即奥肯定律失效）。综合而言，财政政策通过经济增长传导作用于就业的过程是一个相互作用的循环系统。因此，应进一步落实结构性减税政策，优化财政支出结构和效率，提高财政政策对经济和就业的促进作用。

②货币政策、经济增长与就业增长关系的实证结论

研究结论表明货币政策对就业具有正向影响。增加货币供给量能够降低企业融资成本，有利于购房等信贷消费增加，带动投资、消费等经济活动，进而促进经济增长，拉动就业。但随着时间的推移，货币供给对就业的拉动效应逐渐减弱。因此，从长期来看，采用大规模扩张性货币政策来刺激就业的措施将无以为继，而且将对经济发展造成重大伤害。

(6) 公共就业政策、经济波动与就业波动

为深入分析公共经济政策与就业变化的动态关系，本书从两个角度进行实证研究。首先，从总体上度量公共经济政策变化与就业波动的动态响应过程，侧重于对财政货币政策变化对就业动态冲击的最终结果的反映。其次，从传导途径上阐释宏观经济政策变化、经济波动以及就业波动之间动态联动效应，侧重于衡量财政货币政策变化通过经济波动传导对就业的影响效果。

①财政政策、货币政策与就业波动的动态相关性

第一，税收、财政支出政策与就业波动联动效应的实证结论。从就业对税收和财政支出冲击的脉冲反应来考察，税收增加的冲击具有抑制就业的作用，而财政支出增加具有促进就业的作用，而且财政支出冲击对就业的影响更大；税收变化对就业冲击立即见效，但影响时间较短，而财政支出变化对就业冲击的反应存在一定的时滞，但持续时间相对较长。再从税收和财政支出对就业冲击的脉冲响应来考察，从反应方向来看，税收呈现先上升后下降的趋势，且以负效应为主，财政支出的反应正好相反；从冲击强度和持续期来看，就业对税收的冲击更剧烈，但是持续的时间较之对财政支出的冲击更短。

第二，财政赤字与就业波动联动效应的实证结论。从就业对财政赤字冲击的脉冲反应来考察，财政赤字变化对就业是正向影响，且具有短期震荡特点；而财政赤字冲击对就业的作用持续时间长，但强度较弱。再从财政赤字对就业冲击的脉冲反应来考察，就业冲击对财政赤字的影响有正有负，且围绕零轴上下波动；而财政赤字受就业变化影响的时间较短，大概 3.5 年即消失。而且实证结果表明通过增加财政赤字的方式可以扩大就业，但是由于财政赤字政策具有累积效应，因而不适合长期和大规模的使用。

第三，货币政策与就业波动联动效应的实证结论。从就业对货币供给冲击的脉冲响应来考察，受到货币供给变化的冲击，就业量有小幅下降，然后迅速回

升,且具有短期波动较大的特征。再从货币供给对就业冲击的脉冲响应来考察,受到就业冲击,货币供给小幅下降之后迅速反弹,之后经过几个季度的波动后逐渐趋于下降。就整体而言,货币供给对就业冲击响应轨迹的波动较大。

②以经济波动为传导媒介,财政和货币政策与就业波动的动态相关性

第一,财政收支政策、经济波动传导与就业波动的联动效应。从财政收支变化、经济波动与就业波动的脉冲响应过程来考察,税收冲击对经济波动影响为先负向后正向,而 GDP 对就业具有正向促进作用,导致税收变化对就业的影响具有不确定性;财政支出对 GDP 以正向效应居多,而 GDP 对就业具有促进作用,由此就业量也以正向反应为主。再从就业冲击、经济波动与财政收支波动的脉冲响应过程来考察,就业冲击导致 GDP 周期性波动,而 GDP 的波动导致税收和财政支出周期性波动,经过若干期之后收敛于初始状态。就业冲击对财政收支的影响呈周期震荡式,且最终回归初始稳态。

第二,财政赤字政策、价格波动传导与就业波动的联动效应。从财政赤字变化、价格波动与就业波动的脉冲响应过程来考察,前9个季度,财政赤字增加带来价格水平持续上升,上升的价格水平导致就业也呈上升趋势。9个季度之后,价格水平开始负向响应,但负向影响程度较小,对就业的负向影响不明显。再从就业变化、价格波动与财政赤字波动的脉冲响应过程来考察,前5个季度,就业冲击对价格是正效应,价格上升引起赤字增加。从第6个季度开始就业冲击经价格传导对就业的影响效果具有不确定性。

第三,货币政策、经济波动与就业波动的联动效应。从货币供给变化、经济波动与就业波动的脉冲响应过程来考察,经济波动对货币供给冲击的反应具有非常短暂的滞后效应。就整体而言,货币冲击经由经济波动对就业波动影响的短期效果较好,但其效果的边际贡献中长期呈下降趋势。再从就业冲击、经济波动与货币供给波动的脉冲响应过程来考察,前4个季度里,就业冲击导致 GDP 经历了正向到负向的响应过程,而且是极大值到极小值的递减过程。货币供给对 GDP 冲击的反应却是相反的过程,经历了由负向影响到正向影响以及极小值到极大值的变化。因此,在前期就业冲击经 GDP 传导,对货币供给产生负向响应。

1.3.2.3 政策思考:保障充分就业的长效机制与公共政策构架

本书在剖析中国就业决定机制的基础上,提出了从市场与制度两方面构建保障充分就业的长效机制。据此,阐释了中国公共就业政策的重构框架,进而探索了新时期中国公共就业政策的路径。

(1) 提出了保障充分就业的长效机制

在经济全球化的后金融危机时代,中国经济发展与就业增长面临"中等收入

陷阱"的严峻挑战。保障充分就业的长效机制就是"突破现有社会经济结构的锁定,实现经济发展方式的转变,跨越中等收入陷阱"。因而,构建保障充分就业长效机制的必然路径是:制度创新→经济发展方式转型→就业持续增长。

(2) 双元公共政策构架的选择模型

依据构建充分就业长效机制的必然路径,中国公共政策的重构基点应该是:摒弃治标不治本的决策思路,推进创新驱动发展战略,促进经济发展方式转变,形成保障充分就业长效机制,实现可持续的充分就业。然而,在我国经济增长减速的新常态下,我国劳动力的供求现状、创新驱动发展需较长时间周期等约束因素决定了我们应该走渐近式转变经济发展方式的路径,即由"要素驱动与创新驱动"双元型经济增长模式逐步过渡到集约型经济增长方式的路径,并由此作为中短期重构公共政策体系的基础(见图1-3)。

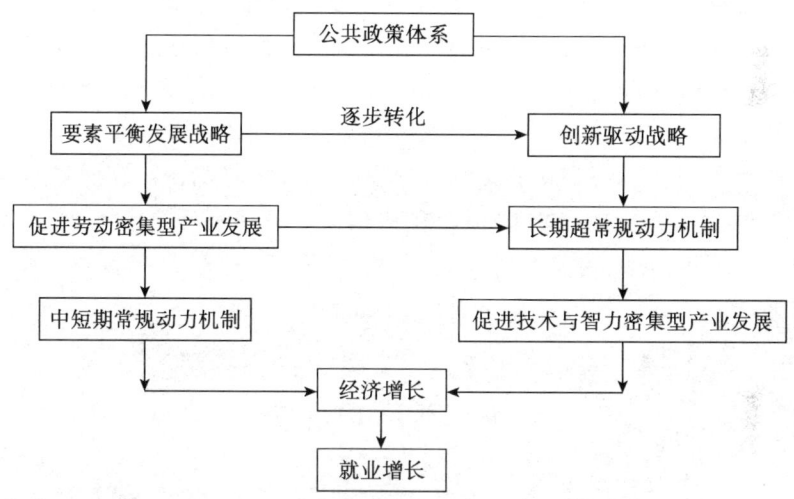

图1-3 促进充分就业的双元公共政策体系构架

为此,在中短期内,构建保障我国充分就业机制的重要路径是:引致就业同步增长的经济持续增长,劳动密集与技术密集并存的双元产业结构,培养与双元产业结构相匹配的人力资源。与之相适应,应该构建双元公共政策体系构架:"双元公共政策→双元产业结构→持续性的经济增长→长效充分就业"。具体包含两层含义:一是激励技术与智力密集型先导产业发展的公共政策。通过财税金融政策激励高科技产业发展,提升国家创新能力与竞争能力,改变中国在世界经济分工中的低端格局,以培育能够刺激长期经济增长与就业增长的超常规动力机制。二是扶植劳动密集型产业及创业平衡发展的公共政策。通过财税金融政策扶植劳动密集型产业及创业的平衡发展,以形成刺激经济增长与吸纳就业同步增长的常规动力机制。随着双元经济增长模式逐步过渡到集约型经济增长模式,最终集约型经济增长模式成为保障我国可持续充分就业的长效动力机制。

(3) 双元公共政策构架的实施模型

依据双元公共政策体系构架,我们进一步提出了推进"要素平衡发展战略与创新驱动发展战略"的双元公共政策实施模型。在推进创新驱动战略的过程中,政府应根据当年经济增长与就业增长的态势,以及后五年经济增长与就业增长趋势的预判,实施劳动密集型与定向投资驱动的要素平衡发展战略。这一发展战略具有应急性与动态性的特征,它的战略目标是反经济周期波动,保障合理的经济增长率,防控恶性失业态势的发生与扩展。

(4) 治理结构性失业的公共政策取向

"十三五"将是我国推进现代化建设进程的关键时期,而解决结构性就业矛盾将是这一时期公共就业政策重中之重的目标。为此,需要公共政策双管齐下:在需求方面,实施构建现代产业体系的公共政策。推进创新驱动发展战略,以科技进步推动传统产业优化升级、发展战略性新兴产业、发展现代服务业。形成结构优化、技术先进、附加值高、吸纳就业能力强的现代产业体系,全面提高我国产业的核心竞争力,进而为就业结构升级奠定人才需求基础。在供给方面,实施促进人才结构优化升级的公共政策。在构建现代产业体系的同时,深化教育改革,促进人才结构的优化升级,促进"教育结构——产业结构——就业结构"的协调与匹配,化解结构性就业矛盾。

1.4 不足与展望

虽然本书取得了一定的学术与实证进展,但因主观与客观因素所制约,仍存在一些不足:第一,研究范围的不足。由于篇幅所限,在公共政策体系中,本书重点分析了财政货币政策、产业政策、教育政策,而未对收入政策进行系统分析。第二,实证分析的不足。在微观实证分析中,由于数据较少或缺乏,重点分析了个人所得税改革的影响,以及公共就业政策对劳动力市场动态均衡的影响,而未对财政支出政策,货币政策的劳动供求效应进行分析。这些都是有待今后拓宽与深化研究的问题。

2 公共就业政策的理论分析

治理失业与实现充分就业是世界各国政府面临的难题。本章力图阐释公共就业政策机制，揭示公共就业政策的作用机理，以构建公共就业政策的理论框架、奠定本书研究的理论基础。

2.1 引　　言

自 20 世纪 30 年代经济危机之后，就业作为重大社会经济理论与实践问题受到西方与我国经济学界的重视。主要形成两个分支：西方劳动经济学与宏观经济学的就业理论。

2.1.1　劳动经济学的研究

从劳动经济学来考察，它主要从微观的维度，研究雇主和雇员对工资、价格、利润以及雇佣关系中的非货币因素（如工作条件）所作出的行为反应[①]。虽然它也涉及工资政策，但没有系统地研究公共就业政策。

2.1.2　宏观经济学就业理论的研究

从宏观经济学来考察，凯恩斯学派、货币主义学派等不同流派主要从宏观的维度，分析了失业产生的原因以及治理失业的政策工具。萨伊与庇古首先提出了

---

① 罗纳德·G. 伊兰伯格，罗伯特·S. 史密斯. 现代劳动经济学理论与公共政策[M]. 北京：中国人民大学出版社，2011：2.

古典充分就业均衡理论。其后，形成了凯恩斯学派的非充分就业均衡理论；以货币主义、供给学派以及理性预期为代表的新古典主义均衡就业理论；以刘易斯等为代表的经济发展就业理论。各学派的理论与政策比较见表2-1。

表2-1　　　　　　　　　　西方就业理论及政策的比较

就业理论流派	经济机理	政府作用	政策选择
古典学派	市场会自发实现均衡和充分就业	市场经济自主调节	中性财政货币政策
凯恩斯学派	有效需求不足引致非充分就业	政府应当干预经济	以宽松的财政货币政策刺激有效需求
新古典综合学派	供需不均衡引致结构性失业	政府适度干预经济	收入政策、人力政策、失业补助金制度
新古典主义：货币主义学派	"自然失业率"的水平取决于劳动力市场及商品市场的状况	市场经济自主调节	中性财政货币政策
新古典主义：供给学派	供给不足引致失业	政府适度干预经济	刺激增加供给的减税政策
经济发展就业理论	发展中国家劳动力无限供给与资本不足等原因引致失业	政府应当干预经济	加快现代工业部门的资本积累，增强吸纳农业部门劳动力的能力。

由表2-1的比较可知，西方各流派就业理论的差异主要集中于各自对市场与政府的作用认识不同，由此政府应采取不同的政策。第一，市场经济自主调节论。古典学派与货币主义学派认为"商品市场、货币市场、劳动力市场会自发实现均衡和充分就业"，因而主张市场经济的自主调节，政府应实施中性的财政货币政策．避免干预市场经济的运行，以促进经济增长和实现就业增长。第二，政府适度干预论。萨缪尔森、托宾等新古典综合学者提出了"结构性失业"问题，力图用市场结构的变化来解决失业和通货膨胀并存的经济难题。主张政府适度干预，政府应通过实施收入政策、人力政策、失业补助政策等，缓解结构性失业。供给学派则认为供给是影响就业的关键因素，因而反对只注重需求的管理政策，认为政府应该通过减税、削减社会福利支出等对策增加总产量和总就业量。第三，政府干预论。凯恩斯认为资本主义的常态是社会有效需求不足，市场自发调节无法实现供求平衡。为此，政府应当干预经济，通过实施扩张性的财政货币政策，刺激社会总需求，提高社会就业水平。刘易斯、托达罗等发展经济学派认为，由于发展中国家劳动力无限供给与资本不足等原因，失业是经济发展过程中

的一种必然现象。因此，发展中国家应该加快现代工业部门的资本积累，以此增强其吸纳农业部门劳动力的能力。

在就业理论的基础上，学者们进一步对公共就业政策的效应进行了探讨。西方学者对财政政策就业效应的分析主要形成两种不同观点。Moutos（1992）①的实证研究表明：由于税收负向效应抵消了财政支出政策的正向效应，所以预算平衡的财政政策对就业不产生影响。而 Dixno（1994）②则认为只有在财政赤字的条件下，增加财政支出才能够促进就业。反之，在财政盈余的条件下，增加财政支出不但无助于增加就业，而且还会导致社会福利损失。国内学界代表性的文献是：郭庆旺、赵志耘（2007）③认为财税政策的不同组合对就业的影响不同。当两者同向组合时，若为扩张性财政政策将对就业产生扩张效应，若为紧缩性财政政策将对就业产生收缩效应；当两者反向组合时，其净效应将导致就业总量的同方向变化。尹音频、张昆明（2004）④认为财政政策结构通过产业结构调整会对就业产生不同的影响。政府选择资本密集型还是劳动密集型的投资结构或减税结构、采取就业保障为主还是失业保障为主的社会保障结构，将会对就业量产生扩张或收缩的影响。

学术界对货币政策的就业效应分析主要集中在两方面：一是研究通货膨胀率和失业率之间的关系。威廉·菲利普斯⑤根据 1861—1957 年英国失业率和货币工资增长率的数据，提出了"通货膨胀率—失业率"关系的曲线，他认为通货膨胀率和失业率之间存在负相关关系。李素梅（2001）⑥通过研究不同形状的菲利普斯曲线的特征，分析了通货膨胀和失业两个宏观经济政策目标的矛盾，并认为我国可以通过发展中小企业使两大政策达到统一，进而治理失业问题。二是分析货币政策的就业效应。目前在动态一般均衡模型中引入货币、不完全竞争和名义刚性等凯恩斯主义元素，即动态新凯恩斯主义模型已成为西方解释货币经济经验

---

① Molana H, Moutos T. A note on taxation, imperfect competition and the balanced budget multiplier [J]. Oxford Economic Papers, 1992, 44 (1): 68 – 74.
② Dixon H, Rankin N. Imperfect competition and macroeconomics: A survey [J]. Oxford Economic Papers, 1994: 171 – 199.
③ 郭庆旺，赵志耘. 积极财政政策效果及淡出策略研究 [M]. 北京：中国人民大学出版社，2007: 86.
④ 尹音频，张昆明. 财政政策结构的就业效应分析与思考 [J]. 西南民族大学学报：人文社会科学版，2004, 25 (2): 201 – 204.
⑤ 托乌斯·J. 萨全特. 宏观经济理论 [M]. 北京：中国经济出版社，1998: 521 – 522.
⑥ 李素梅. 我国货币政策与就业政策有效联结之途径 [J]. 现代财经：天津财经学院学报，2001, 21 (3): 25 – 28.

事实、分析货币政策效应的主流理论框架①。David Archer（1994）②认为货币政策在短期与长期中难以同时成功，如果货币政策的目标主要是短期产出和就业，则其在长期中刺激经济增长的作用就会下降。Erceg（1997）③认为，在最优化模型中同时引入价格刚性和工资刚性能够增强货币政策冲击下产出的持续性。王君斌、薛鹤翔（2010）④应用刚性工资模型讨论货币政策冲击对就业等宏观经济变量的动态效应。在解析货币供给冲击的经济传导机制与中国实证经验事实的基础上给出政策建议。他们认为，扩张型货币供给冲击短期内能够有效刺激就业，但在远期将形成失业和通货膨胀，因此需要财政政策、收入政策等其他政策相配合。朱加凤（2009）⑤对我国财政货币政策就业效应的实证研究表明，我国应改进短期管理政策，使财政货币政策能够长期促进就业的增长。

综上所述，文献显示现有的研究已达到一定的深度，然而由于各流派的出发点不同，因而缺乏系统与纵深的公共就业政策机制研究，即揭示公共就业政策的作用机理与效应，阐释直接政策与间接政策体系之间以及间接政策体系中财政政策与货币政策之间的差异性与匹配性。因此，公共就业政策机制仍是有待深入探讨的重要理论问题。

2.2 公共就业政策机制分析

2.2.1 静态分析：公共就业政策机制

2.2.1.1 就业与失业范畴的界定

（1）就业与失业的一般界定

根据西方经济学的解释，就业，即"处于受雇的状态"⑥。20世纪30年代经

---

① 王君斌，薛鹤翔. 扩张型货币政策能刺激就业吗？——刚性工资模型下的劳动力市场动态分析[J]. 统计研究，2010，（6）：7-16.
② David Bulletin Archer. Monetary Policy, Output and Employment [J]. Reserve Bank, . 1994 (4): 57.
③ Erceg, C. J., Nominal. Wage Rigidity and the Propagation of Monetary Disturbances, unpublished paper (Federal Reserve Board). 1997: 257-282.
④ 王君斌，薛鹤翔. 扩张型货币政策能刺激就业吗？——刚性工资模型下的劳动力市场动态分析[J]. 统计研究，2010，（6）：7-16.
⑤ 朱加凤. 我国财政货币政策就业效应的实证分析[J]. 学术交流，2009，（6）：032.
⑥ D. 格林沃尔德. 现代经济词典[M]. 上海：上海译文出版社，1988：617-618.

济危机以后，凯恩斯的就业理论应运而生。凯恩斯认为"充分就业"并不是指一切具有劳动能力的劳动者全部都就业了，而是指在一定市场工资水平下，愿意就业的劳动者都能够就业的状况。此时，因为存在信息不对称等问题，仍会存在供求不匹配的摩擦性失业与结构性失业①。这种情况下的失业率被弗里德曼称为自然失业率，即在充分就业下的失业率。从实践的角度考察，国际劳工组织（ILO）将就业定义为：在一定年龄阶段内的人们所从事的为获取报酬或者赚取利润所进行的活动②。

关于失业的界定，每个国家的标准都不同。我国劳动和社会保障部定义的失业人员为：在法定年龄内，有工作能力，无业且要求就业而未能就业的人员。其中，对于有工作但获得的劳动报酬低于当地城镇居民最低生活保障标准的，视同失业③。根据失业的定义，除了法定劳动年龄外，认定失业的三大要件为"没有工作"、"有工作能力"和"有劳动意愿"。三个条件同时具备时才被认定为失业人员。

（2）本书关于"充分就业"概念的界定

据测算目前中国的自然失业率占总失业率的比重为 2/3 以上④。为此，依据中国转型期的特殊性与失业状况的现实，本书所使用的"充分就业"概念是指具有劳动意愿与劳动能力的劳动者都能实现就业的状态。它的外延包括消除了周期性失业与结构性失业。

2.2.1.2　公共就业政策机制的一般分析

（1）公共就业政策的界定

公共就业政策是公共权力机关为解决就业问题，通过政治过程所采取的政策系统。它主要以法律法规、行政规定或命令、决策和行动表现出来。

一般认为，公共就业政策是指政府所实施的直接干预劳动力市场，治理失业的政策工具体系。主要包括政府直接创造岗位、提供就业及创业教育培训、提供就业服务以及失业保险等政策措施。

这种传统的狭义定义方法具有直接明确的特点，但也具有忽视本源性（经济发展）、关注事后性的局限性。为此，我们认为广义的公共就业政策体系是指政府所实施的直接干预劳动力市场的政策工具子系统与间接影响劳动力市场政策工

---

① （英）约翰·梅纳德·凯恩斯. 就业、利息和货币通论［M］. 北京：商务印书馆，1983：152.
② 曲顺兰. 就业再就业财税政策研究［M］. 北京：经济管理出版社，2006：2-3.
③ 曲顺兰. 就业再就业财税政策研究［M］. 北京：经济管理出版社，2006：4-5.
④ 蔡昉主编. 中国人口与劳动问题报告 2008 年：刘易斯转折点及其政策挑战［M］. 北京：社会科学文献出版社，2007：303.

具子系统的总和。公共就业直接政策子系统是指传统意义上的就业政策系统（如前所述）；公共就业间接政策子系统是指传统意义上的宏观经济政策系统，主要包括：财政政策、货币政策以及产业政策等。公共就业政策体系是所有治理失业政策工具的综合体系。由于就业与治理失业是涉及国泰民安的政治、经济以及社会的重大问题，因此，公共就业政策具有政治性、经济性、社会性等多重属性。

这种广义层面的范畴界定能够弥补狭义定义的缺陷，从方法论层面使公共政策更关注就业的本源性、事前性、协调性。这样的划分也有重合，公共就业直接政策系统中的政策工具：或属于财政支出中的项目，如教育培训支出、就业支出、社会保障性支出；或是以财政拨款为基础，如提供公共就业服务，所以从构成的角度讲，可以将就业直接政策系统视为财政政策体系的一部分。因此，本书在研究分析中，所使用的"公共就业政策"是广义层面的定义（除有特指之外），主要包含财政政策、货币政策、教育政策以及产业政策。

（2）公共就业政策机制的解析

公共就业政策机制是指建立在社会经济基础之上的，公共就业政策的各个组成部分和环节彼此联系，相互制约和相互影响，从而有机地结合起来，推动整个机体运动和发展的方式，如图2-1所示①。

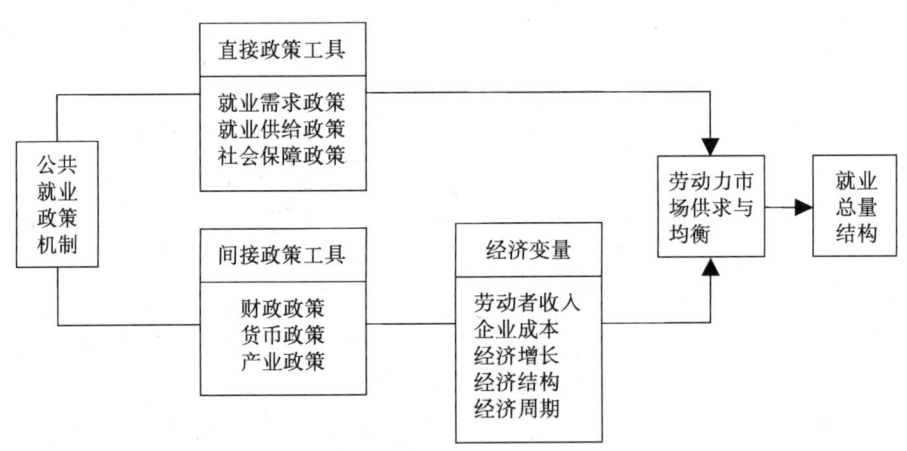

图2-1 公共就业政策机制

由图2-1可知，公共就业政策机制是由直接政策工具子系统与间接政策工具子系统共同构成。

在公共就业政策机制中，直接政策工具子系统主要包括：①就业需求政策。

---

① 尹音频. 涉外税收论纲 [M]. 成都：西南财经大学出版社，1997：13.

即通过实施直接创造就业岗位与改善劳动力市场开发新岗位的环境等政策与措施开发就业岗位,以达到增加就业总量,提供就业服务的政策目标。②就业供给政策。即通过实施教育、培训和创业计划与提供求职与再就业服务等政策与措施开发人力资源,以达到增加就业总量,提供就业服务以及失业者社会保障的政策目标。③社会保障政策。即通过实施社会救助与失业保险政策,稳定劳动力质量与数量的供给,以达到提供就业服务以及失业者社会保障的政策目标。公共就业直接政策子系统主要通过作用于特定的劳动力供求(如下岗再就业人群),以及改善市场环境,进而影响劳动力市场的均衡,达到治理失业的目标(见图2-1、表2-2)。

表2-2　　　　　　　　公共就业直接政策体系与政策目标①

就业政策		政策目标			
		增加就业总量	提供就业服务	失业者社会保障	失业治理
就业需求政策（开发就业岗位）	直接创造就业岗位	☆			☆
	改善市场开发新就业岗位的环境	开发就业信息	☆	☆	☆
		消除制度壁垒	☆		☆
就业供给政策（开发人力资源）	求职帮助和再就业服务		☆	☆	☆
	培训、教育和创业计划	☆		☆	☆
社会保障政策	社会救助		☆		☆
	失业保险		☆		☆

在公共就业政策机制中,公共就业间接政策工具子系统主要包括:财政政策、货币政策以及产业政策等。公共就业间接政策子系统将通过微观与宏观经济变量的复杂传导机制,全面作用于劳动力供给与需求,左右劳动力市场的均衡,进而影响一国的就业状况(见图2-1、表2-3)。

表2-3　　　　　　　　公共就业间接政策体系与政策目标

政策体系	政策目标				
	经济增长	经济稳定	经济结构	充分就业	物价稳定
财政政策	☆	☆	☆	☆	☆
货币政策	☆	☆	☆	☆	☆
产业政策	☆	☆	☆	☆	

① 资料来源:贾海彦. 转型期财政政策与就业政策:冲突抑或搭配[J]. 改革,2007,(5):42.

在公共就业政策机制中，两大子系统之间相互依存与相互促进，特别是直接政策系统中的政策工具大多属于财政政策体系的一部分。但是，由于两大子系统的政策目标不同，前者呈现单一性（治理失业），而后者呈现多重性（如调节经济增长、经济波动、经济结构、治理失业等），因此，两大政策子系统对就业的影响会呈现多种形式：正向效应、负向效应、叠加效应、互损效应。为此，只有当两大政策子系统产生叠加正效应时，才能取得最优的政策效果。

2.2.2　动态分析：公共就业政策机制

公共就业政策机制的作用机理表现为公共就业政策能够通过市场机制的传导，作用于经济社会中的各变量，引起劳动供需及经济增长的变化，进而影响就业水平与结构。由于财政货币政策是公共就业政策系统中的核心政策工具[①]，因此我们将重点分析这两大政策的就业效应。

2.2.2.1　公共就业政策机制的作用流程

图2-2显示了公共就业政策机制的作用流程。

总体来说，公共就业政策的应用分两个阶段：政策判断和政策实施阶段。一是政策判断阶段。政府根据经济发展的政策目标，结合劳动力市场状况，选定实施特定的公共就业政策。其中，关键是根据经济社会形势判断公共就业政策的可行性和有效性，针对性地选择运用公共就业政策。二是政策实施阶段。政府选择特定的公共就业政策之后便进入实施阶段。政府运用具体的公共就业政策工具，通过价格机制和收入机制经一系列的经济响应和传导，最终影响社会就业总量和就业结构。

（1）公共就业政策与微观主体决策

政府实施的公共就业政策能够通过价格机制与收入机制的传导对微观经济主体的经济行为产生影响。具体而言，一方面是个人劳动供给和企业劳动需求决策发生改变。劳动者在预算约束变化的条件下，将适时调整最优消费与闲暇，进而改变劳动供给决策；企业在成本及利润变化的条件下，将调整生产规模或要素密集度[②]，实现利润最大化，进而劳动力需求相应变化。另一方面是微观主体消费

---

① 从构成的角度讲，可将直接政策系统视为财政政策体系的一部分。

② 要素密集度指生产商品所需投入的生产要素之间的比率，即资本与劳动投入比例。因为资本和劳动之间具有某种替代性，所以，企业可以根据成本最小化或利润最大化原则，合理进行资本与劳动的替代。

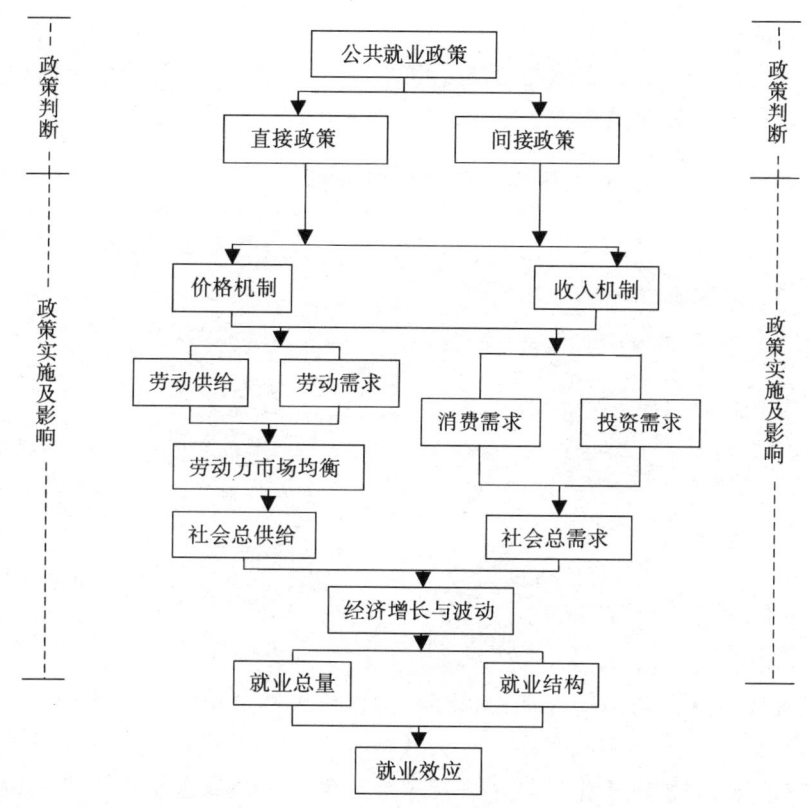

图 2-2 公共就业政策机制的作用流程

需求和投资需求发生改变。如果公共就业政策引致个人收入增加,则个人很可能会增加消费;如果对企业减税或降低利率,则企业会倾向于增加投资,扩大生产规模,进而影响劳动供求。

(2) 公共就业政策与社会总供求

从全社会来考察,在公共就业政策作用下,微观经济主体调整劳动供需、消费需求和投资需求的决策行为,将引致社会总供给和总需求的变化,形成新的社会总供求状态。根据经济周期理论,经济正好均衡的状况较少。长期来看,宏观经济呈周期性波动态势。

(3) 公共就业政策与经济增长、就业状况

宏观经济理论认为经济增长和就业增长是循环互动的过程:先期的要素投入在企业利润最大化和个人效用最大化下实现了一定的经济增长,经济增长必然带来消费需求和投资需求的增长,为满足旺盛的社会总需求,必然扩张社会总供给,由此增加生产要素需求,扩大就业规模。但是,不同的经济增长方式或经济

结构对就业的影响不同。

综上所述，公共就业政策能够通过由微观经济向宏观经济的传导路径，影响社会的就业规模与就业结构。

2.2.2.2 公共就业政策作用机理的数理分析

根据公共就业政策的作用流程图，我们通过建立含有劳动供给的 MIU 模型，进一步阐释公共就业政策的作用机理。

$$\begin{cases} y_t = A_t F(k_t, l_t, G_{2t}, G_{3t}) & (2-1) \\ MaxU = \rho u(C_t, l_t, G_{1t}, \dfrac{M_t}{P_t}) & (2-2) \\ \dot{K} + \dot{M} = (1 - t_\pi) Y - (1 + t_c) C_t + G_{1t} & (2-3) \\ (1 - t_w) w_t l_t = K_t + \dfrac{M_t}{P_t} & (2-4) \\ G_{1t} + G_{2t} + G_{3t} = \tau_\pi Y + \tau_c C_t + \tau_w w_t l_t & (2-5) \\ \nu_g = f(\nu_A, \nu_K, \nu_L, \nu_{G1}, \nu_{G2}, \nu_{G3}, \nu_M) & (2-6) \end{cases}$$

假设在无穷期限的封闭经济中，存在一个代表性消费者，其既从事生产活动又从事消费活动。上述方程组中，y_t 为代表性消费者 t 期产出，生产函数中 A_t、k_t、l_t、G_{2t} 和 G_{3t} 分别表示生产技术、资本、劳动力、政府投资性支出和科教文卫支出；U 为效用函数，ρ 表示主观贴现率，$u(C_t, l_t, G_{1t}, \dfrac{M_t}{P_t})$ 为消费、闲暇、社会保障性支出、真实货币余额的效用函数；K 和 M 分别表示代表性消费者的资本积累和货币积累，两者之和构成消费者的资产积累。消费者的资本积累来源于税后总收入 $(1 - t_\pi) Y$、获得的社会保障性支出 G_{1t}、扣除消费 $(1 + t_c) C_t$ 后的余额，τ_π、τ_c 分别表示企业所得税税率、流转税税率；代表性消费者拥有的资本（K_t）和持有的真实货币余额 $(\dfrac{M_t}{P_t})$ 均来自于税后工资收入 $(1 - t_w) w_t l_t$，w_t 表示工资率，τ_w 为个人所得税税率；从政府层面来看，政府支出（$G_{1t} + G_{2t} + G_{3t}$）来源于征收的企业所得税 $t_\pi Y$、消费税 $\tau_c C_t$ 和劳动所得税 $\tau_w w_t l_t$ 三种税。[1]

---

[1] 刘溶沧、马拴友在"论税收与经济增长——对中国劳动、资本和消费征税的效应分析"（载于《中国社会科学》2002.1）中，将税收分解为对劳动、资本和消费的征税。由于本书的研究对象是就业，为此将对就业有较大影响的流转税、企业所得税、个人所得税提出来进行研究。这种分法和后面的实证分析相一致，对我国现实更具针对性。

在总模型中，(2-1)式为代表性消费者使用资本、劳动力和政府支出进行以利润最大化为目标的生产活动，并且在利润最大化处决定最佳劳动需求；(2-2)式、(2-3)式和(2-4)式表示代表性消费者在劳动和资本市场上通过出售劳动和资本获得收益，这些收益与政府的社会保障性资金共同构成消费者的总收入，然后消费者根据效用最大化原则决定如何分配消费、闲暇和真实货币余额；(2-5)式反映了政府以征税的方式筹集资金，用于政府支出以实现社会总效用最大化。

由(2-6)式可见，经济增长率由若干经济变量的增长率决定，经济持续增长是就业增长的原动力。公共就业政策将通过引致经济变量的变化，左右经济增长率，进而影响社会就业规模与就业结构。

2.3 公共就业政策的经济效应分析

公共就业政策将通过上述作用机理，发挥调节功能，进而影响劳动力市场均衡，以及宏观经济均衡与就业均衡。

2.3.1 公共就业政策与劳动力市场均衡

2.3.1.1 财政政策与劳动力市场均衡

财政政策分为税收政策与财政支出政策。由于本书研究对象的特殊性，我们根据财政支出对经济发展的影响差异，将财政支出分为生产性支出和消费性支出（见图2-3）。

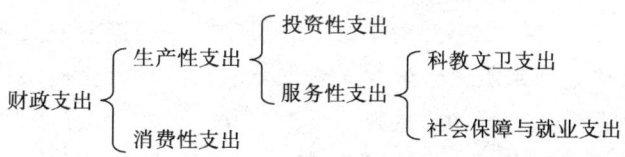

图2-3 财政支出的分类

由于消费性支出与经济发展的关联性较小，故本书主要以财政生产性支出为研究重点。并且根据财政支出对就业的作用机理，将财政生产性支出细分为政府投资性支出、科教文卫支出、社会保障与就业支出三类①。

国家税收、科教文卫支出和社会保障与就业支出主要通过改变个人收入和企业成本影响劳动供需,而财政投资性支出则会直接增加劳动需求(见图2-4)。

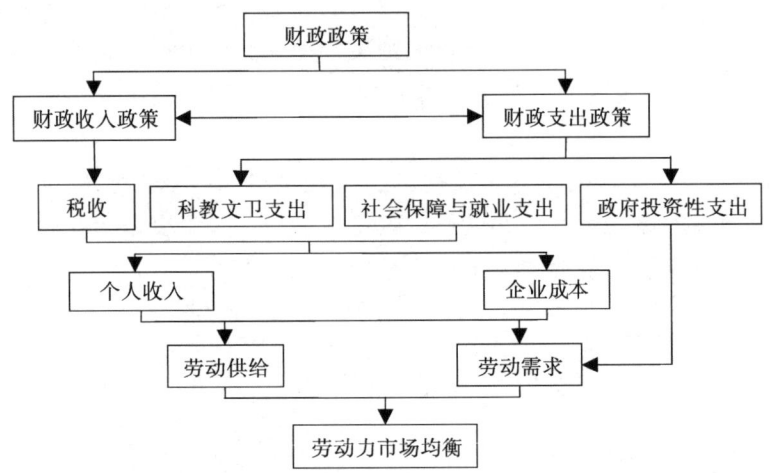

图2-4 微观视角:财政政策就业效应的作用流程

(1) 财政政策工具与劳动供给

①税收政策对劳动供给的影响

一般来说,劳动者是否参与劳动或劳动时间的长短取决于很多因素,如工资水平、个人偏好、年龄、受教育程度等。其中,工资水平是影响劳动者劳动供给量的重要因素,税收尤其是对劳动所得征税能够通过左右劳动者净工资率来影响劳动供给量。在其他条件不变的情况下,税收对劳动供给的影响可以分解为收入效应和替代效应。当政府对劳动者征税时,收入效应会促使纳税人为维持原有的收入水平而增加劳动供给。即税收↑→可支配收入↓→劳动供给↑。而替代效应使得劳动相对价格下降,劳动者会选择消费更多的闲暇,因此劳动供给减少。即税收↑→劳动力相对价格↓→劳动供给↓。税收对劳动供给的最终影响取决于两种效应的大小对比,如果收入效应大于替代效应,劳动者会提供更多的劳动供给量;反之,劳动者会减少劳动供给量。

假定劳动者除了劳动收入 wl 外还有非劳动所得 x,劳动者的预算约束条

---

① 本书涉及的财政支出并非是所有的财政支出项目,只是选出对就业影响较直接、影响程度较大的支出项目根据作用方式不同进行归类分析。政府投资性支出对就业主要产生直接拉动的短期作用;科教文卫支出主要通过影响劳动者素质、劳动生产率等方式影响就业,短期对就业可能是无影响或负向影响,但长期是促进作用。社会保障与就业支出主要通过影响劳动供求来影响就业。

件为：
$$C \leqslant wl + x - T(wl + x) \tag{2-7}$$

其中，C 表示劳动者的消费，$T(wl+x)$ 为劳动所得和非劳动所得缴纳的税款，在累进税制下，令实际工资 $s=(1-T')w$，劳动者的实际所得 $y=C-sl$。

根据斯勒茨基方程可得出收入效应和替代效应：

$$\frac{dl}{dt} = \frac{\partial l}{\partial s}\bigg|_{u=\bar{u}} \frac{ds}{dt} + h\frac{\partial l}{\partial y} + \frac{\partial l}{\partial y}\frac{dy}{dt} \tag{2-8}$$

其中，$\frac{\partial l}{\partial s}\bigg|_{u=\bar{u}} \frac{ds}{dt}$ 为替代效应，其值为负值。等式后面两项表示收入效应，结果为正值。劳动者最终表现出的劳动供给变化由收入效用和替代效应的对比决定。若以 T_1 表示收入效应的绝对值，以 T_2 表示替代效应的绝对值，则劳动者劳动供给变化情况如表 2-4 所示。

表 2-4　　　　　　　　征税对劳动供给的影响

收入效应和替代效应的大小对比	劳动供给量
$T_1 > T_2$	增加
$T_1 < T_2$	减少
$T_1 = T_2$	不变

②财政支出政策对劳动供给的影响

财政支出中的投资性支出主要影响劳动力需求，而科教文卫支出和社会保障与就业支出对劳动供给的影响流程如图 2-5 所示。

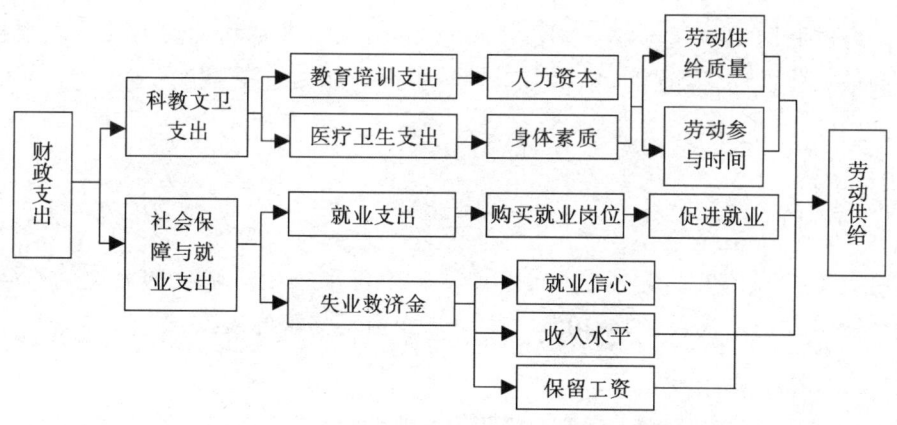

图 2-5　财政支出政策对劳动供给影响的流程

一是科教文卫支出的影响。科教文卫支出中的教育培训支出和医疗卫生支出能够对劳动供给产生直接影响。身体健康是决定劳动者是否参与劳动以及参与时间的基本条件。人力资本水平是决定劳动者劳动供给质量的关键因素。因此，科教文卫支出可以改善劳动力供给质量和结构。

二是社会保障与就业支出的影响。这类财政支出对劳动供给的影响表现在以下方面：第一，就业支出能够通过购买岗位，提供就业服务，改善劳动力市场环境。第二，养老保险金能够影响劳动者的职业生涯。若养老金支付水平较高，收入效应会促使劳动者扩大消费并选择提前退休（Ippolito，1990；Blondal & Scarpetta，1997）[①]。反之，在替代效应作用下劳动者会选择延迟退休。第三，失业救济金对劳动供给具有双向影响。一方面，失业救济金能够帮助失业者渡过难关，重返工作岗位，因而有助于增加劳动供给；另一方面，失业保障支出对劳动供给具有一定的抑制作用。当失业保障水平过高时，一些工资较低的劳动者会选择减少工作时间或是闲暇。而且过高的失业救济金提高了失业者的保留工资水平，降低失业者工作搜寻中的匹配率，不利于失业者再就业。

（2）财政政策工具与劳动需求

①税收对劳动需求的影响

税收对劳动需求的影响途径是通过改变企业要素比价、成本及利润，促使企业改变劳动需求。

假设产品市场和要素市场都是完全竞争的，且要素供给充分有弹性。厂商的逆需求函数为 $P = \theta Q^{-\frac{1}{\eta}}$，其中，P、$\theta$、Q 和 η 分别为商品价格、常数项系数、产量和商品的需求价格弹性。厂商的生产函数为柯布—道格拉斯函数，$Q = K^{\alpha} L^{\beta}$，其中 K 和 L 代表资本和劳动，α、β 代表两种要素与产出的弹性系数。因此，厂商的利润 $\Pi = PQ - rK - wL$，其中 r 和 w 表示资本和劳动的价格。根据厂商利润最大化条件，分别对 K 和 L 求导，可得到最优的要素投入量：

$$K = \frac{1}{r}\alpha\theta(1-\eta)Q^{1-\frac{1}{\eta}} \qquad (2-9)$$

$$L = \frac{1}{w}\beta\theta(1-\eta)Q^{1-\frac{1}{\eta}} \qquad (2-10)$$

将（2-9）、（2-10）式代入生产函数中可求得生产函数的表达式。最后，将生产函数表达式代入（2-10）式中可求得劳动需求的表达式：$L = F(w, r, p)$。

[①] Ippolito Richard A. Toward Explaining Earlier Retirement after 1970 [J]. Industrial and labor Relation Review, 1990, 43 (5): 556-569.

Blondal Sveinbjorn &Scarpetta Stefano. Early Retirement in OECD Countries: The Role of Social Security Systems [J]. OECD. Economic Studies, 1997, 2 (29): 233-257.

因此,劳动需求是工资 w、资本价格 r 及商品价格 p 的函数。若税收能够影响上述三种商品价格,也就会对劳动需求量产生影响。

下面我们通过社会保障税来说明课税对企业劳动需求影响的原理。企业劳动力价格是工资与为雇员缴纳的社会保障税之和。社会保障税对劳动需求的影响可分解为规模效应和替代效应。从规模效应来考察,征税将引致劳动力价格上升,产品边际成本增加,在产品边际收益不变的条件下,企业为保证利润最大化,必然会减少产量,降低劳动需求量。再从替代效应来考察,征税将导致劳动力价格升高,资本与劳动相对价格下降。由于资本和劳动力在技术上可以相互替代,企业将使用更多的资本,从而减少劳动需求,如图 2-6 所示。

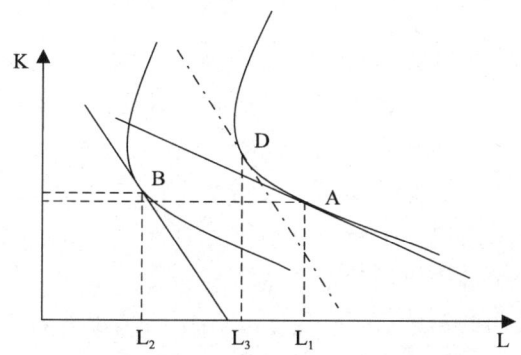

图 2-6 税收的规模效应和替代效应

在图 2-6 中,K 表示资本,L 表示劳动需求。初始状态时(未征税),等成本线 C_1 与等产量线 Q_1 相交于 A 点,企业的劳动需求量为 L_1。政府征收社会保障税后,劳动力价格上升,新的等成本线为 C_2,与等产量线交点变为 B 点。征税后,劳动需求量减少为 L_2。我们做一条等成本辅助线 C_3,C_3 与原来的等产量线的切点为 D 点,此处劳动需求量为 L_3。我们进一步分析税收的规模效应和替代效应。首先,由 A 点到 D 点的变化过程是由税收的替代效应引起的。由图 2-6 可见,替代效应使得企业的劳动需求量减少了 $L_1 - L_3$。其次,由 D 点到 B 点的变化过程反映了规模效应的作用。劳动需求量由 L_3 进一步降低到 L_2。总之,该税所产生的替代效应和规模效应都会降低劳动需求量。

需要注意的是,我们不能一概而论地认为税收对劳动需求产生的一定是负面影响。不同的税种、不同的税负转嫁程度导致税收对劳动需求的影响有所不同。

②财政支出对劳动需求的影响

财政支出对劳动需求的影响比较复杂,既包括直接影响,还包括间接影响,如图 2-7 所示。

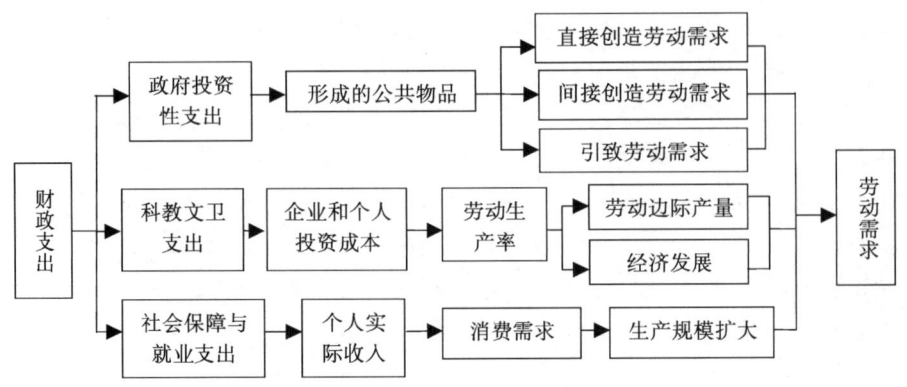

图2-7 财政支出对劳动需求的影响流程

一是政府投资性支出的影响。与其他财政支出相比,政府投资性支出具有较强的劳动需求效应。第一,直接创造劳动需求。政府投资项目的建设,尤其是大型基础设施建设,一般需要雇佣大批的劳动力,这就直接产生了劳动需求。第二,间接创造劳动需求。政府的项目建设需要生产材料投入,由此提供生产材料行业的劳动需求增加。第三,引致劳动需求。直接和间接扩增的就业人员的消费需求将带来相应行业劳动需求的增加。

二是科教文卫支出的影响。科教文卫支出中的教育培训支出和医疗卫生支出可以降低企业或个人的人力资本投资的成本,激励其进行人力资本的投资,从而提高劳动者的素质与就业能力。短期来看,劳动者人力资本水平的提升会提高劳动生产率,劳动的边际产量增加,导致企业的劳动需求减少;但长期来看,劳动生产率的提高会推动经济发展,产生新的产业和行业,引致新的劳动需求。科学技术支出通过政府承担一部分(全部)企业或个人科技研发或推广的成本,激励其进行科学研究和技术创新,带动技术进步,从而产生新的产业和行业,引致新的劳动需求。

三是社会保障与就业支出的影响。财政就业支出将通过购买就业岗位,提供就业服务直接扩大就业需求。而失业救济金对劳动需求的影响总体上说是正向的,它能直接增加失业者的实际收入,从而创造更多的就业机会,如图2-8所示。

在图2-8中,假定社会中只有两种消费品X(生活必需品)和Y(其他产品)。初始时,失业者预算约束线为AB,在现有预算约束下,实现效用U_0时的商品最佳消费组合为X_0和Y_0。现在,政府对失业者发放失业救济金,失业者可支配收入因此增加。在物价水平不变的前提下,失业救济金使得失业者的预算线向右上方平行移动,移动至CD处。新的预算约束线和新的效用曲线U_1相切于

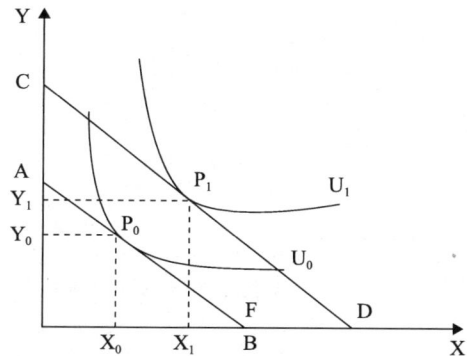

图 2-8 失业救济金对劳动需求的影响

P_1 点，这表明失业救济金满足了失业者的更高消费需求，失业者对两类商品的购买量都增加了。而且生活必需品的消费增加量（$X_0 \to X_1$）大于其他商品的消费增加量（$Y_0 \to Y_1$）。这是因为失业者的收入较低，消费偏好是以食品、衣物等生活必需品为主。

从图 2-8 可以看出，当期收入的增加将引致失业者消费支出增加，进而通过消费效应导致相关产业的产出规模扩大，劳动需求增加。而且作为低收入群体的救济金领受者具有较强的消费效应，即低收入人群具有较高的边际消费倾向和恩格尔系数，从而带来更显著的劳动需求规模扩张效应。

（3）财政政策工具与劳动力市场均衡

劳动力市场中最终表现出的就业状况是由劳动供求双方共同决定的。我们将进一步运用局部均衡法分析财政政策如何影响劳动力市场均衡。

①税收对劳动力市场均衡的影响

一是商品税的影响。在课征商品税的条件下，若厂商没有转嫁商品税的渠道，则雇员的劳动供给不会受到影响，但劳动需求会降低；若厂商通过提价的方式将商品税税负转嫁给消费者承担，则作为商品购买者的劳动者的劳动供给会增加，企业劳动需求不变。商品税对劳动力市场均衡的最终影响取决于劳动供求的变动情况（见图 2-9）①。

如图 2-9（a）所示，在商品税税负不能转嫁时，商品税增加了企业成本，企业的劳动需求曲线由 L_{D0} 左移至 L_{D1}，均衡就业量和均衡工资降低；当商品税税负转嫁给劳动者负担时，劳动者的劳动供给曲线向右移动，均衡就业量因征税而

---

① 为了分析的方便，我们假定劳动供需都是有弹性的，而且以比较符合我国现实的劳动供给弹性大于劳动需求弹性为例进行阐述。下同。

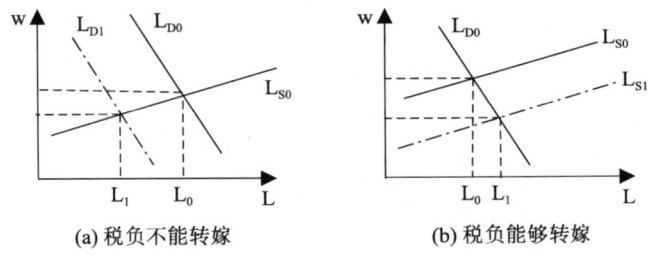

(a) 税负不能转嫁　　　　　(b) 税负能够转嫁

图2-9　商品税对劳动力市场均衡的影响

增加，均衡工资水平降低，如图2-9（b）所示。

二是企业所得税的影响，如一般而言，征收企业所得税无劳动供给效应，对劳动需求的影响具有不确定性。

在图2-10中，若税收的收入效应大于规模效应，则劳动需求曲线上移，就业量由 L_0 增加到 L_1；若收入效应小于规模效应，则劳动需求曲线下移，就业量降低；当收入效应等于规模效应时，劳动需求曲线不动，就业量也不变，即企业所得税导致均衡就业量与劳动需求呈同方向变化。

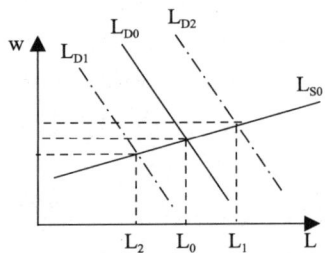

图2-10　企业所得税对劳动力市场均衡的影响

三是个人所得税的影响。个人所得税对劳动供给的影响具有不确定性，劳动供给的增减主要取决于收入效应和替代效应的大小。而该税对劳动需求的影响也具有不确定性。当税负不能转嫁时，劳动者承担税负，劳动需求不变。在工会干预或工资黏性下，企业承担部分税负，劳动需求下降。

由图2-11（a）可知，在个人所得税不能转嫁的条件下，因征税导致的均衡就业量的变化方向与劳动供给变化方向一致。在税负能够转嫁给企业时，劳动需求曲线向左下方移动，不管劳动供给是增加、减少、还是不变，均衡就业量均减少（见图2-11（b））。与图2-11（a）相比，在劳动供给变化方向相同的条件下，由于劳动需求的减少导致均衡就业量少于图2-11（a）中同等状态下的均衡就业量，而且均衡工资也呈现相同的变化趋势。

2 公共就业政策的理论分析 35

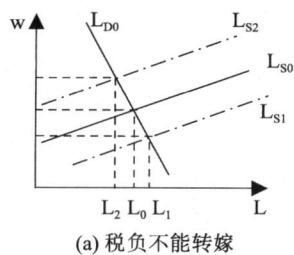
(a) 税负不能转嫁

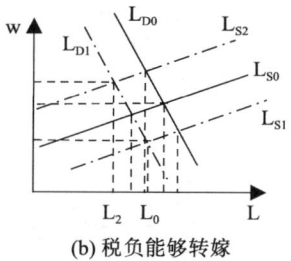
(b) 税负能够转嫁

图 2-11 个人所得税对劳动力市场均衡的影响

②财政支出对劳动力市场均衡的影响

一是政府投资性支出的影响。政府投资性支出虽然对劳动供给影响不明显，但是对劳动需求具有较强拉动作用。图 2-12 显示了政府投资性支出对劳动力市场均衡的影响。政府增加投资性支出会带来劳动需求曲线右移至 L_{D1}。在劳动供给不变的前提下，政府投资性支出会带来就业量和工资水平的同时上涨。现实中，这一原理可以用于解释我国为应对金融危机的"4万亿"投资计划的经济结果。

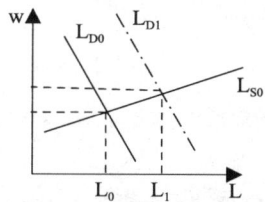

图 2-12 政府投资性支出对劳动力市场均衡的影响

二是科教文卫支出的影响。科教文卫支出对劳动力市场均衡的影响，因时间长短影响，效果也有所不同。科教文卫支出减少了企业和个人人力资本投资成本，劳动者和企业都倾向于提升人力资本水平。短期劳动者因接受教育而减少劳动供给，企业因劳动效率的提高，劳动需求减少。

图 2-13 (a) 显示，在短期，劳动者因接受教育而减少劳动供给，企业因劳动效率的提高，劳动需求减少。因此科教文卫支出减少均衡就业量。图 2-13 (b) 显示，长期中，劳动者素质提高，劳动供给增加，而劳动需求也会因新产业、新工艺等的带动有所增加。因此科教文卫支出长期能够促进就业机会的增加，均衡就业量在工资下降的基础上提高。

三是社会保障与就业支出的影响。如前分析，社会保障与就业支出对劳动需求具有正向影响，而它对劳动供给的影响需根据支出水平情况具体分析。

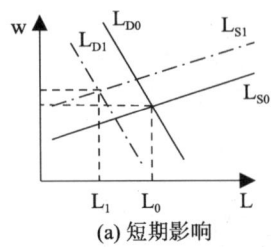 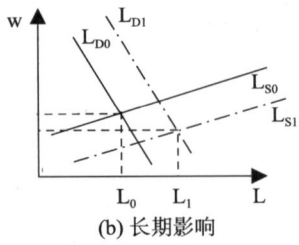

图 2-13　科教文卫支出对劳动力市场均衡的影响

图 2-14（a）反映了社会保障性支出过高时，抑制了劳动积极性，均衡就业量减少、工资水平上升的情况。均衡就业量的降低幅度和劳动供需弹性大小以及劳动供需变化量有关。图 2-14（b）表明支出水平恰到好处，则会帮助劳动者重拾就业信心，从而刺激劳动就业量增加。

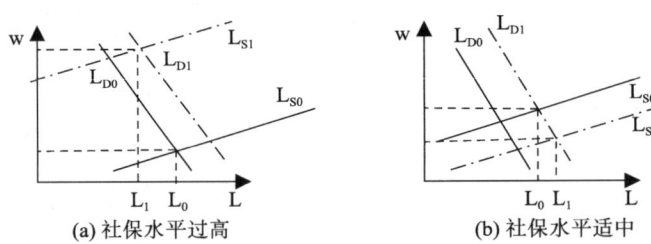

图 2-14　社会保障性支出对劳动力市场均衡的影响

2.3.1.2　货币政策与劳动力市场均衡

货币政策与财政政策的作用机理有很大的区别。财政政策对劳动力市场均衡的影响较为直接，不需要任何中间变量。而货币政策在传导机制畅通及微观主体反应灵敏的前提下，通过金融机构的货币供给量变化影响利率、信贷等变量，间接调节劳动力供求与劳动市场均衡。

一般来说，货币政策对就业的影响包括利率、信贷、资产价格和汇率四个传导途径，如图 2-15 所示。

在上述四大传导途径中，以利率传导和信贷传导为主。为此，我们主要对利率传导机制和信贷传导机制进行深入剖析。

（1）利率传导机制

利率变化通过左右投资和消费成本影响个人和企业的消费和投资行为，进而影响劳动供求，如图 2-16 所示。

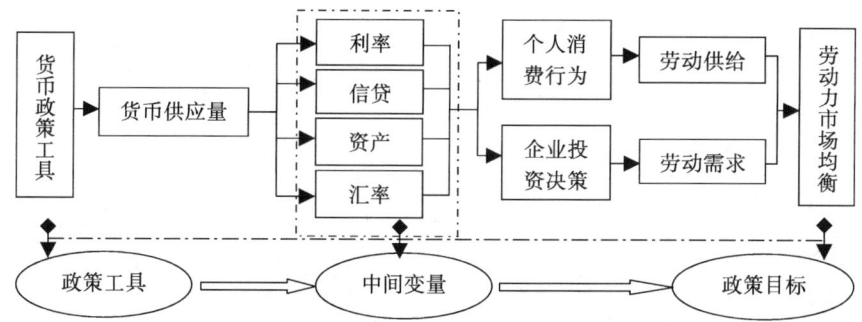

图2-15 货币政策对劳动市场均衡影响的传导路径

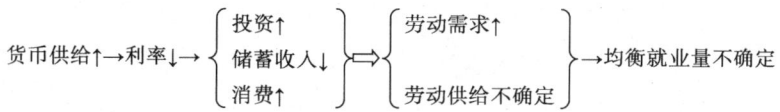

图2-16 货币政策的利率传导机制

假设货币政策有效,政府通过降低再贴现率或法定准备率,增加货币供应量会导致 LM 曲线右移,市场利率降低。在边际投资倾向一定时,较低的利率有利于投资增加。投资增加将带来企业生产规模扩大,劳动需求增加。同时,利率降低也会影响居民储蓄收入和消费借贷成本。一方面,利率降低,居民储蓄收入降低,更倾向于消费,而且财富效应使得居民以增加劳动供给来弥补储蓄收入的降低。另一方面,利率降低,居民消费的借贷成本降低,社会成员对消费,尤其是住房等固定资产的消费更加偏好。这与储蓄带来的消费增加效果叠加后,使社会消费需求进一步提高,引致企业劳动需求增加。但是消费增加对劳动供给的影响并不确定,有可能因注重消费而忽视劳动,也有可能因满足消费而增加劳动。由此,利率变化对劳动力市场均衡的影响也具有不确定性。

(2) 信贷传导机制

货币政策的信贷传导机制可以分为广义信贷渠道(银行贷款)和狭义信贷渠道(资产负债表)。

①广义信贷渠道。这一渠道只强调银行的作用而不考虑企业和消费者的作用,其作用机理与利率传导机制类似,如图2-17所示。

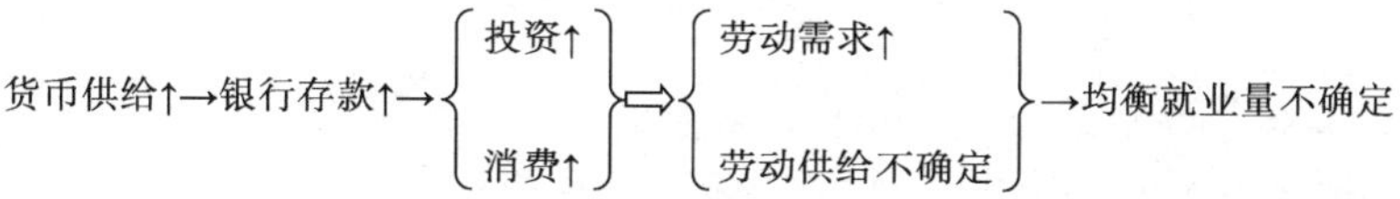

货币供给↑→银行存款↑→$\begin{cases}投资↑\\消费↑\end{cases}$⇒$\begin{cases}劳动需求↑\\劳动供给不确定\end{cases}$→均衡就业量不确定

图2-17 货币政策的广义信贷传导机制

由图 2-17 可见，政府增加银行准备金或活期存款，企业可获得的贷款量增加，进而投资增加，劳动需求增加；居民因信贷政策宽松，消费可能会增加，劳动供给同样存在不确定性。因而，劳动力市场的均衡就业量也具有不确定性。

②狭义信贷渠道。将企业和个人的借贷行为纳入，通过考察资产负债表变化，反映银行信贷规模调整对企业投资和个人消费的影响效果，进而改变劳动力市场均衡的作用过程。

一是企业资产负债表的变化。银行信贷通过资产负债表渠道产生影响的原因在于其直接或间接影响企业的资产价格、现金流、资产负债净值等财务指标，从而影响企业的融资能力和投资行为，改变劳动需求状况。首先，信贷规模扩大导致企业资产升值，财务状况改善。由此导致企业逆向选择和道德风险①下降，银行愿意提供贷款，企业投资扩张，劳动需求增加。其次，扩张信贷规模带来名义利率下降，企业负债利息支出降低，现金流量提高，企业的逆向选择和道德风险问题缓解，借贷环境宽松，投资上升，从而劳动需求增加。最后，信贷扩张引起通货膨胀率上升，企业的实际债务水平降低，但资产实际价格并未下降，因此企业资产负债实际净值上升。企业道德风险下降，企业所获的贷款增加，生产规模扩大带来劳动需求提高。

二是家庭资产负债表的变化。一个家庭的资产构成可能即包含流动性较强的金融资产，也包括流动性较弱的耐用消费品及房地产。当政府实行扩张信贷规模政策时，易于变现的金融资产升值，家庭抵御金融困境的能力增强。由此，人们会选择提高耐用消费品和房地产的持有比重，由此可能会影响劳动力供给水平，但这种影响同样具有不确定性。

综合企业资产负债表和家庭资产负债表变化，狭义信贷渠道作用机理如图 2-18 所示。

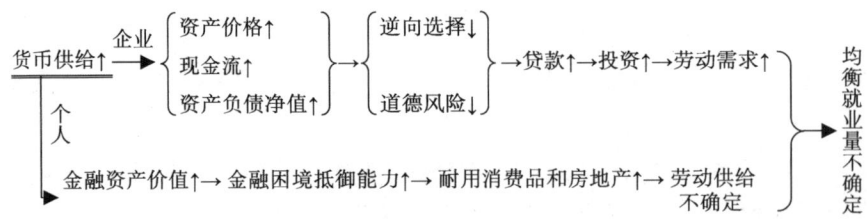

图 2-18　货币政策的狭义信贷传导机制

---

① 逆向选择是指由于信息不充分，风险偏好型投资者愿意支付高额利率，从事高风险高回报行业，而低风险投资者因无法支付高额利率退出借贷资本市场，由此导致高风险者充斥市场。道德风险是也是因为信息不充分导致，即投资者与银行签订合同后，为规避因利率提高带来的损失，转而改变投资方向，投向于高风险项目。

与利率传导机制相比，信贷机制以资本市场固有缺陷为前提，因此其能否发挥以及作用大小取决于金融市场的完善程度。信贷传导机制与利率传导机制对宏观经济以及就业的影响较大，突出体现在创造就业方面，对劳动供给的影响方向和程度都具有不确定性。因此也造成了货币政策对劳动力市场影响的复杂性。

2.3.2 公共就业政策、经济结构与就业结构

经济结构决定就业结构。公共政策通过左右不同产业及教育的发展，影响一国经济结构，进而影响就业结构。

2.3.2.1 公共政策：教育—就业结构与就业—产业结构[①]

郑程（2011）针对我国劳动力市场中的结构性矛盾，提出了"教育—就业结构与就业—产业结构的双联动"观点，并阐释了政府政策在"双联动"中的作用机理。

（1）"教育—就业结构与就业—产业结构"的双联动机制

"教育—就业结构与就业—产业结构"表现了劳动力供求匹配的运动过程。①教育结构与劳动力供给。从劳动力供给的源头来考察，在劳动力人力资本形成的过程中，都不同程度地接受了教育（包括非正规教育）。因此我们用包含了各种规模、各种层次以及各种学科门类的教育结构来表示劳动力供给的源头。②产业结构与劳动力需求。从劳动力需求的源头来考察，对劳动力形成具体需求的是企业；而数量众多的企业则形成了一定的产业。产业结构则是指一定经济体系内产业的组成结构、产业之间的联系、各产业与总体经济的联系。产业结构的变动将引起产业内部的调整，从而影响企业的用工需求。由此，我们将产业结构作为劳动力需求的源头。③就业结构。从劳动力供需匹配的结果来考察，由于劳动力供给与劳动力需求内部的结构并不一致，因此只有两者之中结构对应部分才能形成匹配。两者匹配的结果就是劳动力与职位匹配，形成就业。而所有匹配的职位的总和就形成了一定的就业结构。

如图2-19所示："双联动"分为两个层次的互动。①第一层次的互动。它包含教育—就业结构和就业—产业结构各自内部的互动。教育结构与就业结构的互动过程就是教育结构为就业结构培养劳动力；就业结构根据产业结构的引致需

[①] 本部分内容引自或修改自：郑程. 教育—就业结构与就业—产业结构双联动：缓解劳动力市场结构性矛盾的新视角 [D]. 杭州：浙江大学，2011.

求进而又向教育结构提出新的劳动力需求,教育结构面对的新需求又将传递到影响教育结构的因素(政策导向、政府行为与个人选择)中,从而使得教育结构得到调整,为劳动力市场提供符合新要求的人力资本支持。②第二层面的互动。它是教育—就业结构和就业—产业结构之间的互动。它实质上也是劳动力供给与需求整体层面的互动,其影响因素主要是政策导向、政府行为和信息传递①。

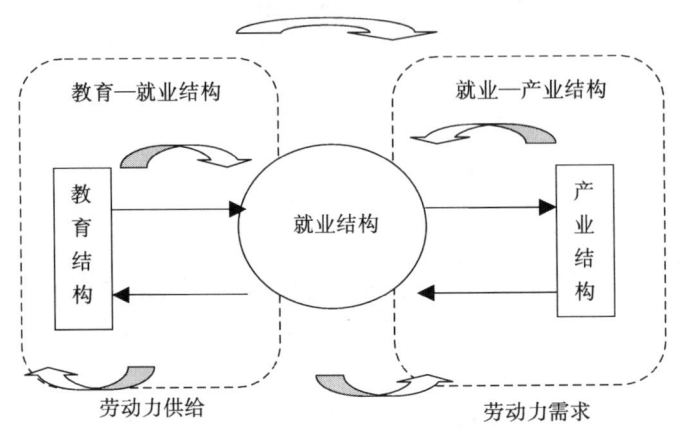

图 2-19 "教育—就业结构与就业—产业结构"的双联动机制

(2) 公共政策在"教育—就业结构与就业—产业结构的双联动"中的作用

公共政策在"教育—就业结构与就业—产业结构的双联动机制"中发挥着重要作用,进而影响就业结构。

由图 2-20 可见:从第一层次的互动来考察,在"就业—产业结构"的互动中,公共产业政策通过引导产业结构动态升级→产业结构发展提出新的劳动力需求→要求就业结构升级;而在"教育—就业结构"的互动中,产业结构发展提出新的劳动力需求→公共教育发展政策引导与影响教育结构变化→教育结构为产业结构培养新的劳动力→形成新的就业结构。再从第二层次的互动来考察,公共政策能够影响信息传递的时滞、体制性的分割程度以及教育结构与产业结构的协调性。因此,公共政策在"教育—就业结构与就业—产业结构的双联动"中发挥着重要的引导作用,左右劳动力供给与需求的匹配程度,最终影响一国的就业结构②。

---

① 在郑程. 教育—就业结构与就业—产业结构双联动:缓解劳动力市场结构性矛盾的新视角 [D]. 杭州:浙江大学,2011:第 36 页图 4-1、第 7—9 页、第 36—45 页内容的基础上进行了归纳。
② 在郑程. 教育—就业结构与就业—产业结构双联动:缓解劳动力市场结构性矛盾的新视角 [D]. 杭州:浙江大学,2011:第 45 页图 4-4、第 36—54 页内容的基础上进行了归纳与修改。

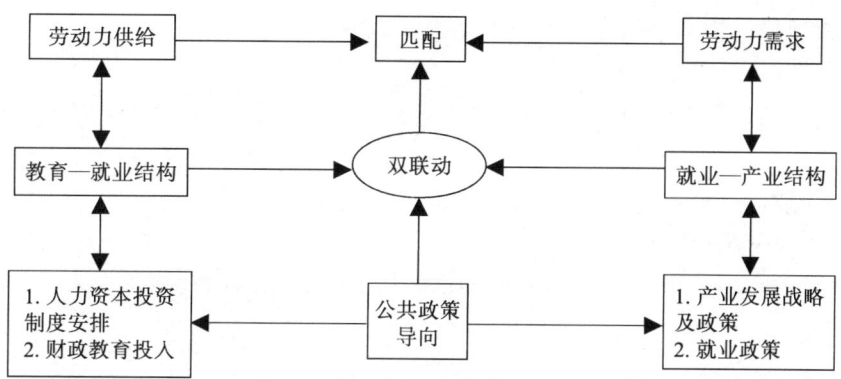

图 2-20 公共政策与"教育—就业结构与就业—产业结构"双联动

2.3.2.2 公共政策：产业间比较收益——就业结构

公共就业政策能够通过改变产业间比较收益，引导劳动力流向政府鼓励发展的产业，由此影响就业结构。现实中，政府通过实施差别化财政货币政策影响不同产业的经济收益，产业间利益格局的变化引导劳动力产业间转移，由此形成了与经济结构相匹配的就业结构。我们将应用劳动力流动模型来说明其运行机制。

（1）融入财政与货币变量的托达罗模型

托达罗模型主要用于解释发展中国家的农村剩余劳动力向城市迁移的决策过程。我们对该模型进行拓展，用于说明劳动力在产业间流动决策行为。根据托达罗的思想，劳动力转移规模由劳动者预期收入差距决定，两者之间存在以下的关系[①]：

$$M_{ij} = P_j F\left(\frac{W_j - W_i - C_{ij}}{W_i}\right) \qquad (2-11)$$

在（2-11）式中，M_{ij} 为劳动力从 i 产业转移到 j 产业的转移规模；P_j 表示劳动力在 j 产业找到工作的概率；W_j 和 W_i 分别表示 j 产业和 i 产业收入水平；C_{ij} 为转移成本；$F'(\cdot) > 0$，表明劳动力转移规模与预期收入差距正相关。而且劳动者在转入产业找到工作的概率为：

$$P_j = \frac{\lambda_j N_j}{S_j - N_j} \qquad (2-12)$$

在（2-12）式中，λ_j、N_j、S_j 分别为 j 产业的就业创造率、总就业人数、

---

① 丁守海．托达罗模型真的能揭示中国的劳动力转移规律吗？——对修正后托达罗模型的实证检验．2005 年中国经济学年会论文集［C］．2005：42-48．

总劳动力规模。而且 j 产业的就业创造率可以表示为：

$$\lambda_j = g_j - \upsilon_j \qquad (2-13)$$

在（2-13）式中，g_j 表示转入产业的产值增长率；υ_j 为转入产业的劳动生产率增长率。将（2-13）代入（2-12），并且等式右边分子分母同时除以 S_j 得到：

$$P_j = \frac{(g_j - \upsilon_j) N_j / S_j}{1 - N_j / S_j} \qquad (2-14)$$

其实分母 $1 - N_j/S_j$ 是 j 产业的失业率，用 u_j 表示。因此（2-14）式可以重新表达为：

$$P_j = \frac{(g_j - \upsilon_j)(1 - u_j)}{u_j} \qquad (2-15)$$

我们将（2-15）代入（2-11）可以得到修正后的托达罗模型：

$$M_{ij} = F\left(\frac{W_j - W_i - C_{ij}}{W_i}\right)\frac{(g_j - \upsilon_j)(1 - u_j)}{u_j} \qquad (2-16)$$

我们将拓展加入税收、财政支出和利率变量。现假定劳动力流动的成本 C_{ij} 和 j 产业的失业率 u_j 为外生给定的变量，则包含财政收支和利率变量的劳动力流动模型为：

$$M_{ij} = F\left[\frac{W_j(T_j,G_j,r_j) - W_i(T_i,G_i,r_i) - C_{ij}}{W_i(T_i,G_i,r_i)}\right]\frac{[g_j(T_j,G_j,r_j) - \upsilon_j(T_j,G_j,r_j)](1 - u_j)}{u_j} \qquad (2-17)$$

在（2-17）式中，T、G、r 分别表示两个产业的税收、财政支出和利率。税收、财政支出和利率可以影响的变量为转入产业和转出产业的收入水平、转入产业的产值增长率和劳动生产率增长率。公共就业政策工具通过上述变量传导影响劳动力流动，从而改变就业结构。

（2）公共就业政策通过改变产业间比较收益对就业结构的影响

由拓展的托达罗模型可知，劳动力产业间转移的动力主要来源于转入产业与转出产业间的比较收益。因此，总体上说，公共就业政策可以通过影响转入与转出产业的比较收益来引导就业流动，改善就业结构（见图 2-21）。

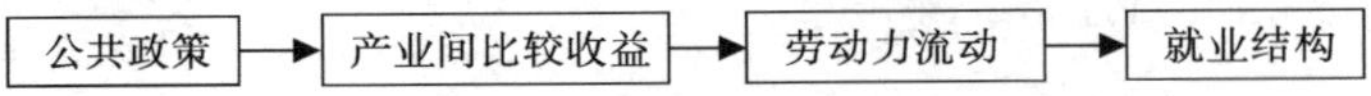

公共政策 → 产业间比较收益 → 劳动力流动 → 就业结构

图 2-21 公共就业政策影响就业结构的作用机理

具体来说，由（2-17）式可知，政府为鼓励某种产业间就业转移，可以通过特定的优惠政策提高转入产业的产值增长率 $g_j(T_j,G_j)$，转入产业与转出产业的预期收入差距 $W_j(T_j,G_j,r_j) - W_i(T_i,G_i,r_i)$。从 $F\left[\frac{W_j(T_j,G_j,r_j) - W_i(T_i,G_i,r_i) - C_{ij}}{W_i(T_i,G_i,r_i)}\right]$

部分来看，由于函数是递增的，随着两产业预期收入差距的增加，劳动力转移规模扩大。也就是说，$W_i(T_i, G_i, r_i)$ 越小越好，$W_j(T_j, G_j, r_j)$ 越大越好。但是此种方法行不通，实际政策不能为增加劳动力转移规模，而通过公共就业政策压低转出产业的收入水平。可行的办法是保证 $W_i(T_i, G_i, r_i)$ 不变或增长前提下，使 $W_j(T_j, G_j, r_j)$ 以更快的增长速度增加。对于转入产业的劳动生产率增长率 $\upsilon_j(T_j, G_j, r_j)$，以（2-17）式来看，应该是降低为好。但是 $\upsilon_j(T_j, G_j, r_j)$ 降低不符合经济发展规律，而且由于 $\upsilon_j(T_j, G_j, r_j)$ 的降低会带来转入产业的产值增长率 $g_j(T_j, G_j, r_j)$ 的减少，对劳动力流动 M_{ij} 规模的扩大不利。因此，为鼓励劳动者向转入产业流动，有效的公共就业政策传导途径如图 2-22 所示。

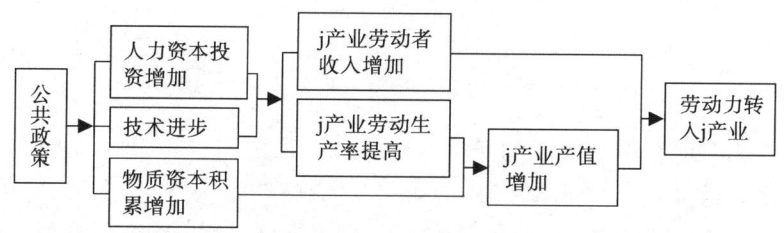

图 2-22 公共就业政策鼓励劳动者向转入产业转移的传导路径

结合（2-17）式的劳动力流动模型，公共就业政策可以促使劳动力向政府鼓励的技术密集型或劳动密集型的产业转移，达到优化劳动力资源配置，促进经济社会发展的目标。因此，政府运用公共就业政策对特定产业的支持会导致劳动力流向收益高的产业，使就业结构得到优化。

2.3.3 公共就业政策与宏观经济均衡

2.3.3.1 劳动力市场均衡与社会总供求

由以上分析可知，公共就业政策的作用使得微观经济主体劳动供需状态发生改变，劳动力市场均衡就业量随之调整。根据国民产出 $Y = F(K, L)$，劳动力的变动，必然导致社会总供给变化。由于劳动力市场均衡的调整主要影响社会总供给，而不直接影响社会总需求①，因此，我们主要研究劳动力市场均衡对社会总

---

① 根据凯恩斯理论，社会总供给曲线是由劳动力市场均衡时的一般价格水平和产出水平推导出来的。社会总供给主要取决于就业量、资本、技术以及生产函数形式。当资本、技术和生产函数不变时，社会总供给只与均衡就业量有关。劳动力均衡状况对社会总需求的影响较间接，主要通过工资水平变动影响产品市场均衡和资本市场均衡，从而影响社会总需求。

供给的影响。

假定资本与技术既定,产出只由劳动力市场均衡的就业量来决定。则国民经济宏观生产函数为:$Y = F(K, L)$。在一般价格水平不变的情况下,劳动力市场均衡的变化对社会总供给的影响如图 2-23 所示。

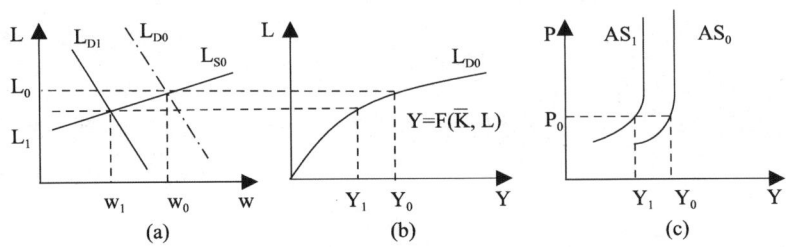

图 2-23 劳动力市场均衡对社会总供给的影响

我们以政府增税引起的劳动需求减少为例。在图 2-23 中,初始状态劳动力市场均衡就业量为 L_0,在图 2-23(b)中对应的产量为 Y_0,价格 P_0 和产出 Y_0 下的社会总供给曲线为 AS_0。假设政府对企业增税导致劳动需求减少,图 2-23 (a)中均衡就业量降至 L_1,由此决定的产量也下降至 Y_1。在价格 P_0 不变的情况下,产出水平的降低使得总供给水平减少,即总供给曲线由 AS_0 向左移动至 AS_1。这说明同一物价水平下,由于对劳动需求的减少,使国民产出减少,即供给总量减少。

2.3.3.2 公共就业政策对宏观经济均衡的影响

在宏观经济的运行中,公共就业政策除了通过劳动力市场影响社会总供给外,还会通过改变企业和个人的经济收益,影响其消费需求和投资需求,进而影响社会总需求。即政府实施的公共就业政策经过微观作用,传导至宏观社会总供求,由此宏观经济均衡将会被打破,而后一系列市场机制自发调整,宏观经济将会趋向新的均衡状态。我们将应用凯恩斯宏观经济模型,分别阐述税收政策、财政支出政策、利率政策对宏观经济均衡的影响。

假设初始状态经济萎靡,市场中存在大量的失业,社会总需求严重不足(如图 2-24 中的 E_0 点)。

在图 2-24 中,横轴表示国民产出,纵轴表示一般价格水平。总需求曲线 AD_0 与总供给曲线 AS_0 相交处决定的总产出为 Y_0。很明显产出水平低于充分就业时的产出水平 Y^*。政府为刺激经济采取扩张性财政政策或扩张性货币政策,如增加财政支出、减少税收或降低利率以复苏经济。

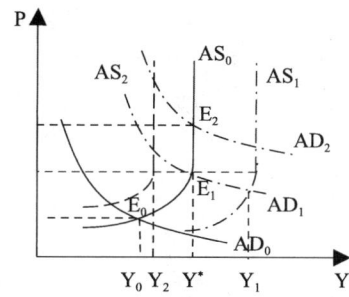

图 2-24 公共就业政策对宏观经济均衡的影响

（1）财政政策对社会总供求与就业的影响

①税收政策对社会总供求与就业的影响

一是减税可以促进社会总需求增加。若政府对企业实施税收减免，则企业生产成本降低，生产规模扩大，投资需求增加；若减税主体是居民，则居民可支配收入的增加促使其增加消费需求；当政府减轻所有微观经济主体的税负时，社会消费需求和投资需求都会增加。可以说，通过减税实现的扩张性财政政策会带来总需求的增加。即社会总需求曲线向右上方移动。假设总需求曲线移动到 AD_1 处，此时产出是潜在的产出水平，劳动力市场实现了充分就业。如果扩张性财政政策规模过大，导致社会需求过旺，如总需求曲线上移至 AD_2，此时经济过度繁荣，产出水平没有增长，但是物价水平却持续上升。

二是减税对社会总供给的影响不确定。根据宏观经济理论，社会总供给与劳动力市场均衡状态、资本存量以及技术水平有关。在资本存量不变的条件下，减税对劳动力市场均衡就业量的影响，可能是增加、减少或没有影响。所以，总供给曲线可能是 AS_1、AS_2 或 AS_0 中的任意一条；从技术进步角度来看，政府的直接减税政策（鼓励技术研发等）或间接减税政策（非针对技术更新的一般性减税）引起的技术进步会增加社会总供给，使得总供给曲线向右移动。

三是减税对宏观经济均衡的影响。根据图 2-24，假设减税导致社会总需求曲线上移到 AD_1，但未对社会总供给产生影响。此时经济处于最佳状态；如果减税使得社会总供给曲线向右平移至 AS_1，则均衡产出为 Y_1，$Y_1 > Y^* > Y_0$，但却不是新的最佳均衡点（小于新状态下的潜在产出）；如果减税导致社会总供给减少，总供给曲线左移导致的均衡产出为 Y_2，$Y_0 < Y_2 < Y^*$①，此时的均衡点也不是最佳点，此处经济过旺，存在通货膨胀。因此，运用减税政策促进经济和就业

---

① 这是图 2-24 显示的结果。如果减税导致社会总供给减少较多时，理论上有可能会出现 $Y_0 > Y_2$。但是，现实中这种可能性很小，在社会总需求增加的基础上，减税导致国民产出减少几乎不可能发生。

增长的实际效果,需要综合考察其对社会总供求的影响来研究。

②财政支出政策对社会总供求与就业的影响

在社会总需求不足、失业率上升的情况下,政府也可以采取增加财政支出方式促进经济复苏。

图 2-25 的曲线及字母含义与图 2-24 相同。假设经济初始状态仍为 E_0 点,政府采取增加财政支出的方式拉动经济。

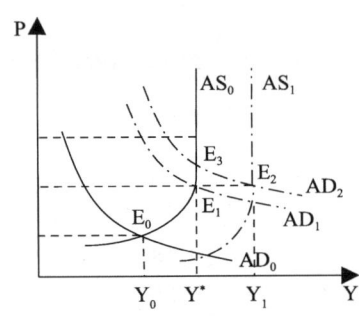

图 2-25　财政支出对宏观经济均衡的影响

一是财政支出能够促进社会总需求的增加。政府增加财政支出,在自发性支出增加的作用下,社会投资水平提高。具体来看,政府投资性支出直接增加社会总投资水平,增加总需求;科教文卫支出通过教育、医疗和科技水平的提高,使得企业利润和个人收入增加,间接增加投资性和消费性支出,进而带动社会总需求增加;社会保障与就业支出通过提高低收入阶层的可支配收入,增加社会消费水平,拉动总需求。

二是财政支出对社会总供给的影响。总体上说,财政支出对社会总供给的影响是正向的。政府投资性支出不仅会增加均衡就业量,而且还会增加生产所需的资本投入量。由总生产函数可知,在技术不变的情况下,社会总产出与均衡就业量增加;科教文卫支出在中长期会增加均衡就业量,而且通过技术水平和劳动力素质的提升,对总产出也是正向激励作用;社会保障性支出属于转移性支出,不计入国民生产总值,其对社会总供给的影响较小。

三是财政支出对宏观经济均衡的影响。如图 2-25 所示,财政支出使得需求曲线移动至 AD_2,供给曲线移动至 AS_1,两者的交点为 E_2 点。此处财政支出政策的实施效果最好,宏观经济实现了充分就业、物价稳定和国民产出的最大化。而且此处的产出和就业总量不仅高于初始状态,而且还高于仅使用需求管理政策时的最佳状态(E_3 点)。

(2) 利率政策对社会总供求与就业的影响

假设政府采取降低利率的方式抑制经济下滑，则利率政策对社会总供求及就业的影响与税收政策的影响类似。

①降低利率能够扩大社会总需求。利率下降降低了企业投资和消费信贷成本，刺激了企业投资需求和居民消费需求，社会总需求增加。在图 2-24 中，总需求曲线右移。若移动至 AD_1 处，劳动力市场充分就业，经济是潜在产出水平。若移动至 AD_2，经济过旺将带来通货膨胀的代价。

②短期内，降低利率对社会总供给的影响不确定。短期内技术水平不变，利率下降，资本存量增加，但对劳动力市场均衡的影响不确定。即总供给曲线可能不变，也可能左移或右移移动。

③降低利率对长期宏观经济均衡的影响。根据图 2-24，假设降低利率导致的社会总需求曲线上移至 AD_2，此时产出增加，价格水平提高，经济高涨。随着时间的推移，价格预期使得企业员工和工会要求更高的名义工资，因而进一步助推价格上升。但是此时的人力资源成本和原材料成本使得企业的生产成本迅速攀升，企业不得不减少雇佣量和缩小生产规模，从而使总供给曲线向左移动，假设移动至 AS_2 处。此时产出水平没有变化，然而价格进一步提高。也就是说货币政策运用对抑制通货膨胀不利，对就业的影响呈现先扩大后缩小的效果。

总之，现实中不论使用何种公共就业政策工具，对社会总供求都有影响。政府在运用公共就业政策实现一定的经济目标时，应根据实际经济状况，正确选择公共就业政策工具，并确定最合理的公共收支规模与货币供给量。

2.3.3.3 公共就业政策、经济发展与就业决定

我们在前面分析了公共就业政策如何影响微观主体决策和宏观经济均衡，打通了公共政策就业效应从微观向宏观传导的实现路径。为此，我们将进一步深入阐释公共就业政策以经济增长与经济波动为传导媒介，影响长期就业总量与就业结构的传导途径。

在 2.1 中，我们介绍了包含财政政策和货币政策的经济增长与就业关系的理论模型和作用流程。该模型演示了由微观传导到宏观反馈的经济增长对就业拉动作用的路径。本节我们主要从宏观角度研究财政和货币政策工具如何通过经济增长与经济波动为媒介影响就业总量。

(1) 公共就业政策与经济发展

①财政政策对经济增长与经济波动的影响

财政政策能够对经济增长与经济波动产生直接影响，我们将以税收乘数和财

政支出乘数来阐释其运行机制。我们假设在三部门封闭经济环境下，社会总需求由私人消费需求（C）、私人投资需求（I_p）政府投资需求（I_g）和政府消费需求（G_c）组成。这里的政府投资需求主要指我们前面分类中的政府投资性支出。政府消费性支出除了包括本书所指的科教文卫支出（G_{sc}），还包括政府的一般公共服务、外交、国防等支出，统称为（G_{ec}）。宏观经济均衡条件为：

$$Y = C + I_p + I_g + G_c = C + I_p + I_g + G_{sc} + G_{ec} \quad (2-18)$$

假设消费函数为 $C = a + bY$，a 为自主消费，b 为边际消费倾向。国家以比例税率（τ）向总收入（Y）征税，则税收 $T = T_0 + \tau Y$，T_0 表示政府固定的税收收入。此时，可支配收入 $Y_d = Y - T + TR$，TR 表示政府转移性支出。由于政府转移性支出和本书的社会保障性支出范围一致，所以 TR 也表示社会保障与就业支出。

将税收和可支配收入表达式代入消费函数，整理得到：

$$C = a - b(T_0 - TR) + b(1-\tau)Y \quad (2-19)$$

其中，将（2-19）代入（2-18），整理得到国民收入关系式：

$$Y = \frac{a - b(T_0 - TR) + I_p + I_g + G_{sc} + G_{ec}}{1 - b(1-\tau)} \quad (2-20)$$

根据（2-20）可以计算出税收乘数（K_t）、政府投资性支出乘数（K_{Ig}）、科教文卫支出乘数（K_{sc}）、社会保障与就业支出乘数（K_{TR}）：

$$K_t = \frac{\Delta Y}{\Delta T} = -\frac{b}{1-b(1-\tau)} = -K_{TR} \quad (2-21)$$

$$K_{sc} = \frac{\Delta Y}{\Delta G_{sc}} = \frac{1}{1-b(1-\tau)} = K_{Ig} \quad (2-22)$$

从（2-21）式和（2-22）式可知，税收乘数为负值，其绝对值与社会保障与就业支出乘数相等。政府投资性支出乘数、科教文卫支出乘数为正且数值相同。这说明国民收入与税收负相关、与财政支出正相关。当政府增税时，消费和投资需求下降，部门收入降低，而且部门间经济的连锁反应导致国民收入会以税收增加的倍数下降，国民收入减少量为 $K_t\Delta T$。当政府增加财政支出时，假设投资性支出、科教文卫支出和社会保障与就业支出都增加，则通过消费和投资效应传导国民收入增加，增加值为 $K_{Ig}\Delta I_g + K_{sc}\Delta G_{sc} + K_{TR}\Delta TR$。具体来看，财政支出政策的三种支出方式的作用机理不同。政府投资性支出主要涉及弥补市场失灵领域，对经济各领域资源配置效率产生直接影响，因而影响经济增长；科教文卫支出提高了人力资本水平，通过全要素生产率及经济的外部效应对经济增长产生拉动作用；社会保障与就业支出主要通过收入分配状况的改变影响经济增长。

当经济发生波动时，政府实施特定财政政策以熨平经济周期。政府的财政政策工具较多，而且各种政策工具对经济影响的传导机制和乘数效应不同。为便于分析，假定经济处于萧条期，政府采取减少税收（ΔT）、增加投资性支出（ΔI_g）的方式刺激经济。则根据财政乘数原理，国民收入的增加额为 $\Delta y = K_{Ig}\Delta I_g + K_t\Delta T$。也就是说，政府的减税增支政策可以促使经济复苏。同理，在经济旺盛期，政府的增税减支政策通过财政乘数效应同样可以起到平抑经济周期波动的作用。

②货币政策对经济增长与经济波动的影响

这里我们以利率传导机制为例进行分析。假设政府的货币供给（M_S）增加，利率（r）将随之下降，利率降低导致借贷成本下降，投资（I）增加，从而扩大了总支出（E）和总收入（Y）。这一传导路径可以表示为：

$M_S\uparrow \to r\downarrow \to I\uparrow \to E\uparrow \to Y\uparrow$

上述为局部均衡分析，若将货币市场纳入，运用一般均衡分析框架，则传导路径表现为：

$M_S\uparrow \to r\downarrow \to I\uparrow \to Y\uparrow \to M_D\uparrow \to r\uparrow \to I\downarrow \to Y\downarrow \to M_D\uparrow \to r\downarrow \cdots\cdots$

即货币供给增加带来的利率降低促进产出增长，但是产出增长后，货币需求增加，若货币供给量不变，则会导致利率回升，投资和产出水平下降；而产出下降又会带来货币需求减少，利率又会降低。以此循环往复，直至货币市场和产品市场达到均衡，最终的均衡点处的产出水平较之前的均衡水平高，利率较之前的水平低。此后，凯恩斯学派的继承者进一步将其拓展，如托宾 q 理论和米什金的货币政策传导机制利率，虽然分析的侧重点不同，但结论均是利率与经济增长呈反向关系。但是现实中，这一传导途径是否有效取决于货币需求的利率弹性和投资需求的利率弹性。只有在货币需求利率弹性小或投资需求利率弹性大的条件下，利率下降对经济增长的促进效果才会较好。否则，货币政策可能会无效或收效甚微。

（2）经济增长及经济波动对就业的影响

通常在一定的技术水平下，劳动与资本相结合可以推动经济的增长，而经济增长会带来生产要素（资本和劳动需求）的扩张。因此，就业量的增长速度很大程度上取决于经济增长速度。经济增长速度越快，劳动需求量越大，就业水平越高；反之，就业水平就越低。美国经济学家多马及索洛各自建立理论模型来证明经济增长是保证就业增长的前提条件。美国经济学家阿瑟·奥肯提出了"奥肯定律"揭示了经济增长率与失业率之间的关系，公式如下：

$$u_t - u_{t-1} = -\varphi(y_t - y_{t-1}) \qquad (2-23)$$

在（2-23）式中，u_t 和 u_{t-1} 分别表示第 t 期和第 $t-1$ 期的失业率；y_t、y_{t-1} 表示第 t 期和第 $t-1$ 期国民收入变动率；φ 为弹性系数。上式表明，失业率与经济增长率呈反方向变动趋势。我们将（2-23）式进行处理得到（2-24）式，用以反映就业率与经济增长的关系。

$$m_t - m_{t-1} = \varphi(y_t - y_{t-1}) \tag{2-24}$$

在（2-24）式中，m_t和m_{t-1}分别代表第 t 期和第 t-1 期的就业率。就业弹性（φ）反映了经济每变化一个百分比引起就业变化的百分比。奥肯定律表明就业变动与经济变动（增长与波动）间存在正相关关系。

现在我们将公共就业政策、经济增长和就业联系在一起考察（见图2-26）。可以发现，三者之间存在相关关系。政府实行的财政政策或货币政策，通过财政收支乘数效应、利率传导机制对国民经济产生影响，导致经济增长放缓或加速，经济增长的变化带来就业量的改变。即灵活运用财政政策或货币政策，可以刺激经济增长，促进就业。只有经济的持续发展才有可能带来就业的持续增长。

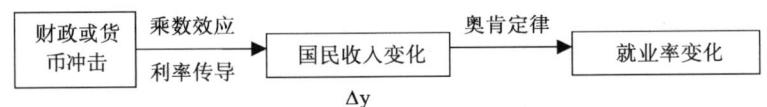

图2-26　公共就业政策通过经济周期传导影响就业的作用机理

2.4　结　语

就业理论是涉及政治学（公共政策学）、经济学、社会学等多学科交叉的重要学术领域，而治理失业向来都是世界各国政府面临的难题。为此，本章剖析了公共就业政策机制，揭示了公共就业政策的作用机理，以构建公共就业政策的理论框架。

一般认为，公共就业政策是指政府所实施的直接干预劳动力市场，治理失业的政策工具体系。这种传统的狭义定义具有直接明确的特点，但也具有忽视本源性（经济发展）、关注事后性的局限性。为此，我们认为广义的公共就业政策体系是指政府所实施的直接干预劳动力市场的政策工具子系统与间接影响劳动力市场政策工具子系统的总和。公共就业直接政策子系统是指传统意义上的就业政策系统；而公共就业间接政策子系统则是指宏观经济政策系统（主要包括：财政政策、货币政策以及产业政策等）。这种广义层面的范畴界定能够弥狭义定义的缺陷，从方法论层面使公共政策更关注就业的本源性、事前性、协调性。由于就业与治理失业是涉及国泰民安的政治、经济以及社会的重大问题，因此，公共就业政策具有政治性、经济性、社会性等多重属性。

公共就业政策机制是指建立在社会经济基础之上的，公共就业政策的各个组成部分和环节彼此联系，相互制约和相互影响，从而有机地结合起来，推动整个机体运动和发展的方式。在公共就业政策机制中，直接政策子系统与间接政策子系统之间相互依存与相互促进，特别是直接政策系统中的政策工具大多属于财政政策体系的一部分。但是，由于两大子系统的政策目标不同，前者呈现单一性（治理失业），而后者呈现多重性（如调节经济增长、经济波动、经济结构、治理失业、国际收支平衡等），因此，两大政策子系统对就业的影响会呈现多种形式：正向效应、负向效应、叠加效应、互损效应。为此，只有当两大政策子系统产生叠加正效应时，才能取得最优的政策效果。

公共就业政策机制的作用机理表现为公共就业政策能够通过市场机制的传导，作用于经济社会中的各变量，引起劳动供需及经济增长的变化，进而影响整个社会的就业水平与就业结构。具体的传导途径为：公共就业政策→微观主体决策→劳动力供求→社会总供求→经济增长→就业状况。因此，公共就业政策能够通过由微观经济向宏观经济的传导路径，影响社会就业规模与就业结构。

3

中国充分就业的长效机制分析

治理失业与实现充分就业是转型时期的中国政府必须解决的政治、经济以及社会问题。中国特殊的就业决定机制决定了，只有构建保障中国充分就业的长效机制才能实现充分就业的战略目标。

3.1 引 言

国际劳工组织的《全球就业议程》强调："使经济增长和繁荣得以发挥的基本条件是，生产性就业被置于经济和社会政策的核心地位，使充分的、生产性的和自由选择的就业成为宏观经济战略和国际政策的总目标。"[1] 因而，治理失业与实现充分就业是中国政府必须解决的政治、经济以及社会问题。

国内的相关研究主要集中在关于中国就业的影响因素分析与促进就业的长效机制分析两方面。

3.1.1 中国就业的影响因素分析

这方面的研究主要有两个分支：第一，就业影响因素的总体分析。田成诗（2010）[2] 通过所构建的中国就业宏观经济决定计量模型，刻画了就业与其他宏观经济变量之间的联动关系。王志伟（2011）[3] 从凯恩斯就业理论出发，建立了

---

[1] 转引自郭庆松. 新世纪我国实施就业发展战略需要注意的几个问题——兼论21世纪前一二十年我国城乡劳动力供求的影响因素 [J]. 人口与经济, 2004 (1): 41-47.
[2] 田成诗. 中国就业的宏观经济决定机制 [M]. 北京: 人民出版社, 2011.
[3] 王志伟. 中国就业函数 [D]. 北京: 中共中央党校, 2011.

包含产出、资本劳动技术比、产出波动、人力资本存量、劳动力市场分割和国外就业六个自变量的中国就业函数模型，揭示了决定中国就业状况的因素体系。第二，经济增长与就业的关系。学术界关于经济增长与就业关系的讨论形成了两派观点：一派认为中国经济增长与就业存在一致性（龚玉泉和袁志刚，2002；冯煜，2002；葛蔓和刘祯，2006）[①]；另一派却认为中国经济增长与就业存在非一致性。而且学者们对造成这种经济增长与就业增长非一致性的导因进行了深入探讨，形成了技术进步排挤论（李红松，2003；苗文龙和万杰，2005）[②]、经济结构调整论（蔡昉，2004；刘伟，2007）[③]、要素价格扭曲论（周天勇，2006；黄婧 2011）[④]、劳动力市场分割论（黄婧，2011）[⑤]、人口红利消失论（蔡昉，2007）[⑥]等不同观点。

3.1.2 促进就业的长效机制分析

肖捷（2004）[⑦] 认为，建立政府促进就业长效机制的途径是保持国民经济持续快速健康发展；明确政府在就业中的职责，切实发挥市场机制的基础性作用；加大财政投入，提高资金使用效益；整合社会保障与促进就业政策，使之形成良性互动机制。刘军（2005）[⑧] 认为，建立促进就业的长效机制的重点之一是正确处理就业与经济的关系，实施正确的产业政策和经济发展战略。因为合理的经济发展战略和产业政策导向，是决定一个国家就业容量、就业结构和就业质量的关

[①] 龚玉泉.袁志刚.中国经济增长与就业增长非一致性及其形成机理 [J]，经济学动态，2002，(10)：35-39.
冯煜.中国经济发展中的就业问题及其对策研究 [M].北京：经济科学出版社，2002：53-56.
葛蔓，刘祯.中国"高增长低就业"的断言太轻率 [J].中国经济周刊，2006，(49)：32-33.
[②] 李红松.我国经济增长与就业弹性问题研究 [J].财经研究，2003，(4)：23-27. 苗文龙，万杰.经济运行中的技术进步与选择——基于中国技术发展路径与经济增长、就业关系的实证分析 [J].经济评论，2005，(3)：34-38.
[③] 蔡昉，都阳，高文书.就业弹性、自然失业和宏观经济政策——为什么经济增长没有带来显性就业？[J].经济研究，2004，(9)：18-25.
刘伟.我国宏观经济失衡的新特征 [J].中共中央党校学报，2007，(1)：31-37.
[④] 周天勇.中国经济深层次问题的分析 [N].中国经济时报，2006-7-11 (5).
[⑤] 黄婧.双重二元分割视角下中国失业问题探析 [J].中央财经大学学报，2011，(4)：72-76.
黄婧.中国经济增长与就业非一致性的成因分析——基于要素配置扭曲的视角 [J].经济问题探索，2011，(1)：13-17.
[⑥] 蔡昉主编.刘易斯转折点及其政策挑战 [M].北京：社会科学文献出版社，2007：147-169.
[⑦] 肖捷.努力建立政府促进就业的长效机制（摘要）[J].中国就业，2004，(5)：21.
[⑧] 刘军.建立科学的就业促进长效机制 [J].中国劳动保障，2005，(11)：50.

键和根本所在。劳动和社会保障部劳动科学研究所课题组（2006）[①] 认为，促进就业长效机制具有政府作为促进就业的主导力量，定位更准确，力度更大，手段更成熟等特性。促进就业机制是实现经济增长与扩大就业良性互动的机制，扶持就业机制是增进社会和谐的机制。并提出了以下对策思路：提高就业调控层次，成立就业促进委员会；加强促进就业长效机制的手段建设；继续深化体制改革；运用劳动力市场政策促进就业；使有效的就业扶持和就业援助机制长效化；通过社会保障政策增强就业安全机制等。

综上所述，现有研究成果为进一步探析中国充分就业的长效机制提供了基础。然而，中国就业的决定机制的构成与发展趋势是什么、如何构建保障中国充分就业的长效机制仍是需要、深入探讨的实践问题。为此，本章力图在剖析中国就业状况与发展趋势的基础上，揭示中国就业决定机制，探寻构建保障充分就业长效机制的路径。

3.2　中国就业状况的总体判断

3.2.1　中国就业格局的现状分析

"十二五"以来，在就业优先战略的指导下，我国就业规模持续增长，就业结构不断优化，就业形势基本稳定。但是，在我国进入经济增长速度换挡期、结构调整阵痛期和前期刺激政策消化期"三期叠加"的新阶段，就业局面仍具有不稳定性和不确定性。因此，解决就业矛盾将是我国"十三五"时期推进就业优先战略的重点。

3.2.1.1　我国就业制度运行取得的成效

自政府实施就业优先战略之后，我国就业规模持续增长，就业结构不断优化，就业形势基本稳定。

（1）就业形势基本稳定

①就业总量持续稳定扩大

[①] 劳动和社会保障部劳动科学研究所课题组. 建立促进就业的长效机制 [J]. 理论参考 2006，(11)：17-20.

改革开放以来，随着就业体制改革的推进，我国城乡就业人数持续增加，从 2010 年的 7.61 亿人增加到 2014 年的 7.73 亿人，增加 1148 万人。近几年的城镇登记失业率一直保持在 4.1% 左右，低于"十二五"规划 5% 的控制目标。同期，31 个大城市城镇调查失业率也保持在 5% 左右的较低水平[1]。由此可见，实施积极就业政策以来，在一定程度上缓解了日趋严峻的就业压力。

②就业结构不断优化

在就业优先战略的指引下，我国的就业结构也不断得到优化。

第一，产业就业结构得到优化。伴随着经济结构调整步伐加快，我国第二、三产业产值结构和就业结构不断优化。

由表 3-1 可知，我国第二产业和第三产业就业人员比重持续提高。三次产业就业结构由 1978 年的 70.5:17.3:12.2 转变为 2014 年的 29.5:29.9:40.6。第一产业吸纳的劳动者下降了约 41 个百分点，第二产业和第三产业吸纳的就业量分别增加了 12.6% 和 28.4%，即第一产业释放出来的农村富余劳动力被第二产业和第三产业吸纳，而且第三产业对劳动力的吸纳作用强于第二产业。可以预测，随着经济体制改革的深化，第三产业的就业扩张效应还将进一步提高。

表 3-1　　　　　　我国产业就业结构与城乡就业结构状况[2]

年份	三次产业就业结构	城乡就业结构
1978	70.5:17.3:12.2	23.7:76.3
1980	68.7:18.2:13.1	24.8:75.2
1985	62.4:20.8:16.8	25.7:74.3
1990	60.1:21.4:18.5	26.3:73.7
1995	52.2:23.0:24.8	28.0:72.0
2000	50.0:22.5:27.5	32.1:67.9
2005	44.8:23.8:31.4	38.0:62.0
2006	42.6:25.2:32.2	39.5:60.5
2007	40.8:26.8:32.4	41.1:58.9
2008	39.6:27.2:33.2	42.5:57.5
2009	38.1:27.8:34.1	43.9:56.1
2010	36.7:28.7:34.6	45.6:54.4

---

[1] 就业稳定"双创"迅猛社保改革取得重大进展——人社部部长尹蔚民答记者问[N].中国劳动保障报，2015-10-16（1）.

[2] 资料来源：国家统计局.中国统计年鉴（2014）[M]，北京：中国统计出版社，2014.

续表

年份	三次产业就业结构	城乡就业结构
2011	34.8:29.5:35.7	47.0:53.0
2012	33.6:30.3:36.1	48.4:51.6
2013	31.4:30.1:38.5	49.7:50.3
2014	29.5:29.9:40.6	50.9:49.1

第二，城乡就业结构得到优化。自实施城乡一体化的就业制度以来，我国农村剩余劳动力向城市流动的政策约束逐渐取消，劳动力转移逐渐走上市场化轨道。2011 至 2014 年，全国农民工总量从 2.53 亿人增加到 2.74 亿人，增加 2117 万人①。而且随着城镇化和工业化进程的不断推进，城镇就业的吸纳能力持续增强，城镇就业人员比重迅速提高，如表 3-1 所示。具体来看，我国城镇就业人员比重从 1978 年的 23.7% 上升到 2014 年的 50.9%。这表明了我国城乡就业结构明显得到改善。

第三，就业形式灵活多元。随着电子商务的迅速发展，网络就业创业，新业态、新模式就业不断扩大，非全日制、临时性、季节性、弹性工作等各种灵活就业形式迅速兴起。据有关课题报告显示，到 2014 年底，我国网店直接带动就业累计超过 1000 万人②。

3.2.1.2 现阶段我国就业格局面临的严峻形势

虽然我国的就业形势基本稳定，但是，就业总量失衡与就业结构失衡仍是尖锐的矛盾。而且，我国在"十三五"进入转变经济增长方式与深化经济结构调整的攻坚时期之后，就业格局也将面临更严峻的挑战。

（1）就业总量的矛盾

如果按现在的人口自然增长率计算，则到 2030 年我国的人口总量规模将突破 16 亿人。资源环境压力不断凸显，就业矛盾也将更加突出。

①劳动力供需缺口依然较大。尽管 2012 年我国 15—59 岁劳动年龄人口首次出现负增长，但是劳动供需缺口依然很大。

---

① 人力资源和社会保障部.2013 年度人力资源和社会保障事业发展统计公报 [EB/OL]. [2014-05-28]. http://www.mohrss.gov.cn.

② 就业稳定"双创"迅猛社保改革取得重大进展——人社部部长尹蔚民答记者问 [N]. 中国劳动保障报, 2015-10-16 (1).

图 3-1 显示，2000 年到 2013 年，我国劳动力供给远大于劳动力需求①。虽然劳动需求以年均 0.51% 的增长速度递增，但是劳动供给却以年均 0.96% 的速度递增。而且劳动力供需缺口从 2000 年到 2011 年逐年增加，仅在 2012 年后供需缺口开始减小。而且，据人力资源和社会保障部预测："十三五"期间，每年需要在城镇安排就业的人数，仍然维持在 2500 万人。因此，中国劳动力总量仍在高位运行，就业压力不会出现明显的下降②。

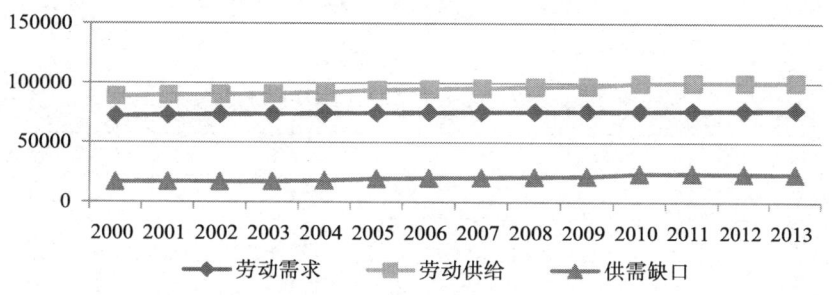

图 3-1　2000—2013 年我国劳动供求情况比较
资料来源：国家统计局. 中国统计年鉴（2014）[M]，北京：中国统计出版社，2014.

②真实失业率居高不下。虽然根据统计局和人社部公布的城镇登记失业率，我国近年来失业率并不高。从 2003 年以来，城镇失业率维持在 4.1%—4.3% 之间③。但是据中国社会科学院发布的《社会蓝皮书》统计，2008 年城镇调查失业率已达 9.4%（不包括农民季节性失业）④。因此，按照专业机构的统计结果，我国真实失业率大大超过了国际警戒线（7%），就业形势依然严峻。

（2）就业结构的矛盾

我国的就业结构矛盾更为突出，具体表现为：产业就业结构失衡，职业及技能等级供需失衡，社会群体的就业困境与矛盾。

①产业就业结构失衡

改革开放以来，虽然我的产业就业结构得到了优化，但是与发达国家相比，我国产业就业结构还有很大的差距。我国现在仍然是以中低端制造业和服务业为

---

① 劳动力供给量，即劳动年龄人口以 16—64 岁的人口数来表示，劳动需求量以从业人员数来表示。

② 石睿，人社部："十三五"期间每年需安排 2500 万人在城镇就业 [DB/OL]. [2015-10-16] http://www.caixin.com.

③ 城镇登记失业率统计口径较窄，仅包括城镇失业人口而且是登记在册的城镇失业人口，不包括就读学生与等待就业人员，以及已达到退休年龄或虽未达到退休年龄但已办理了退休、退职手续的人员，以前下岗分流以及农村人口，这大大缩小了统计口径。

④ 潘国锋，刘良. 二元经济刘易斯拐点与劳动力就业 [J]. 企业导报，2013，(10)：23-24.

主体的产业结构,高端制造业与现代服务业偏弱。

由表 3-2 可知,发达国家的产业就业比重由高到低排序依次为"三、二、一"。日本、法国等发达国家的第一产业就业比重相当低,而第三产业就业比重较高,平均在 74% 左右。中国第一产业劳动人口较多(36.7%),第二产业就业比重稍高(28.7%),而第三产业就业比重过小(34.6%),中低端制造业和服务业的就业比重达 60% 以上。我国这种不合理的产业就业结构既限制了产业结构的演进与升级,也造成了高校毕业生难以与中低端需求相对接的结构性失业。

表 3-2　　　　2010 年部分国家三次产业就业人口结构分析 (%)

国家	第一产业	第二产业	第三产业
日本	3.7	25.3	69.7
法国	2.9	22.2	74.5
英国	1.2	19.1	78.9
德国	1.6	28.4	70.0
美国	1.6	16.7	81.2
中国	36.7	28.7	34.6

资料来源:国家统计局. 国际统计统计年鉴(2013)[M],北京:中国统计出版社,2013.

②职业及技能等级供需不对称

第一,职业间劳动供需矛盾。长期以来,我国劳动力市场上职业供需矛盾问题相当突出。

从年度各职业劳动供求情况看(见图 3-2),在 2001—2010 年几乎所有职业都呈现共同的趋势:2001 年到 2009 年劳动力供求比率①呈现倒 U 型趋势,即先升后降,在 2009 年达到最低点,从 2010 年开始逐渐回升。这主要是 2008 年全球金融危机影响的结果。具体来看,在这 11 年中,生产运输设备操作工、商业和服务业人员始终是用人需求最旺的,供不应求局面一直没有得到改善;而办事人员和有关人员、单位负责人始终是供大于求的两类职业。这说明长期以来劳动力市场上各类职业的劳动供需不对称的矛盾突出。在 2009 年之后的新特点是办事人员和有关人员供过于求的局面更显著,而生产运输设备操作工的供需比率在 2011 年出现下降趋势。这说明代表第二产业的生产运输设备操作工的供需缺口逐渐缩小,商业和服务等第三产业从业人员需求旺盛。因此,未来应根据产业

---

① 劳动供需的比率,即岗位空缺与求职人数的比率 = 需求人数/求职人数,表明市场中每个岗位需求所对应的求职人数。

结构升级要求,适时调整教育培养方向与结构以提供市场需要的人才,缓解结构性失业的矛盾。

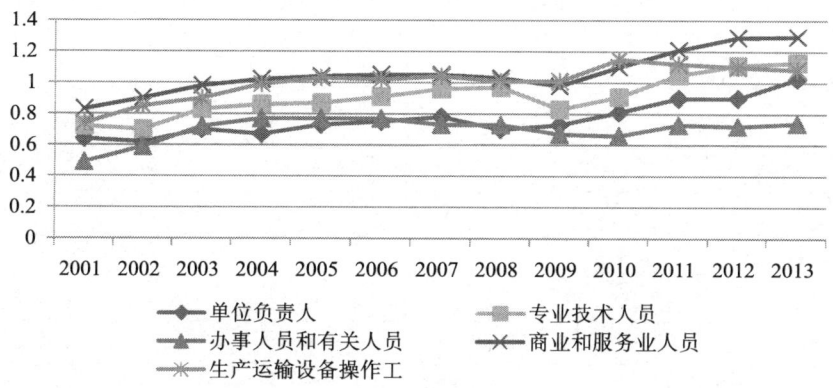

图 3-2 2001—2013 年部分职业市场供求比率变化趋势

资料来源:中国人力资源市场信息监测中心. 2001 年至 2014 年各季度部分城市公共就业服务机构市场供求状况分析 [EB/OL]. [2015-07-15]. http://www.mohrss.gov.cn.

第二,技能等级的劳动供需矛盾。2013 年劳动力市场对技能型人才的需求和供给都呈扩大趋势。

由表 3-3 可知,从总体来看,57.6% 的单位对招聘的员工都有技术等级或职称的要求。而劳动力市场呈现供需不对称的局面。首先,劳动力市场对初级工的需求占比为 21.8% 低于求职占比 23.6%,而高级工、技师、工程师及高级工程师的需求占比高于求职占比。这说明用人单位热衷于高级技能的劳动者,而求职者平均技能水平较低。其次,高级技术职称人员处于短缺状态。技师、高级工程师和高级工的岗位空缺与求职人数的比率分别为 1.89、1.79 和 1.66。因而技能型人才匮乏严重。

表 3-3　　　　　　2013 年按技术等级分组的劳动供求状况

技术等级	劳动力供给		劳动力需求		劳动供求对比	
	求职比重(%)	与上年相比变化率(%)	需求比重(%)	与上年相比变化率(%)	岗位空缺与求职人数的比率	与上年相比变化率(%)
初级工	23.6	0.9	21.8	-1.9	1.49	0.01
中级工	10.7	-0.6	10.1	-1.3	1.51	0.06
高级工	3.7	0.2	4	-0.2	1.66	-0.08
技师	1.8	0.2	2.3	-0.3	1.89	-0.60

续表

技术等级	劳动力供给		劳动力需求		劳动供求对比	
	求职比重（%）	与上年相比变化率（%）	需求比重（%）	与上年相比变化率（%）	岗位空缺与求职人数的比率	与上年相比变化率（%）
高级技师	0.8	0.3	0.8	0.1	1.58	-1.08
技术员	11.3	-0.2	11	0.2	1.54	0.09
工程师	6.2	-0.2	6.3	0.4	1.59	-0.05
高级工程师	1.1	0.3	1.3	—	1.79	-0.59
无技术等级或职称	40.7	-0.8	—	—	—	—
无要求	—	—	42.4	3.0	—	—
合计	100	—	100	—	—	—

资料来源：中国人力资源市场信息监测中心.2001年至2014年各季度部分城市公共就业服务机构市场供求状况分析［EB/OL］.［2015-07-15］.http://www.mohrss.gov.cn.

③社会群体的就业困境与矛盾

一是高校毕业生就业难的矛盾日趋突出。自20世纪90年代中后期以来，高等院校毕业生就业形势日趋严峻。

如图3-3所示，从2005年到2015年高校毕业生逐年增加。2015年我国高校毕业生达到749万人，比2005年增加411万人。而且据《中国大学生就业报告》指出，2013年大学毕业生中，有81.8%的人毕业半年后受雇全职或半职工作，2.3%的人选择自主创业，有7.9%的人处于失业状态。与2012年相比，毕业半年后受雇全职或半职工作大学毕业生比例下降0.7个百分点。有7.9%的人处于失业状态，10多万人选择"啃老"[①]。因而，高校毕业生的总体就业形势严峻。

二是"民工荒"现象愈发显著。近年来，愈演愈烈的"民工荒"与大学生就业难形成了突出的就业矛盾。2004年末"民工荒"现象陆续出现在东南沿海地区的出口企业。随着时间的推移，"民工荒"现象不仅程度加深，地域也呈现扩大趋势，已由沿海地区逐渐蔓延至内陆城市。

---

① 麦可思研究院.《中国大学生就业报告》（就业蓝皮书）［M］.北京：社科文献出版社出版，2013，2014.

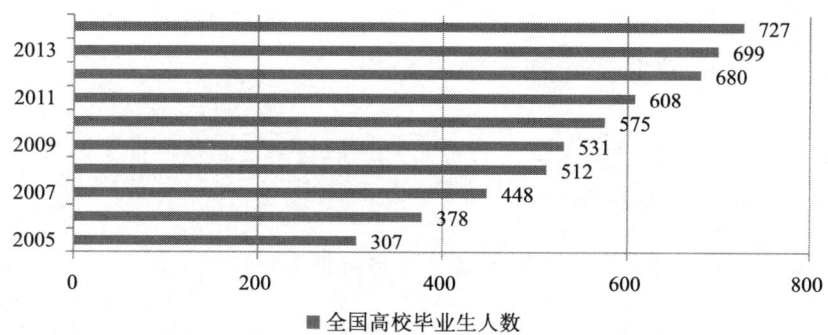

图 3-3 2005—2013 年全国高校毕业生人数（万）

资料来源：国家统计局. 中国统计年鉴（2014）[M]，北京：中国统计出版社，2014.

由表 3-4 可知，从 2010 至 2013 年不论全国层面还是地域层面，跨省流动的农民工占外出农民工总量的比重仍呈不断下降趋势。其中，全国跨省流动农民工占比从 2010 年的 50.3% 降低至 2013 年的 46.6%，三年下降了 3.7 个百分点。分地区来看，东部地区农民工跨省流动从 2012 年的 16.3% 回升到 2013 年的 17.9%，中西部地区跨省流动的降幅显著，2010—2013 年分别下降了 6.6 和 2.8 个百分点。可以说，"民工荒"已经成为一种常态。而且随着刘易斯拐点逐渐显现，企业"招工难"的状况在短期内难以根本改变。

表 3-4 2010—2013 年不同区域农民工省内外务工情况   单位：%

地区	2010		2011		2012		2013	
	省内	省外	省内	省外	省内	省外	省内	省外
全国	49.7	50.3	52.9	47.1	53.2	46.8	53.4	46.6
东部	80.3	19.7	83.4	16.6	83.7	16.3	82.1	17.9
中部	30.9	69.1	32.8	67.2	33.8	66.2	37.5	62.5
西部	43.1	56.9	43.0	57.0	33.4	56.6	45.9	54.1

资料来源：国家统计局. 全国农民工监测调查报告[M]，北京：中国统计出版社，2010—2013.

三是城镇失业人员再就业困难。据统计，从 2010 年到 2014 年五年间，我国城镇失业人员再就业人数与就业困难人员再就业人数整体呈增加态势，其中，城镇失业人员再就业人数分别为 547 万人、553 万人、552 万人、566 万人、551 万人[①]。而且，今后随着经济结构调整的推进，下岗失业人员会呈上升趋势。

---

① 人力资源和社会保障部. 2014 年度人力资源和社会保障事业发展统计公报[EB/OL]. [2015-05-28]. http://www.mohrss.gov.cn.

3.2.2 我国就业格局的未来趋势

在后金融危机时期,世界经济复苏艰难,而我国也面临经济下行的压力,因而未来我国仍面临严峻的就业矛盾。

3.2.2.1 劳动力供大于求的总量矛盾将持续存在

据中国社会科学院发布的《2014社会蓝皮书》分析预测,中国劳动力总量供给和经济增长速度从双增长转向双下降,导致人力资源市场供求同时下降。但到2030年之前,中国15—59岁的劳动年龄人口将一直保持在8亿人以上,因此劳动力供大于求的总量矛盾将持续存在[1]。

3.2.2.2 就业结构性矛盾将日趋严峻

据中国社会科学院发布的《2014社会蓝皮书》分析预测,经济新常态下的就业结构性矛盾将不断加剧。主要表现为:(1)以高校毕业生为主的青年就业问题突出。按照目前高校招生规模不变预测,到2020年,劳动年龄人口中大专及以上学历比重将升至21.6%;到2030年将超过30%,高校毕业生占青年劳动力的比例将进一步加大。但据有关统计,每年约有25%的应届毕业生在毕业之前不能找到合适岗位。因而新成长失业人员及其中的应届毕业生比例均呈上升趋势。(2)大龄劳动者就业压力或将增大。大龄低技能就业群体目前超过3亿人。而且未来其数量和所占比重会不断上升,到2020年,45—59岁大龄劳动力人数将从2010年的2.66亿增加至3.39亿。大龄低技能劳动者在劳动力市场被边缘化,他们的就业再就业问题仍然突出。(3)技能结构矛盾将进一步紧张。今后劳动力市场上技能不匹配将成为就业结构性矛盾的主要方面。(4)产业结构调整升级挑战加大。未来产业结构的升级将提高对从业人员掌握现代技术和知识的要求。为此农村劳动力向第二、三产业转移就业难度或将进一步加大[2]。

---

[1] 社科院:经济新常态下就业结构性问题突出[DB/OL].[2014-12-25]. http://www.yicai.com/news.
[2] 社科院:经济新常态下就业结构性问题突出[DB/OL].[2014-12-25]. http://www.yicai.com/news.

3.3 中国就业的决定机制

就业内在于社会经济结构,因而一个国家的社会经济发展水平与就业制度将从根本上影响就业的态势,形成就业的决定机制。中国是一个转型的发展中国家,就业决定机制的特殊性及其演化趋势将决定我国就业的发展趋势,为此,必须深刻的理解与把握中国就业的决定机制。

3.3.1 中国就业决定机制:制度因素分析

面对"劳动力市场失灵"的问题,政府必须制定就业制度与政策规范市场经济的运行,促进经济达到帕累托最优。具体而言,一国的就业制度将通过约束和规范劳动供需双方行为,而对社会就业产生影响。同时,政府根据经济环境实施特定的财政政策、货币政策、产业政策、收入政策等经济社会政策也将对就业产生重要的影响。

3.3.1.1 中国就业制度的演化

充分就业是宏观经济政策的四大目标之一,一直以来都受到中国政府的高度重视。伴随着我国经济体制及社会制度的转变,就业制度经历了系列制度变迁过程。从计划经济时期的"统包统配"为核心的城乡二元就业制度逐步过渡到社会主义市场经济下的"国家促进、市场调节和自主择业"相结合的市场就业制度。为此,我们将重点分析改革开放以后,就业制度与政策的演化。

20 世纪 70 年代末,随着中国经济体制的转型,计划经济体制下的高度集中的就业制度越来越不能适应经济社会发展的需要,改革势在必行。

(1) 1978—1991 年:双轨制的就业制度

1978—1991 年是逐步推进经济体制改革并形成双轨制经济体制的时期,与双轨制经济体制相适应形成了双轨制的就业制度。

1978 年的农村家庭联产承包责任制打破了平均主义,调动了农民生产积极性,农业生产效率大大提高。此次改革具有划时代的意义,可以将其看成是劳动力市场改革的出发点和逻辑起点[1]。同时,城镇实行的"三结合"就业政策标志

---

[1] 蔡昉. 中国就业制度改革的回顾与思考 [J]. 理论前沿, 2008, (11): 5-8.

表 3-5　　　　　　　　　双轨制的就业制度演变

年份	就业制度演变	公共就业政策与措施
1978	农村家庭联产承包责任制	"包产到户"和"包干到户"的家庭就业方式取代了传统的人民公社下集体就业制度
1980	城镇实行介绍就业、自愿组织起来就业和自谋职业相结合的就业方针	"三结合"的就业方针突破了政府"统包统配"的单一渠道的安置就业制度，实行国有、集体、个体多渠道的就业模式
1981—1983	严格限制农民向城镇流动	对农村富余劳动力，通过发展社队企业的方式安置，阻止其涌入城镇，并且继续清理来自农村的计划外用工
1986	国营企业新增劳动力实行劳动合同制	企业招工应面向社会、公开招收、全面考核、择优录用。并且要求对新招职工实行合同制

着引入的市场化扩大就业措施，它把解决就业问题和调整所有制结构、产业结构密切结合起来，取得了较好的效果。1977 年到 1981 年，全国城镇共安置 3700 多万人就业，绝大多数地区长期积压的待业人员已安置完毕。1986 年随着国有企业改革的逐步推进，国有企业的固定工制度逐步向劳动合同制转变。国有企业一方面在新招收的工人中推行劳动合同制，另一方面对于占绝大比例的固定工基本维持现状，从而形成了双轨制就业制度。

（2）1992—1999 年：以国企改革为核心的市场化就业制度

1992 年社会主义市场经济体制改革目标确立后，以国有企业改革为核心的经济体制改革要求就业制度做出根本性的变革（见表 3-6）。

表 3-6　　　　　　　　市场导向型的就业制度演变

年份	就业制度演变	公共就业政策与措施
1992	全员劳动合同制，取消固定工制度	企业劳动合同化的范围由新招职工扩大到原有职工；并赋予企业用人自主权
1993	实施"减员增效"政策，允许一部分正式职工"下岗"；确定建立劳动力市场体系	1993 年 11 月国家劳动部推出再就业工程计划，并且在上海等地试点；将开发利用和合理配置人力资源作为劳动力市场的出发点；建立多层次社会保障体系解决失业
1994	进一步规范劳动供需双方的权利与义务	1994 年颁布的《中华人民共和国劳动法》设计了劳动用工、合同工资、社会保障和监督检查等法律制度

续表

年份	就业制度演变	公共就业政策与措施
1995—1999	全国推广实施再就业工程，积极培育劳动力市场	实施以"三条保障线"为主要内容的就业政策。即为国有企业下岗职工提供失业保险金、最低社会保障和基本社会保障；建立再就业服务中心、开发就业岗位、提供再就业指导和服务。

在此期间，中国城镇的就业制度逐渐由"双轨制"转向市场化。一方面，固定工制度彻底向全员劳动合同制转变。另一方面，允许一部分正式职工"下岗"以"减员增效"，国有企业隐性失业逐步彻底的显性化。而以"减员增效"为主题的国有企业攻坚改革，带来了突发性的大规模下岗失业问题，为此，政府出台了以"三条保障线"为主要内容的就业政策。为此，全面推广实施再就业工程，积极培育劳动力市场。

(3) 2000—2013年：城乡统筹的就业制度

随着城乡二元就业制度弊端的不断显现，国家开始重视城乡一体化的劳动力市场的建立。虽然"统筹城乡就业"这一概念早在1991年就已被提出，但是真正意义上的统筹城乡就业制度的建立还是在2000年之后。自此，政府以积极的就业政策为中心，城乡统筹就业制度为方向，加快推进城乡劳动力市场一体化的构建（见表3-7）。

表3-7　　　　　　　　城乡统筹的就业制度演变

年份	就业制度演变	公共就业政策与措施
2000—2003	2002年提出积极就业政策。2002年9月国务院颁发《关于进一步做好下岗失业人员再就业工作的通知》逐渐放宽农村劳动力向城市转移的限制	积极就业政策主要包括职业培训、岗位创造、政府购买公益性岗位、中小企业扶助、残疾人就业保障、公共就业服务，以进一步完善政府促进就业的责任体系。 清理对农民工的不合理收费和歧视性政策；将农民工子女教育等经费纳入财政预算；推进户籍制度改革。
2003—2005	建立社会保障体系、维护农民工的合法权益	解决拖欠农民工工资问题；加快劳务服务和法律咨询、实行最低工资制、将农民工纳入工伤保险范围。

续表

年份	就业制度演变	公共就业政策与措施
2006—2007	2007年颁布《就业促进法》；实施"三个体系、两项制度"	《就业促进法》从法律上确立了扩大就业的政策体系。 三个体系指建立管理城乡就业的组织体系、覆盖城乡的服务体系和职业培训体系；两项制度指完善劳动用工制度和社会保障制度。
2008—2013	为了应对国际金融危机的冲击，2009年初国务院颁发《关于做好当前形势下就业工作的通知》，被称之为"更加积极的就业政策"。 进一步完善农民工社会保障制度和公共就业服务体系	出台了包括运用失业保险、援企稳岗、阶段性降低社会保险费用、允许困难企业缓交社会保险，对转岗的人员进行培训、再就业服务等一整套的政策。 农民工享受城镇企业职工的"五险"、加强基层就业社会保障公共服务平台建设。

在这一阶段，政府统筹城乡的就业政策逐步发展起来。从2000之后，改革城乡分割体制，取消对农民进城就业不合理限制政策明确写进了"十五规划纲要"中①。随之消除了农民工就业转移的体制障碍，建立了城乡一体化的社会保障和就业服务，统筹城乡就业制度日臻完善。

在建立统筹城乡就业制度的过程中，为促进就业，缓解就业矛盾，2002年十六大第一次明确把社会就业比较充分作为全面建设小康社会的一个重要目标，并提出了实施积极就业政策。2006年颁布的《中共中央关于构建社会主义和谐社会若干重大问题的决定》提出要于2020年实现社会就业比较充分，这标志着政府将实现充分就业目标正式纳入国家发展战略。2003年初，中央提出"将就业放在经济社会发展突出位置"的要求。2008年末，为了应对国际金融危机的冲击，中央又进一步提出"将就业摆在经济社会发展更加突出位置"。2010年，"十二五规划纲要"强调"把促进就业放在经济社会发展优先位置"。同时，随着《就业促进法》与《就业法》的颁布实施，进一步确立了公共就业政策体系的法律基础，为构建促进就业的长效机制奠定了制度基础。

3.3.1.2 中国就业制度的评价

随着我国经济社会制度的改革与发展，计划经济时期的"统包统配"为核心的城乡二元就业制度逐步过渡到社会主义市场经济下的"市场化"的城乡统

---

① 蔡昉. 中国就业制度改革的回顾与思考 [J]. 理论前沿，2008，(11)：5-8.

筹就业制度。随着《劳动合同法》与《就业促进法》的颁布实施，明确了劳动力市场中劳动者与企业的权益与义务以及政府在促进就业中的重要职责。从关注再就业人员就业到所有就业人员转变，从消极就业政策到积极就业政策的转变，标志着我国政府以更为积极的姿态来处理就业问题。我国新的就业制度与积极就业政策在扩大就业、维护社会稳定与促进经济发展等方面发挥了积极的作用。

然而现行的就业制度仍然存在一些问题，制约着我国经济发展与就业增长。（1）政府作用的偏差性。长期以来，我国就业制度与政策的重心是维护社会稳定，特别强调政府在促进弱势群体就业方面发挥作用，而轻视了从发展经济的本源上解决就业问题。政府作用的偏差性使得新老问题共生并存，就业制度与政策效果欠佳[①]。（2）经济社会制度改革的非系统性。虽然经过就业制度改革，我国已初步构建了城乡统筹的就业制度，但目前我国还未完全消除城乡二元化结构给就业者造成的多种壁垒，农民工在医疗卫生、子女求学、住房保障、养老保障等方面的壁垒仍然存在，农民工在融入所就业城市的进程中，仍然困境重重。因此，只有深入地推进系统性的经济社会制度体系改革，才能完全打破城乡隔离，真正构建起城乡一体化的就业制度。

3.3.2 中国就业决定机制：经济社会因素分析

从社会生产的角度来看，人口规模与结构、资本积累与投资（包括人力资本和物质资本）、生产技术、制度与政策都是影响就业的因素。这些经济社会变量主要通过经济发展机制影响劳动供给和劳动需求，而劳动供需的有机结合最终表现为社会就业。改革开放以来，中国的生产力得到空前的解放，持续高速度的经济增长使我国的社会经济发展水平由低收入阶段跨入了中等收入阶段，同时也面临"中等收入陷阱"的挑战，经济增长模式的困境及其转型将决定我国就业格局的发展趋势。

3.3.2.1 经济增长的源泉与可持续性

经济增长方式是指在经济增长方式的过程中，生产要素的配置方式，最终表现为增长结果对不同效益源泉的依赖程度。粗放式经济增长方式是主要依靠增加生产要素投入规模来刺激经济增长。而集约式经济增长方式则是主要依靠提高全要素生产率来推动经济增长（见图3-4）。

---

① 刘社建. 就业制度改革三十年的回顾与反思 [J]. 社会科学, 2008, (3)：117-122.

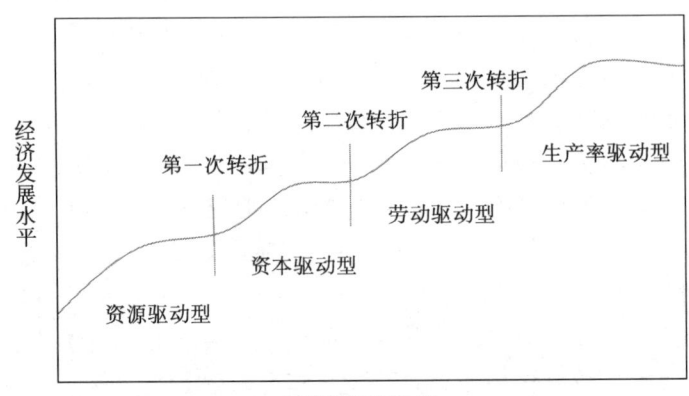

图 3-4 经济增长的源泉与可持续性

资料来源：蔡昉主编. 刘易斯转折点及其政策挑战 [M]. 北京：社会科学文献出版社，2007：291.

从国际经验来考察，一个国家从不发达到发达，通常需要经历几个转折点：第一个转折点是从依靠资源转向可再生的物质资本的积累。第二个转折点是从依靠物质资本转向劳动的投入。在一些劳动力供给充足和高储蓄率的国家，可以依赖人口红利延缓资本报酬递减的现象。第三个转折点是从依靠劳动的投入转向生产效率的提高。如果那些原本劳动力供给充足的国家的老龄化过程加速并加深，经济增长可利用的人口红利消失，则增长源泉必须转移到依靠生产效率的提高[①]。

3.3.2.2 中国经济增长困境："中等收入陷阱"的挑战

世界银行将"中等收入陷阱"界定为"使各经济体赖以从低收入经济体成长为中等收入经济体的战略，对于它们向高收入经济体攀升是不能够重复使用的，进一步的经济增长被原有的增长机制锁定，人均国民收入难以突破10000美元的上限，一国很容易进入经济增长阶段的停滞徘徊期"[②]。

改革开放以来，我国的生产力得到空前的解放，持续高速度的经济增长使我国的社会经济发展水平迅速提高，2013年我国人均GDP为6767美元，达到中等收入国家的水平。现已成为世界第二大经济体，并在全球金融危机后成为拉动世界经济回暖的主要引擎。但是我国经济社会运行中的各种矛盾也使得我们面临"中等收入陷阱"的风险与困境。

---

① 蔡昉主编. 刘易斯转折点及其政策挑战 [M]. 北京：社会科学文献出版社，2007：289-291.
② 马岩. 我国向对中等收入陷阱的挑战及对策 [J]. 经济学动态，2009，(7)：42-46.

(1) 要素驱动型的增长模式已走入"死胡同"

新中国成立以来,我国长期依赖资源驱动型与资本驱动型的增长模式,虽然它推进了我国由低收入阶段跨入中等收入阶段的实现,但同时也引致了多重负面效应。

①资源枯竭与环境破坏。高投入、高能耗、低效的资源驱动型增长模式造成了我国过度的资源消耗和低效利用、生态恶化、环境污染等问题。我国现已成为世界煤炭、钢铁、铁矿石、水泥消耗最大的国家,也是世界第一大碳排放国[1]。

②经济增长与就业增长的非一致性。自20世纪90年代中期开始我国就业弹性呈现下降的态势。"十一五"时期GDP年均增长9.92%,平均就业弹性系数下降到0.05[2]。从国际上看,一般发展中国家平均就业弹性在0.3至0.4之间,发达国家平均就业弹性也高于我国,2007年欧盟地区总就业弹性为0.78[3]。因此,我国资本驱动型的增长模式呈现高增长低就业的特征。

③产业结构失调。资本驱动型的增长模式造成了产业结构失调。我国农业基础薄弱,制造业领域产能过剩、技术含量较低,现代服务业严重滞后。这种不合理产业结构,加大了资源环境和就业压力,也制约着经济效益的提高。

④社会收入分配结构与需求结构的扭曲。吴敬琏(2008)对经济发展模式的缺陷导致陷入"中等收入陷阱"机制作了深入的论证。他认为,"如果一国在进入中等收入阶段以后还继续依靠资本投资驱动经济发展的话,就会造成经济发展的不可持续性。首先,持续的高资本投入使得社会经济中资本比重不断上升,进而导致社会收入分配不断扭曲,造成收入的两极分化不断加剧。其次,资本积累的不断上升,将使得收入分配格局不合理,造成内需不足;同时必然会遭遇资本边际报酬递减的情况。最终使得采用这一战略的经济体陷入'中等收入陷阱'。"[4]我国资源驱动型与资本驱动型的增长模式已造成了社会收入分配结构与需求结构的扭曲。首先,社会收入分配两极分化日趋严重。2012年我国基尼系数达到0.474,说明收入差距持续增大以致超出合理界限。其次,需求结构的扭曲。社会收入分配结构的扭曲导致内需不足,需求结构呈现消费比重下降而投资和净出口比重上升的态势。

总之,资源驱动型与资本驱动型的增长模式导致了系列负面效应,已经走入

---

[1] 刘毅,杨宇. 中国人口、资源与环境面临的突出问题及应对新思考 [J]. 中国科学院院刊,2014,(2):248-256.

[2] 宋晓梧:专家热议就业优先——就业优先战略研讨会侧记 [J]. 中国就业,2010,(5):4-6.

[3] 宋晓梧:深化改革,促进经济发展方式转变 [DB/OL]. [2009-10-26]. http://finance.sina.com.cn/hy/10196882600.shtml.

[4] 吴敬琏. 中国增长模式抉择 [M]. 上海:远东出版社,2008:86.

"死胡同",转变经济增长方式成为我国的必然选择。

(2) 经济可持续发展中的制约与困境

我国长期所依赖的资源驱动型与资本驱动型的增长模式,不仅造成了多重负面效果,同时也面临生产要素供给规模与结构的现实困境,因而难以为继,将阻碍经济的可持续发展。

①劳动力成本上升。人口规模与结构是影响经济增长的重要因素。中国是人口大国,并经历了劳动力无限供给的阶段。但是,随着近几十年计划生育政策实施的影响,人口规模与结构呈现出人口红利消失与劳动力成本上升的变化态势。蔡昉等学者认为,自 2004 年,中国经济发展进入"刘易斯转折点"。"刘易斯拐点"与"人口红利"之间似乎具有正相关关系,前者的显现往往预示着后者将逐渐消失。"刘易斯转折时期"所出现的"民工荒"劳动力短缺与普通劳动者工资水平不断上涨现象,从而引致劳动力密集型产业上的比较优势的相对弱化①。据统计,国际金融危机以来,我国城镇单位就业人员平均货币工资年均增长 13.2%,农民工工资年均增长 13.5%,高于同期劳动生产率(按现价计算)年均增长 11.1% 的水平,劳动力成本增长已快于劳动生产率增长②。

②资本边际效率下降。国际金融危机后,随着政策刺激下投资大幅增长,我国资本边际产出效率明显降低。从 2008 年到现在,每新增 1 元 GDP 需要增加的投资已经显著上升。投资回报率低,直接影响了企业投资意愿。投资结构也不尽合理,设备投资占比不断下降,从 2008 年的 23.5% 降至 2014 年的 19.4%,土木建筑类投资上升,2014 年占比已达 2/3,增加投资更多依赖政府和房地产投资③。

③科技创新水平较低。日本学者大野健一将东亚的经济发展划分为外商直接投资、技术吸收、产品创新和路径创新四个阶段。落入中等收入陷阱的国家大多处于第二阶段向第三阶段攀升之间,即处于资本和技术吸收阶段已经结束,而创新能力尚未培育成功的阶段④。

20 世纪 70 年代末,我国引进了国外一批较为先进的技术和设备;20 世纪 80 年代中期,国家制定并实施了"863 计划",着重现代高技术的研究和开发;1991 年确定加速发展 11 种高技术产业,开辟了 53 个国家级高新技术开发区。这些措施大大加快了技术革新的节奏,使我国摆脱了 20 世纪 80 年代末期的衰退,

---

① 蔡昉主编. "十二五"时期挑战:人口、就业和收入分配 [M]. 北京:社会科学文献出版社,2011:37-39、107.
② 楼继伟. 中国经济最大潜力在于改革 [J]. 求是,2016,(1):16-20.
③ 楼继伟. 中国经济最大潜力在于改革 [J]. 求是,2016,(1):16-20.
④ 徐瑾. 中等收入陷阱研究评述——兼对"东亚增长模式"的思考及启示 [J]. 经济学动态,2014,(5):98.

推动经济进入周期位势不断提高的发展。虽然我国技术创新赶超水平较快，但是我们与发达国家的差距相距甚远。据《全球竞争力报告（2012-2011》统计，虽然得益于宏观经稳定性与市场规模等因素的影响，中国竞争力指数排在第27位，而反映科技水平的指标则排位较低，如高等教育与培训排在第60位，技术准备更是排在第78位①。对经济发展起到了关键作用。

表3-8　　　　　　　　中国科技实力指标的国际比较

项目	R&D 投入（与 GDP 比率）	R&D 人员（名/万人）	专利数（件/百万人）
中国	1.4	9	116
高收入国家	2.5	39	775
中等收入国家	0.9	5	41
低收入国家	0.6	3	1
世界平均	2.3	11.7	153

资料来源：中国现代化战略研究课题组、中国科学院中国现代化研究中心. 中国现代化报告——世界现代化概览［M］. 北京：北京大学出版社，2010：420.

综上所述："处于经济发展较高阶段的国家因其处于科技创新前沿而在资本和技术密集型产业上具有比较优势，从而在全球化中显著获益；而处于经济发展较低阶段的国家因其劳动力丰富且成本低廉，在劳动密集型产业上具有比较优势，同样也是全球化的获益者。而现处在中等收入阶段的国家，因其两类比较优势皆不突出，因而从全球化中获益相对少。劳动密集型产业低工资的比较优势正在弱化与技术创新水平的短板使得中国处于"比较优势真空"的危险境地，一旦陷入"中等收入陷阱"，则很容易进入经济增长阶段的停滞徘徊期。"② 因此，转变经济发展模式是中国跃出中等收入陷阱，寻求可持续拉动就业增长新动力源的必由之路。

3.4　保障充分就业的长效机制

治理失业与实现充分就业，向来都是世界各国政府面临的难题，尤其是经济

---

① Sala-i-Martin, Xavier et al, The Global Competitiveness Report 2010-2011, World Economic Forum［M］, Geneva, Switzerland, 2010：83.

② 蔡昉."中等收入陷阱"的理论、经验与针对性［J］. 经济学动态，2011（11）：5-8.

转轨的中国所面临的重大政治、经济、社会问题。在经济全球化的后金融危机时代，中国经济发展与就业增长面临"中等收入陷阱"的严峻挑战。保障充分就业的长效机制就是"突破现有社会经济结构的锁定，实现经济发展方式的转变，跨越中等收入陷阱"。因而，构建保障充分就业长效机制的路径是：制度创新→经济发展方式转型→就业持续增长。

3.4.1　保障充分就业的制度动力机制

保障充分就业制度动力机制的关键是通过制度创新，突破现有制度的扭曲与缺失，促进经济发展模式转型。

3.4.1.1　健全现代市场体系

正确处理政府与市场的关系，充分发挥市场在资源配置中的决定性作用与政府弥补"市场缺陷"的作用，通过推进生产要素市场化进程，推进价格机制改革，建立公平竞争保障机制等措施，打破地域分割和行业垄断，着力清除市场壁垒，促进商品和要素自由有序流动、平等交换，健全现代市场体系[①]。

3.4.1.2　深化行政管理体制改革　健全宏观调控体系

加快政府职能转变，持续推进简政放权、放管结合、优化服务，提高行政效能，激发市场活力和社会创造力。健全宏观调控体系，创新宏观调控方式，增强宏观政策协同性，更加注重扩大就业、稳定物价、调整结构、提高效益、防控风险、保护环境，更加注重引导市场行为和社会预期，为结构性改革营造稳定的宏观经济环境[②]。

3.4.1.3　推进财税、社保、金融体制改革

积极推进财税金融体制改革。建立健全现代财税金融制度。第一，积极推进财税体制改革。加快建立全面规范、公开透明的现代预算制度，结构优化、法律健全、规范公平的税费制度，以及中央和地方事权与支出责任相适应的财政体制。第二，积极推进社保制度改革。深化养老保险制度改革，完善个人账户，提高统筹层次；加快医药卫生体制改革；构建促进充分就业的社会保障体系。第

[①] 《国民经济和社会发展第十三个五年规划纲要》。
[②] 《国民经济和社会发展第十三个五年规划纲要》。

三，积极推进金融体制改革。健全货币政策机制，促进资本市场健康发展，深化金融监管体制改革，健全现代金融体系，提高金融服务实体经济效率和支持经济转型的能力，有效防范和化解金融风险①。

3.4.2 保障充分就业的经济动力机制

构建保障充分就业经济动力机制的关键是依靠制度创新，突破现有社会经济结构的锁定。为此，我们应该依据"十八大报告"所提出的加快转变经济发展方式的战略②，进入以高效率与高质量为特征的新型经济发展路径，实现经济发展与就业增长的良性互动循环。

3.4.2.1 生产要素投入结构的创新升级

解决我国生产要素供给的缺陷是迈入新型经济发展路径的基础。转变经济发展方式的第一要务是转变要素投入，从数量扩张转向依靠知识、科技、管理等全面提升。我国经济发展由于过度依赖要素数量投入，各项要素的技术含量不高，科技进步和创新的贡献有限。这种状况已难以适应国际科技竞争加剧和我国劳动力供给变化的新趋势。必须改变靠拼资源、拼环境、拼劳动力赚取微薄利润的发展方式，逐步形成以科技创新与人才红利为核心的新的增长动力③。

3.4.2.2 产业结构的创新升级

解决我国产业结构的缺陷是迈入新型经济发展路径的关键。转变经济发展方式的第二要务是转变供给结构，从依靠第二产业拉动增长，转向第一、二、三产业协同带动。一方面，我国高技术产业遇到发达国家的强大压力，低端制造业又面临新兴经济体的激烈竞争。另一方面，我国主要依靠第二产业拉动增长，制约着经济效益的提高。为此，必须重塑我国产业在全球经济中的比较优势，加快构建创新能力强、品质服务优、协作紧密、环境友好的现代产业新体系。推进制造强国战略，支持战略性新兴产业发展，大力发展现代服务业，增强现代产业体系

---

① 《国民经济和社会发展第十三个五年规划纲要》。
② 中共第十八次代表大会报告《坚定不移沿着中国特色社会主义道路前进 为全面建成小康社会而奋斗》对加快形成新的经济发展方式提出了"一个立足点、四个着力、五个更多"的战略。
③ 中共第十八次代表大会报告《坚定不移沿着中国特色社会主义道路前进 为全面建成小康社会而奋斗》2012.11.8。

对经济增长的带动力①。

3.4.2.3 需求结构的升级调整

解决我国需求结构的缺陷是迈入新型经济发展路径的重点。转变经济发展方式的第三要务是转变总需求结构，促进供给需求有效对接，促使消费、投资、出口、协调拉动经济增长。必须把经济增长建立在持续扩大内需、不断改善民生的基础之上。而改善收入分配差距以及越过库兹涅茨拐点②是扩大内需的基础。为此，必须努力实现居民收入增长和经济发展同步，低收入者收入明显增加，中等收入群体持续扩大，消除贫困人口，人民生活质量和水平不断提高。从而形成经济与就业持续增长的驱动力③。

3.4.2.4 城乡区域发展的协调互动

解决我国城乡以及区域发展结构的缺陷是迈入新型经济发展路径的重点。转变经济发展方式的第四要务是改变城乡以及区域发展结构，缩小区域发展差距。我国城乡以及区域发展不平衡，城乡之间、不同区域间居民享有的基本公共服务、基础设施等生活条件以及居民收入水平还有较大差距。为此，要加快消除城乡以及区域协调发展的体制性障碍，积极稳妥推进城镇化，深入实施西部开发、东北振兴、中部崛起和东部率先的区域发展总体战略，以"一带一路"建设、京津冀协同发展、长江经济带发展为引领，形成沿海沿江沿线经济带为主的纵向横向经济轴带，塑造要素有序自由流动、主体功能约束有效、基本公共服务均等、资源环境可承载的区域协调发展新格局，实现城乡以及区域的协调互动发展④。

综上所述，我们应该依靠制度创新，突破现有社会经济结构的锁定，跨越"中等收入陷阱"，进入以高效率与高质量为特征的新型经济发展路径，形成保障充分就业长效机制，实现经济发展与就业增长的良性互动循环。

---

① 中共第十八次代表大会报告《坚定不移沿着中国特色社会主义道路前进 为全面建成小康社会而奋斗》201.11.8；《国民经济和社会发展第十三个五年规划纲要》。

② 库兹涅茨曲线是指一国收入分配与经济增长之间的倒U型关系。随着一国收入水平的上升，收入分配差距将趋于扩大，当经济水平达到较高程度时，收入差距将开始缩小。库兹涅茨拐点就是倒U型曲线的顶点。

③ 中共第十八次代表大会报告《坚定不移沿着中国特色社会主义道路前进 为全面建成小康社会而奋斗》201.11.8。

④ 中共第十八次代表大会报告《坚定不移沿着中国特色社会主义道路前进 为全面建成小康社会而奋斗》201.11.8；《国民经济和社会发展第十三个五年规划纲要》。

3.5 结　　语

伴随着我国经济体制、社会制度的变革，我国的就业制度与就业政策不断完善，扩大了就业规模、优化了就业结构。但是受国内外经济社会环境的影响，我国就业总量与结构的矛盾依然严峻。中国是一个转型的发展中国家，就业决定机制的特殊性及其演化趋势决定着我国就业的发展趋势。从就业决定机制中的就业制度因素来考察，我国"市场化"的城乡统筹就业制度与积极就业政策在扩大就业、构建托底机制、维护社会稳定等方面发挥了较强的作用。但是，也存在政府作用的偏差性、经济社会制度改革的非系统性等问题。再从就业决定机制中的经济社会因素来考察，改革开放以来，我国的生产力得到空前的解放，持续高速度的经济增长使我国的社会经济发展水平由低收入阶段跨入了中等收入阶段，但也面临"中等收入陷阱"的挑战，经济增长模式的困境及其转型将决定我国就业格局的未来发展趋势。为此，保障我国充分就业的长效机制就是"实现经济发展方式的转变，跨越中等收入陷阱"。因而，构建保障充分就业长效机制的路径则是：依靠制度创新，突破现有社会经济结构的锁定，进入以高效率与高质量为特征的新型经济发展路径，形成保障充分就业长效机制，实现经济发展与就业增长的良性互动循环。

4

微观视角：公共就业政策效应的实证分析

我们在第1章已探讨了公共就业政策的作用机理，而在中国社会经济实践中，这种影响程度如何，是正向影响还是负向影响，其影响程度多大，它与理论分析的差异何在，是本书实证分析部分所要回答的问题。实证分析部分包括第3章至第5章，将分别从微观、中观、宏观视角，实证检验中国公共就业政策的效应。本章将从微观视角，首先分析个人所得税改革对劳动供给的影响，然后进一步检验公共就业政策对劳动力市场均衡的影响效果。通过实证分析，为优化我国公共就业政策提供微观的经验依据。

4.1 引　言

4.1.1　个人所得税与劳动供给的文献综述

国外关于个人所得税改革劳动供给效应的研究视域较为广泛。研究以税收对收入产生线性约束假设开始（Boskin，1973[1]；Hall，1973[2]）。而 Wales 和 Woodland（1979）[3] 发现累进税制税后预算约束连续并且凸性的假定并不正确，他们

---

[1] Boskin, J, M. The Economics of Labor supply [J]. Income Maintenance and Labor Supply, 1973: 163 - 218.

[2] Hall, R. Wages, Income, and Hours of Work in the U.S. Labor Force [J]. Income Maintenance and Labor Supply, 1973: 102 - 162.

[3] Wales, T. and Woodland, A.. "Labor Supply and Progressive Taxes [J]. Review of Economic Studies, 1979, 46 (1): 88 - 10.

认为税后预算约束是分段线性的，并给出了分段线性预算约束下效用最大化时工作时间方程的估计方法。Hausman and Ruud（1984）[1] 根据劳动力供给的家庭模型给出结论，发现夫妻劳动供给行为之间具有相互作用关系，税率变化对妻子的劳动供给影响要大于对丈夫的劳动供给的影响。此后，关于该论题的研究方法逐渐扩展。Eissa（1995）[2] 应用自然实验法（倍差法），以美国1986年税制改革为实验背景，估算了已婚女性的劳动供给反应。Blundell 和 MaCurdy（1999）[3]以英国20世纪80年代个人所得税改革作为自然实验事件，利用差中差法估计个体劳动供给方程，进而估算出税收制度改革对劳动供给的影响效果。Aaberge（2000）[4] 等学者将微观模拟方法（Orcutt, 1957 [5]）引入所得税劳动供给效应、收入分配效应和财政效应的度量中，通过建立微观模拟模型，估算税制变动的各种效应。

　　国内关于税收政策与劳动供给的早期研究多为定性分析，一般认为我国劳动供给完全无弹性，税收对劳动力供给几乎无影响（邓远军，2006[6]；董再平 2008[7]）。在随后的定量研究中，一些学者使用宏观经验数据（以就业量或失业率代替）分析税收政策与劳动供给的关系（王娜与夏杰长，2006. [8]；付伯颖，2007[9]）。而另一些学者应用更科学的微观经验数据检验税收政策的劳动供给效应（于洪，2004[10]；余显才，2006[11]），尤其是张世伟（2008、2010）[12] 等引入微

---

[1] Hausman, J and Ruud, P. A Family Labor Supply with Taxes [J]. American Economic Review, 1984, 74 (2): 242-248.

[2] Eissa, N. "Taxation and Labor Supply of Married Women: The Tax Reform Act of 1986 as A Natural Experiment [J]. NBER Working Paper, No. 5023, 1995.

[3] Blundell, R. and MaCurdy, T. Labor supply: A review of approaches in Ashenfelter [M]. Handbook of Labor Economics [M]. New York: North-Holland Publish Press, 1999: 1560-1670.

[4] Aaberge, R. Microsimulation Model for Policy Analysis: Challenges and Innovations [M]. London: Cambridge University Publish Press, 2000: 260-300.

[5] Orcutt, G. "A New Type of Social-economic System [J]. Review of Economics and Statistics, 1957, 39 (2): 36-57.

[6] 邓远军. 课税对我国就业影响的经济分析 [J]. 税务研究, 2006, (12): 14-19.

[7] 董再平. 税收和就业的经济学分析 [J]. 税务研究, 2008, (2): 19-23.

[8] 王娜, 夏杰长. 税收对城镇居民劳动供给影响的实证分析 [J]. 税务研究, 2006, (9): 5-8.

[9] 付伯颖. 现行税制对劳动力供给影响的理论与实证分析 [J]. 财经问题研究, 2007, (9): 84-88.

[10] 于洪. 我国个人所得税税负归宿与劳动力供给的研究 [J]. 财经研究, 2004, (4): 50-59.

[11] 余显才. 所得税劳动供给效应的实证研究 [J]. 管理世界, 2006, (1): 28-40.

[12] 张世伟, 周闯, 万相昱. 个人所得税制度改革的劳动供给效应——基于自然实验的研究途径 [J]. 吉林大学社会科学学报, 2008, (4): 98-106.

张世伟, 周闯. 工薪所得税减除费用标准提升的作用效果：基于劳动供给行为微观模拟的研究途径 [J]. 世界经济, 2010, (2): 67-82.

观模拟方法分析个人所得税的收入分配效应,发现随着工薪所得费用扣除标准的提升,已婚女性劳动供给逐渐提高;而已婚男性劳动供给因缺乏弹性影响不显著。刘怡等(2010)[①]应用差中差法分析了2005年个人所得税调整对劳动供给的影响,发现税制改革主要影响女性的劳动供给行为。

综合来看,目前国内已开始引入微观模拟方法分析个人所得税的收入分配效应与劳动供给效应,但相关研究仍处于起步阶段。为此,本节试图应用微观模拟方法进一步深入分析个人所得税的劳动供给效应。与已有文献的差异表现为:第一,对个人所得税调整劳动供给效应的多变量分析。由于过去的个人所得税调整只是提高免征额,因此现有文献只进行了单变量(免征额变动)分析。而2011年的个人所得税改革既提高免征额,又调整税率级次,故本书将拓展为多变量(免征额与税率同时变动)政策效应的微观模拟分析。第二,对个人所得税调整劳动供给效应的结构分析。现有文献只对个人所得税调整劳动的性别供给量进行了分析。本书将以2008年和2011年个人所得税改革为研究背景,深入探寻这两次个人所得税改革对不同性别群体、不同所有制企业员工、不同收入群体劳动供给的结构影响效果,以期更全面地诠释税制改革对劳动供给的动态影响过程。

4.1.2 公共就业政策与劳动力市场均衡的文献综述

国外关于劳动力市场均衡的研究可以追溯到凯恩斯的就业均衡理论。凯恩斯(Keynes)在《就业、利息和货币通论》中指出为保持宏观经济政策运行,政府应运用财政政策和货币政策进行干预。凯恩斯认为劳动力市场中所存在的"小于充分就业的均衡"状态具有一定的稳定性。虽然劳动力供需没有在数量上完全均等,但是任何一方都不具有改变现状的动力和能力。此后,经济学家开始探究劳动力市场均衡与非均衡产生的原因,形成了效率工资、隐性合同以及搜寻匹配等理论。

然而,从微观层面分析公共经济政策对劳动力市场均衡影响的文献很少,大多是从宏观层面研究公共经济政策与就业的关系(Hausman,1981[②];Demetriades

---

[①] 刘怡,聂海峰,邢春冰. 个人所得税费用扣除调整的劳动供给效应 [J]. 财贸经济,2010,(6):52-69.

[②] Hausman, J. How Taxes Affect Economic Behavior [J]. Journal of European Economic History, 1981, 10 (1): 131-143.

& Mamuneas，2000①；Espen et al，2004②；Kosi & Bojnec，2006③；Mika & Ville，2010④）。Tamai and Toshiki（2009）⑤ 应用劳动力市场垄断下的跨期选择模型，刻画了财政政策对劳动力市场均衡的影响过程。他们认为财政支出政策变化能够通过劳动力供求曲线移动，影响均衡就业量和均衡工资水平。Pierre – Richard Age'nor（2005）⑥ 运用两部门（正规部门与非正规部门）跨期选择模型分析财政支出政策对劳动力市场的影响。研究发现在工会压力与市场开放度较高的条件下，增加财政支出会降低失业率，提高劳动力市场均衡的稳定性。Silvia Ardagna（2007）⑦ 分析了在工会对工资施压的条件下，财政政策的两部门就业与福利效应。实证结果表明：赤字财政政策会增加公共部门的就业、工资及失业者福利。劳动税会带来更高的私人部门工资，更低的就业、资本和产出，不利于两个部门劳动力市场均衡的实现。

kowsky 和 Foote（1992）⑧ 利用 MIU 模型进行实证分析，发现货币需求影响劳动供给，进而会对劳动力市场均衡产生影响。Erceg Henderson 和 Levin（2000）⑨ 研究发现采取通货膨胀盯住政策会对就业等社会福利产生不利的影响。Faia（2008）⑩ 指出货币政策制定者在制定一国货币政策时应充分重视劳动力市场摩擦因素。

国内关于劳动力市场均衡的研究主要集中在两方面：（1）我国劳动力市场

---

① Demetriades, P and Mamuneas, T. Intertemporal Output and Employment Effects of Public Infrastructure Capital: Evidence from 12 OECD Economies [J]. The Economic Journal, 2000, 110 (4): 687 – 712.

② Bratberg, M, Espen, H, Holmas, T, H. and Thogersen Oystein. Assessing the Effects of an Early Retirement Program [J]. Population Economics, 2004, 17 (3): 387 – 408.

③ Kosi, T. and Bojnec, S. The Impact of Labor Taxation on Job Creation and Unemployment [J]. Ekonomicky Casopis/Journal of Economics, 2006, 54 (7): 652 – 667.

④ Mika, K. and Ville, K. The effects of fiscal policy on economic activity in Finland [J]. Journal of Economic Modelling, 2010, 27 (5): 1315 – 1323.

⑤ Tamai M and Toshiki, R. Employment, Fiscal Policy, and Oligopsonistic Labour Market [J]. Australian Journal of Labour Economics, 2009, 67 (3): 321 – 337.

⑥ Pierre – Richard Age'nor. Fiscal Adjustment and Labor Market Dynamics in an Open Economy [J]. Journal of Development Economics, 2005, 16 (1): 97 – 125.

⑦ Silvia, A. Fiscal policy in unionized labor markets [J]. Journal of Economic Dynamics & Control, 2007, 31 (5): 1498 – 1534.

⑧ kowsky, H. Donald & Foote, G. William Intertemporal Substitution in Macroeconomics: Consumption, Labor Supply and Money Demand [J]. The Review of Economics and Statistics, 1992, (5): 333 – 338.

⑨ Erceg C. J. Henderson D. W. Levin A. T. Optimal Monetary Policy with Staggered Wage and Price Contracts [J]. Journal of Monetary Economics, 2000, 46 (2): 281 – 313.

⑩ Faia E. Optimal Monetary Policy Rules with Labor Market Frictions [J]. Journal of Economic Dynamics & Control, 2008, (32): 16 – 21.

均衡状况的研究（陈晓卫，2006①；蔡昉 2007②）。（2）我国劳动力市场均衡影响因素的研究。学者们从劳动力市场分割（钱雪亚等，2009③）、劳动力流动（刘学军、赵耀辉，2009④）、人力资本（王芳琴、于维生，2012⑤）、国际贸易（万国峰，2003⑥）、通货膨胀（田雪原，2011⑦）等视角进行了分析。

然而，从财政政策视角探析的文献很少，而且缺乏实证研究。邓远军（2006）⑧应用局部均衡和一般均衡模型，阐释了课税对我国均衡就业量的影响。蔡燕华（2006）⑨采用劳动力流动的一般均衡模型，从财政分权的角度解释我国农村劳动力流动的趋势及原因，认为中央政府对农村的财政支持力度会影响劳动力市场均衡及流动状态。辛振国（2007）⑩认为凯恩斯的赤字财政政策虽然在短期内能够缩小劳动供需间的偏离程度，但长期是无效的。谷宏伟（2012）⑪在修正 Basu – Van 劳动力市场均衡模型的基础上，通过数理推导得出了增加公共教育支出有利于降低家庭教育成本，提高成年劳动力均衡就业水平与未成年人入学率的结论。

鄂永健（2006）⑫研究发现货币供给增长与劳动力市场就业关系不确定，当消费跨期替代弹性较小时，两者正相关，反之货币供给增长会抑制劳动力市场均衡就业量的增加。朱加凤（2009）⑬认为财政政策与货币政策必须合理搭配才能促进劳动力就业量的增加。王君斌和薛鹤翔（2010）⑭提出扩张性货币政策通过劳动力供求对劳动力市场的影响因作用时间不同而有所不同，短期有促进作用，

---

① 陈晓卫. 我国劳动力市场动态均衡分析与实证研究 [J]. 成都信息工程学院学报，2006，(10): 775 – 778.
② 蔡昉. 中国劳动力市场发育与就业变化 [J]. 经济研究，2007，(7): 4 – 14.
③ 钱雪亚，张昭时，姚先国. 城镇劳动力市场城乡分割的程度与特征——基于浙江数据的经验研究 [J]. 统计研究，2009，(10): 23 – 31.
④ 刘学军，赵耀辉. 劳动力流动对城市劳动力市场的影响 [J]. 经济学（季刊），2009，(2): 693 – 710.
⑤ 王芳琴，于维生. 基于人力资本视角的劳动力市场非均衡分析 [J]. 经济问题，2012，(9): 25 – 30.
⑥ 万国峰. 贸易条件恶化：劳动力市场均衡和比较优势 [J]. 云南财经大学学报，2003，(3): 32 – 34.
⑦ 田雪原. 通货膨胀、劳动力市场与工资率走势 [J]. 财贸经济，2011，(7): 5 – 10.
⑧ 邓远军. 课税对我国就业影响的经济分析 [J]. 税务研究，2006，(12): 14 – 19.
⑨ 蔡燕华. 我国劳动力流动的一般均衡分析 [J]. 金融经济，2006，(24): 29 – 31.
⑩ 辛振国. 劳动力市场的非均衡性与失业问题 [J]. 商业时代，2007，(17): 9 – 11.
⑪ 谷宏伟. 教育成本、技术进步与劳动力市场均衡——对中国 80 年代义务教育发展的一个理论解释 [J]. 财经问题研究，2012，(10): 115 – 122.
⑫ 鄂永健. 货币政策与就业：一个带有内生劳动力供给的 MIU 模型 [J]. 世界经济，2006，(7): 56 – 64.
⑬ 朱加凤. 我国财政货币政策就业效应的实证分析 [J]. 学术交流，2009，(6): 13 – 21.
⑭ 王君斌、薛鹤翔. 扩张型货币政策能刺激就业吗？ [J]. 统计研究，2010，(6): 35 – 47.

长期可能产生抑制作用。巴伟杰、伍艳（2010①）研究法定准备金影响就业的机理，并对我国贷款和就业的冲击进行实证分析，认为有效的货币政策能够促进劳动力市场均衡形成。刘宗明（2013）②运用 SVAR 模型实证检验了货币政策应对劳动力市场进行动态政策反馈，而且劳动力反馈调控方式的政策效果比工资缺口反馈调节模式更显著。

在公共就业政策与劳动力市场动态均衡领域，至少有两个重要命题悬而未决：第一，蛛网模型是否适用于中国一般劳动力市场均衡的分析？传统的静态分析方法抽象了时间因素，探讨均衡工资的决定与变动。而蛛网模型则考虑了时间因素，能够反映劳动力市场价格从非均衡状态走向均衡状态的调整过程。然而，西方劳动经济学认为它仅适用于某些技术性很强的专业领域（如工程、法律等）劳动力市场均衡状况的分析。因而，蛛网模型是否适用于中国一般劳动力市场均衡分析是有待解决的理论与实践问题。第二，中国公共就业政策对劳动力市场动态均衡影响的实际效果如何？国内现有文献仅是静态的、局部的（某项财政政策）、规范的分析，缺乏动态的、全面的、实证的深入分析。为此，本节拟通过数理与实证分析，以期解答以上命题。

4.2 个人所得税改革与劳动供给的实证检验

个人所得税能够通过改变收入分配状况而影响个人劳动供给行为，因而它是政府调控劳动力市场的重要工具。我国个人所得税前后经历了六次改革，那么近两次个人所得税改革对劳动供给的影响如何？或者说劳动供给对个人所得税的反应程度（敏感度）如何？要回答这一问题需要运用有效的经济理论和经济模型进行检验。为此，本节将运用劳动供给模型和微观模拟方法，对我国 2008 年和 2011 年两次个人所得税改革的劳动供给敏感度进行比较分析和研究。

4.2.1 数理模型的设定

为了测度劳动供给与个人所得税改革的关系，我们拟应用劳动供给模型和微观模拟方法对我国劳动供给个人所得税敏感度进行实证分析。研究思路为：首

---

① 巴伟杰、伍艳. 中国货币政策与就业关系的实证分析［J］. 海南金融，2010，(5)：52 - 63.
② 刘宗明. 工资加成、就业抑制与最优货币政策分析——货币政策是否应该对劳动力市场作出反馈？［J］. 南开经济研究，2013，(1)：68 - 90.

先，运用 Heckman 两阶段法对个体劳动供给方程进行估计，估算个体劳动供给弹性，同时将样本工资率数据时化①为目标期数据。其次，运用劳动供给弹性和目标期工资测算出目标期工作时间。最后，根据目标期工作时间数据，分析工薪个人所得税改革的劳动供给效应。

4.2.1.1 劳动供给的非补偿性工资弹性的测算

引入 Hausman（1981）给出的最优工作时间方程：

$$l^* = \theta_1 w + \theta_2 y + \theta_3 \lambda + \varepsilon \tag{4-1}$$

其中，λ 代表影响样本劳动供给的个人属性，l^* 为劳动者最优工作时间。θ_1、θ_2、θ_3 为待估参数（为书写方便用 w 代表净工资率，y 代表虚拟收入）。

为了避免样本中选择偏差问题，我们运用 Heckman 两阶段法来估算非补偿性工资弹性。具体步骤为：

（1）利用 Probit 模型估算个体劳动参与方程

$$p_i^* = \alpha_i Z_i + \mu_i$$

$$p_i = \begin{cases} 0 & \text{if} \, p_i^* \leq 0 \\ 1 & \text{if} \, p_i^* > 0 \end{cases} \tag{4-2}$$

其中，p_i 表示个体 i 是否劳动参与（0 表示非参与，1 表示参与），Z_i 表示影响个体 i 劳动参与的因素，假设 $\mu_i \sim N(0,1)$。根据估计出来的 α_i 可计算逆米尔斯比率 δ_i：

$$\delta_i = \phi(\hat{\alpha}_i Z_i) / \Phi(\hat{\alpha}_i Z_i) \tag{4-3}$$

其中，$\phi(\hat{\alpha}_i Z_i)$ 表示标准正态分布的密度函数，$\Phi(\hat{\alpha}_i Z_i)$ 表示标准正态分布的分布函数。逆米尔斯比率表示就业人员和未就业人员回归方程中的随机扰动项的差异。

（2）将逆米尔斯比率作为新变量带入工资方程，对工资方程进行修正

$$\ln w_i = \beta X_i + \chi \delta_i + \xi_i \tag{4-4}$$

上式为修正样本选择偏差后的工资方程，X_i 为个体 i 工资率的影响因素。我们使用最小二乘法可以估计得到 $\hat{\beta}$ 和 $\hat{\chi}$。另外，由上式我们可以对退出劳动市场个体的工资率进行预测。

（3）使用工资率的预测值估计劳动供给方程

$$l_i^* = \theta_1 \hat{w}_i + \theta_2 y_i + \theta_3 \lambda_i + \varepsilon_i \tag{4-5}$$

---

① 本书使用的是微观数据，鉴于统计上的原因，一般难以取得同一个体的连续多年的样本数据，而且微观数据与待分析的经济环境间往往会有一定的时滞。所以，为了分析的需要，我们需要通过时化处理将数据模拟到目标期。具体时化方法我们在（4-8）式中体现。

在 (4-5) 式中，$\hat{w}_i$ 为工资率的预测值，$\varepsilon_i \sim N(0, \sigma^2)$。根据上式估计结果可以得到劳动供给的非补偿性工资弹性：

$$E_w = (\partial h / \partial w) \times \overline{w} / \overline{l}^* = \hat{\theta}_1 \overline{w} / \overline{l}^* \qquad (4-6)$$

其中，E_w、$\overline{w}$、$\overline{l}^*$ 分别表示劳动供给的非补偿性工资弹性、工资率平均值、劳动供给平均值。

4.2.1.2 数据时化为目标期数据

假定基础期到目标期，人口数量和结构不变。针对不同企业类型，我们根据相应年份不同企业工资（或收入）增长率，将基础期相应微观劳动者的工资提升为目标期工资数据。

$$W_{it}^p = (1 + g_t^p) W_{i(t-1)}^p \qquad (4-7)$$

其中，W_{it}^p 表示在 p 企业[①]工作的第 i 个劳动者在 t 年的税前工资。g_t^p 表示 p 单位在 t 年的平均工资增长率。通过这种方法，我们就可以将基期的数据调整为目标期的数据。即使基期和目标期间隔不止一年，通过每年数据的提升最终可以实现目标期数据的更新。

4.2.1.3 目标期工作时间测算

由劳动供给的非补偿性工资弹性公式整理可以得到目标期工作时间：

$$l_{it'} = \frac{W_{it}(1 - E_w) + \sqrt{W_{it}^2 (1 - E_w)^2 - 4E_w \Gamma(W_{it'}) W_{it}}}{2w_{it}} \qquad (4-8)$$

其中，$l_{it'}$、W_{it}、w_{it}、$\Gamma(W_{it'})$ 分别为第 i 个劳动者的目标期劳动时间、基期税前工资、基期小时工资率、目标期劳动者税后工资。

4.2.2 模型估计与数据时化

4.2.2.1 数据来源与统计描述

本书选取 2006 年 CHNS（中国健康与营养调查）的微观调查数据[②]。根据研

[①] 在实证分析部分，将企业分为三种类型：国有企业、集体企业、其他企业。
[②] 因为本书研究对象的发生时间是 2008 年和 2011 年。CHNS 最近的数据资源只有 2006 年和 2009 年的微观数据。根据微观模拟方法的特点，使用 2006 年的统计数据比较契合我们的模拟分析需要。因此，本书选取 2006 年 CHNS（中国健康与营养调查）的微观调查数。

究的需要从中选取了性别、年龄、受教育程度、户口类型、学龄前子女、地区、就业状况、技术职称、单位类型、月工资收入、工作时间和配偶收入变量。抽取城镇样本（农村个体缴纳个人所得税较少），剔除了城镇个体户和私营企业主（其税收体系与工薪阶层不同）及在校大学生。同时，选取的样本男性年龄限制在60岁以下，女性年龄在55岁以下。经过筛选得到可供研究的男性样本1002个，女性样本943个。

表4-1给出了可能影响样本个体劳动供给的个人属性均值及标准差，可以发现男性与女性的工作时间差别不大，但男性小时工资率明显高于女性；男性就业率为66.07%，女性就业率为51.22%，表明我国城镇就业市场中，还存在着大量的失业人员，有必要进行样本有偏选择的纠正。

表4-1 样本统计描述

变量	男性		女性	
	均值	标准差	均值	标准差
户口	0.76	0.426	0.76	0.426
年龄	42.55	11.201	40.37	9.853
受教育程度	2.80	1.438	2.69	1.513
技术职称	0.30	0.457	0.15	0.359
学龄前子女	0.09	0.292	0.16	0.364
配偶收入	847.82	1.058	1346.08	2.453
东部	0.19	0.395	0.19	0.391
中部	0.48	0.500	0.49	0.500
月工作时间	183.00	14.22	182.24	13.34
小时工资率	8.08	13.79	6.75	22.87
就业率（%）	66.07		51.22	
观测数	1002		943	

注：户口类型、受教育程度、技术职称、学龄前子女、地区这类定性变量，使用虚拟变量方法进行赋值。

4.2.2.2 劳动供给模型实证分析及结果

为了纠正样本选择偏差，我们利用Probit模型估计个体劳动参与方程，并根据解释变量系数，计算出相应的逆米尔斯比率δ_i。然后，将逆米尔斯比作为解释变量带入工资方程，对工资方程和劳动供给方程进行估计。从估计结果看（见表4-2），男性和女性的工资方程中的逆米尔斯比系数在10%的水平下显著，说明纠正样本选择偏差是合理的。年龄会显著的影响男性和女性的小时工资率和劳动供给。随着年龄的增加，小时工资率增加，劳动供给先增加后减少；受教育程度对女性的工资水平和劳动供给的影响显著为正，但对男性劳动供给的影响不显著；学龄前子女会显著减少女性的小时工资率、劳动供给及男性的劳动供给，对男性的工资水平影响不显著。这说明照顾幼小子女仍是女性的主要责任，而且女性的工资水平也因此而下降；小时工资率的提高显著地增加了女性的劳动供给，但男性没有通过显著性检验，即男性劳动供给缺乏弹性。表明我国男性作为家庭的主要经济支柱，其劳动决策更加保守。因此，税制改革引起的工资率变化主要会影响女性劳动供给。根据非补偿性工资弹性公式（4-6）测算出女性劳动供给的非补偿性工资弹性为 0.039。因此，下文中关于劳动供给的分析是对女性劳动者的研究。

表 4-2　　　　　　　工资方程和劳动供给方程估计结果

解释变量	男性				女性			
	工资方程		劳动供给方程		工资方程		劳动供给方程	
	系数	标准差	系数	标准差	系数	标准差	系数	标准差
户口	0.031	0.062	-3.187	2.707	-0.017	0.078	-0.880	3.658
年龄	0.010***	0.003	4.793***	0.722	0.011**	0.004	5.783***	1.169
年龄平方			-0.068***	0.009			-0.089***	0.015
受教育程度	0.140***	0.019	0.937	0.861	0.209***	0.026	5.881***	0.102
技术职称	0.025	0.107	27.183***	2.511	0.350**	0.113	29.769***	3.802
学龄前子女	-0.033	0.084	-6.999*	3.697	0.138*	0.080	-8.793**	4.046
东部	-0.058	0.068	-1.909	3.073	-0.143*	0.077	-2.716	3.999
中部	0.0560	0.052	-4.405*	2.422	-0.029	0.066	-12.845***	3.153
配偶收入	0.008**	0.002	0.029	0.102	0.002**	0.001	0.025	0.053
常数项	0.947***	0.136	-54.438***	14.638	0.240	0.184	-85.809***	22.802
小时工资率			-0.094	0.090			0.264***	0.074
逆米尔斯比	-0.258*	0.139			0.212*	0.136		

注：配偶收入等于实际配偶收入除以100，*、**、***分别表示在10%、5%、1%水平下显著。

4.2.2.3 数据时化处理

数据处理和收入时化中需要的经济数据来自《中国统计年鉴》。由于微观数据样本行业划分与统计年鉴中的行业划分不一致，因此我们用企业性质划分方式对女性工资收入进行修正和时化处理。应用修正后的收入数据及预测的工资增长率,将2006年的工资收入时化为2008年和2011年的工资收入数据(见表4-3)。

表4-3　　　　　按企业性质划分修正后的女性税前月均工资①　　　　单位:元

单位	2006年	2008年	2011年	2006—2008年增长率(%)	2008—2011年增长率(%)
国有企业	1801.67	2512.11	3640.45	39.4	44.9
城镇集体企业	912.48	1283.32	2031.45	40.6	58.3
其他企业	1376.63	1871.43	2715.04	35.9	45.1

注:我国劳动力市场上,存在性别工资差异。表中的各类企业女性税前月均工资比全国平均水平要低。

经过对比,本书模型测算出来的城镇女性职工月均工资额与《中国统计年鉴》中的数据基本吻合,这也说明了此模型基础数据的可靠性,能够比较接近现实的模拟政策改革效应。

由表4-3可知:第一,城镇集体企业女职工平均工资水平明显低于另外两类单位的平均工资。第二,三类企业女职工的平均工资均呈上涨趋势,且增速较快。具体看,2008—2011年城镇集体企业女职工月均工资增长得最快,其他企业次之,国有企业增长的幅度最小。

4.2.3　劳动供给的税收敏感度测度

4.2.3.1　个人所得税调整对劳动供给量的影响

个人所得税制中的免征额与税率级距变化都会改变税负,从而影响个体劳动供给行为。下面就2008年和2011年两次个人所得税调整的劳动供给敏感度进行模拟分析。为了比较这两次个人所得税调整的政策效果,分以下几种情况进行讨论:①2008年个人所得税免征额调整前后的劳动供给状况。②2011年分为三种情况:个人所得税维持2008年的状况;免征额提高;免征额和税率级距同时调整①。

由表4-4可知,随着个人所得税税负的下降,税收的替代效应大于收入效应,女性劳动者的劳动供给逐渐增加。具体而言:第一,2008年个人所得税免

---

① 由于男性劳动供给无弹性,对个人所得税调整的反应不显著,因此将重点分析个人所得税调整对女性劳动供给的影响。

征额的调高使得劳动时间增加 0.16 小时。第二，2011 年个人所得税调整使得劳动时间增加了 0.28 小时。当 P=2000 时，工资上涨引致的劳动时间增加为 8.56 小时；当 P=3500 与 Q 不变时，免征额的调高使得劳动时间增加了 0.24 小时；当 P 不变与 Q 变化时，税率级距调整使得劳动时间增加了 0.04 小时；而当 P 与 Q 同时变化时，劳动时间增加了 0.28 小时。这说明与 2008 年相比，2011 年个人所得税免征额和税率级距双管齐下的调整效果更好。

表 4-4　　　　　个人所得税调整对女性劳动供给影响的模拟　　　　单位：小时

	2008 年		2011 年		
	P=1600	P=2000	P=2000；Q 不变	P=3500；Q 不变	P=3500；Q 变化
月工作时间	189.0	189.16	194.72	194.96	195.00

注：P 代表免征额，Q 代表税率级距，下同。

4.2.3.2　个人所得税调整对不同所有制企业劳动供给结构的影响

在考察了个人所得税调整对劳动供给量的影响之后，我们将分析个人所得税调整对不同所有制企业劳动供给结构的影响。

由表 4-5 可知，个人所得税调整对不同所有制企业女性劳动供给的影响呈差异性。国有企业女职工劳动时间的增长率最小，仅为 2.58%；其他企业女职工劳动时间的增长率较大，为 3.31%；而城镇集体企业女职工劳动时间的增长率最大，为 3.75%。这可能是由于相对于国有企业，后两类所有制企业的工作不稳定，竞争激烈，员工为了不被淘汰或者获得更高的税后工资薪酬，就必须在正常的工作时间之外加班工作。

表 4-5　　个人所得税调整对不同所有制企业女性劳动供给的模拟　　单位：小时/月

	国有企业	城镇集体企业	其他企业
2008 年	165.88	174.04	215.36
2011 年	170.16	180.56	222.48
变化率（%）	2.58	3.75	3.31

注：其他企业是除国有企业和城镇集体企业之外的各类企业，包括私营企业、外资企业、合资企业等。

4.2.3.3　个人所得税调整对不同收入阶层劳动供给结构的影响

我们将进一步考察个人所得税调整对不同收入群体劳动供给结构的影响。按照城镇居民收入调查法,将女性劳动者税后收入数据按顺序分为七组,并对每组劳动供给状况进行比较分析。

表 4-6 与图 4-1 反映了 2008 年和 2011 年女性各收入阶层劳动供给状况。由表 4-6 与图 4-1 可知,个人所得税调整对不同收入阶层女性劳动供给的影响呈差异性。第一,2008 年个人所得税改革的影响。从最低收入阶层到中等偏上收入阶层的劳动时间随着收入的增加而增加,较高和最高收入阶层劳动时间却呈现下降趋势,并且下降得很快。可见,与中等收入和低收入者相比,高收入阶层取得高收入的同时并没有牺牲太多的闲暇。第二,2011 年个人所得税改革的影响。在 2011 年,各阶层劳动时间并没有延续 2008 年的变化趋势,中等收入阶层处出现拐点,劳动时间下降,而后中等偏上收入阶层的劳动时间反弹,最后两个高收入阶层又有所下降。从两年的劳动时间变化率来看(见表 4-6),中等收入阶层变化率最小,增长率仅为 0.49%,而较低收入、中等偏下收入及较高收入阶层的劳动时间增长较快,其中较低收入者劳动时间增长得最快。这说明,与 2008 年相比,这次税制改革对上述三大阶层的劳动供给影响较大,尤其是较低收入阶层和中等偏下收入阶层对新税改的反应最敏感。2011 年的个税改革使得较低收入阶层的替代效应远大于收入效应;而对中等收入者的影响正好相反,使其替代效应和收入效应之差的绝对值下降。

表 4-6　　个人所得税调整对不同收入阶层女性劳动供给的模拟　　单位:小时/月

	最低	较低	中等偏下	中等	中等偏上	较高	最高
2008 年	169.68	186.04	196.48	198.08	201.36	177.12	166.52
2011 年	174.76	196.08	205.88	199.04	206.24	184.68	171.48
变化率(%)	2.99	5.40	4.79	0.49	2.43	4.27	2.98

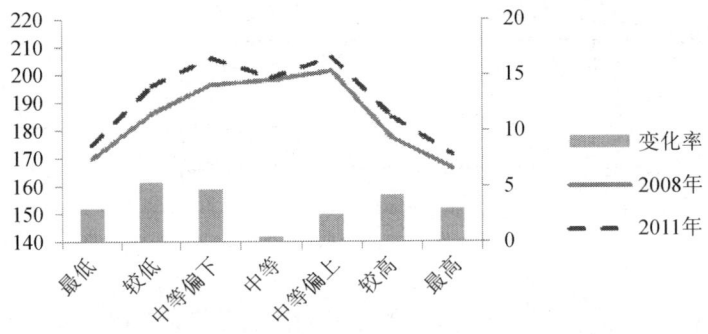

图 4-1　各收入阶层女性劳动供给情况比较

4.2.4 结论与启示

本节在测算我国劳动供给弹性的基础上，运用微观模拟模型分析了个人所得税改革的劳动供给敏感度。研究结果表明：（1）个人所得税改革主要影响女性的劳动供给行为。由于男性的劳动供给缺乏弹性，因此 2008 年与 2011 年的个人所得税调整主要对女性的劳动供给产生了正效应，税负降低提高了女性劳动供给。具体而言，与 2008 年税改相比，2011 年个人所得税免征额和税率级距双管齐下的调整效果更好。总之，我国劳动供给处于倒 C 型曲线的前半段，降低税负有助于劳动供给的上升。（2）个人所得税改革对不同所有制企业和不同收入阶层的女职工劳动供给的影响呈差异性。与国有企业相比，城镇集体企业以及其他企业女职工的劳动供给对减税的敏感度更高，减税促进劳动供给的正效应更强。这主要是由于后两类企业的工资水平或工作稳定性较低，所以减税带来的替代效应更大。再从不同收入阶层来看，较低收入阶层和中等偏下收入阶层女性对减税的敏感度更高。虽然这两个阶层均处于免税阶层。而为什么 2011 年的减税使其劳动时间增加的最多呢？这可能是由于她们感受到减税使其与较高收入阶层间的相对收入差距进一步拉大，只有更努力地工作才能缩小这种收入悬殊，由此劳动供给增加明显。

本节的实证研究结论具有重要的政策启示意义。第一，政府应根据不同群体就业特征，制定有针对性的税收政策。如允许低收入女性以一定比例所得抵免其配偶应税所得；个人所得税边际税率的设计应更倾向于照顾低收入和中等收入阶层，抑制高收入阶层。第二，政府应制定有针对性的女性就业扶持政策。随着减税的推进和女性就业意识的加强，女性劳动供给将会进一步增加，因而提高企业对新增女性劳动供给的吸纳将愈显重要。建议政府应制定有针对性的女性就业扶持政策以提高女性就业率。如对雇佣女职工超过规定比例的企业给予企业所得税减免优惠；对服装制造业、餐饮服务业等女性员工较多企业给予一定的税收优惠政策；对企业向女性职工提供的在职培训给予财政补贴等。另外，进一步加强实施女工劳动保护制度、生育保险制度、技能培训计划、失业救济金制度等多种措施，提高女性就业质量。

4.3 公共就业政策与劳动力市场均衡的实证检验

2008 年金融危机爆发后，全球经济和就业受到重创。各国政府纷纷推行积极的财政政策,以刺激经济与拉动就业。美国实施了减税、增加失业救济、拓展货币政策工具和注入大量流动资金等公共政策;欧盟推行了减税、增加基础设施投资、降息等扩张性财政政策和货币政策;中国也出台了结构性减税政策,增加公共投资、增加货币量的扩张性政策。与其他国家相比,我国的就业格局复苏较快,劳动力市场由非均衡回到均衡的时间较短。根据人力资源和社会保障部所统计的部分城市劳动力市场供求信息,劳动力市场求人倍率①从 2007 年开始到 2009 年持续下降,但是从 2010 年开始强势回升,求人倍率达到 1.01,不仅高于金融危机时期,而且是进入 21 世纪以来的最高值。为此,在这次宏观经济波动自然实验的背景下,公共政策在劳动力市场动态均衡中的作用机理、中国公共政策在劳动力市场动态均衡中的作用效果等命题成为需要深入研究的理论与现实问题。

4.3.1 公共就业政策与劳动力市场动态均衡的模型构建

我们将在 Barro(1990)模型的基础上,拓展构建包括财政政策和货币政策变量的内生经济增长模型,阐释公共政策影响劳动力市场动态均衡的作用机理。

4.3.1.1 劳动力市场的静态均衡分析

(1) 家庭部门

假定市场中所有的劳动者都是同质的,代表性家庭的效用由消费的商品 c_t、闲暇 $(1-ls_t)$②、获得的政府支出 g_{1t} 以及持有的货币余额 $\frac{M_t}{P_t}$ 构成。代表性家庭在劳动力市场上出售劳动力获得税后劳动收入 $(1-\tau_w)w_t l_t$,其中 τ_w 和 w_t 为个人所得税税率和工资率。同时,家庭会将剩余的收入以货币方式进行资本出让,资本出让收益为 $(1+r_t)k_{t-1}$,其中 r_t 和 k_{t-1} 分别表示利率和上一期的资本存量。除此之外,厂商分配给家庭的利润 Π_t、国家的社会保障支出 g_{1t} 以及上期的货币持有 $\frac{M_{t-1}}{P_t}$ 共同构成家庭部门的收入。在上述收入预算约束下,家庭将一部分收入用于货币持有 $\frac{M_t}{P_t}$,余下部分用于消费 $(1+\tau_c)c_t$ 和资本积累 k_t,τ_c 为流转税税率。

假设家庭的效用函数为 CRRA 型。代表性家庭的最优化问题为:

---

① 求人倍率 = 需求人数 / 求职人数,表明劳动力市场中每个岗位需求所对应的求职人数。
② 假定劳动供给和闲暇之和为 1,代表家庭提供的劳动供给量。

$$\max \sum_{t=0}^{\infty} \rho^t \left[\frac{(c_t g_{1t})^{1-\varphi} - 1}{1-\varphi} + \theta_1 \frac{(1-ls_t)^{1-\gamma} - 1}{1-\gamma} + \theta_2 \frac{\left(\frac{M_t}{P_t}\right)^{1-\beta} - 1}{1-\beta} \right] \quad (4-9)$$

$$s.t. \quad (1+\tau_c)c_t + k_t + \frac{M_t}{P_t} = (1-\tau_w)w_t ls_t + (1+r_t)k_{t-1} + \Pi_t + g_{1t} + \frac{M_{t-1}}{P_t} \quad (4-10)$$

其中，ρ 表示主观贴现率。消费和社会保障支出在家庭效用函数中不可分。θ_1 表示闲暇对家庭效用的影响程度，且 $0 < \theta_1 < 1$，θ_2 表示货币财富对家庭效用的影响程度，且 $0 < \theta_2 < 1$。该家庭的消费（社会保障支出）跨期替代弹性、劳动供给的跨期替代弹性和货币财富的跨期替代弹性分别为 $\frac{1}{\varphi}$、$\frac{1}{\gamma}$ 和 $\frac{1}{\beta}$，且 $\varphi > 0$、$\gamma > 0$、$\beta > 0$。

通过构造拉格朗日函数，得到家庭效用最大化的一阶条件，经整理得到家庭最优劳动供给表达式为：

$$ls_t = 1 - \left[\left(\frac{\theta_2}{\theta_1}\right)\left(\frac{M_t}{P_t}\right)^{-\beta}(1-\tau_w)w_t \right]^{-\frac{1}{\gamma}} \quad (4-11)$$

（4-11）式是劳动供给函数，表明效用最大化下，家庭在 t 期的劳动供给与工资率、货币持有和个人所得税税率因素相关。

（2）企业部门

假设市场中的企业是同质且生产同一产品，代表性企业的生产投入包括劳动、私人资本和政府支出。我们将政府对企业的投资支出 g_{2t} 引入生产函数中，则企业的生产函数的具体形式为：

$$y_t = A(k_{p,t-1})^{\alpha}(ld_t)^{\beta}(g_{2t})^{\phi} \quad (4-12)$$

其中，y_t 表示代表性企业的产出水平，A 为技术进步，$k_{p,t-1}$ 为私人资本投入，ld_t 为劳动需求量。α、β、ϕ 分别表示私人资本、劳动、政府投资支出的边际产出弹性。假定产品价格为 1，国家征税税率为 τ_π，则企业缴纳的税收为 $\tau_\pi y_t$。代表性企业的利润最大化可以表示为：

$$\pi'_t = \max[(1-\tau_\pi)y_t - (r_t+\delta)k_{p,t-1} - w_t ld_t] \quad (4-13)$$

根据最大化一阶条件，可求出企业资本和劳动的最优价格水平：

$$r_t + \delta = \alpha(1-\tau_\pi)y_t / k_{p,t-1} \quad (4-14)$$

$$w_t = \beta(1-\tau_\pi)y_t / ld_t \quad (4-15)$$

实际上，（4-14）式和（4-15）式也是企业对私人资本和劳动的需求函数。将（4-15）式变形为劳动需求的表达式，整理得到：

$$ld_t = \left[\frac{\beta(1-\tau_\pi)A(k_{p,t-1})^{\alpha}(g_{2t})^{\phi}}{w_t} \right]^{1/1-\beta} \quad (4-16)$$

由（4-16）式可知，劳动需求与技术进步、工资水平、私人资本、企业税负、政府支出等因素相关。

根据静态均衡理论，假设劳动供需双方都是工资的接受者而不是制定者，则劳动力供给与需求的相互作用决定最终的工资水平和就业数量。当劳动供给量 ls_t 等于劳动需求量 ld_t 时，劳动力市场达到均衡状态，在劳动供需曲线的交点处决定均衡就业量和均衡工资。由于劳动供需函数的表达式较复杂，很难推导出均衡工资的具体表达式。这里我们用隐函数来表示：均衡工资 $w^* = w(\tau_c, \tau_w, \tau_\pi, \tau_{pw}, \tau_{fw}, c_t, g_{1t}, g_{2t}, g_{3t}, k_{p,t-1})$。尽管无法得到均衡工资与各项税收和财政支出的确切关系，但是均衡工资水平受税收政策和财政支出政策影响不容可否。假设初始为均衡状态，当上述变量中的任意一个变量变化时，名义工资水平也会变化，由此导致名义工资与均衡工资不再相等。名义工资 $w_t > w^*$ 时，劳动供给增加，劳动需求降低，即 $ls_t > ld_t$，劳动供需缺口出现，失业人口增加。在市场规律的作用下，劳动力工资水平回落，劳动供需重新达到均衡。同理当财政政策变量调整引起名义工资 $w_t < w^*$ 时，劳动供给减小，劳动需求增加。劳动力市场的原有均衡状态被打破，经过一系列调整之后，劳动力市场重新均衡。

4.3.1.2 劳动力市场的动态均衡分析

上述劳动力市场均衡调整过程属于静态均衡分析。即当工资偏离均衡点后，通过市场机制的作用，供需可以自发回归均衡轨迹，而且这一调整过程是一瞬间完成的。但如果考虑时间因素，则劳动供需双方关于劳动供求数量的调整都存在一定的时滞，不可能一瞬间实现。因外力冲击劳动力市场由均衡到非均衡再到均衡（有可能永远达不到均衡）的调整过程是相当复杂的。这种动态调整过程称为劳动力市场动态均衡。一般来说，劳动力市场动态均衡研究主要通过蛛网理论来阐述。劳动力市场动态均衡状态分为"收敛型蛛网模型"、"封闭型蛛网模型"和"发散型蛛网模型"。其中，前两种均衡属于稳定的均衡状态，而后一种属于不稳定的劳动力市场均衡。

根据蛛网模型，我们使用劳动供给工资弹性 E_S 与劳动需求工资弹性 E_D 之差来判断劳动力市场动态均衡状态。由（4-11）式和（4-16）式分别计算劳动供给工资弹性 E_S 和劳动需求工资弹性 E_D。

$$E_S = \frac{\partial ls_t}{\partial w_t} \frac{w_t}{ls_t} = \frac{\left[\left(\frac{\theta_2}{\theta_1}\right)\left(\frac{M_t}{P_t}\right)^{-\beta}(1-\tau_w)w_t\right]^{-\frac{1}{\gamma}}}{\gamma\left\{1 - \left[\left(\frac{\theta_2}{\theta_1}\right)\left(\frac{M_t}{P_t}\right)^{-\beta}(1-\tau_w)w_t\right]^{-\frac{1}{\gamma}}\right\}} \quad (4-17)$$

$$E_D = \frac{\partial ld_t}{\partial w_t}\frac{w_t}{ld_t} = -\frac{1}{1-\beta}(\frac{\beta}{w_t})^{\frac{\beta}{1-\beta}}(1-\tau_\pi)^{\frac{\alpha+\beta}{1-\beta}} y_t^{\frac{\alpha+\beta-1}{1-\beta}}[A(\frac{\alpha g_{2t}^\phi}{w_t})^\alpha]^{\frac{1}{1-\beta}} \quad (4-18)$$

由于劳动需求与工资水平成反比,所以,劳动需求工资弹性为负值。为了便于分析,我们取劳动需求弹性的绝对值。(4-17)式减去(4-18)式的绝对值可得以下的(4-19)式。

$$E_S - |E_D| = \frac{\left[\left(\frac{\theta_2}{\theta_1}\right)\left(\frac{M_t}{P_t}\right)^{-\beta}(1-\tau_w)w_t\right]^{-\frac{1}{\gamma}}}{\gamma\left\{1-\left[\left(\frac{\theta_2}{\theta_1}\right)\left(\frac{M_t}{P_t}\right)^{-\beta}(1-\tau_w)w_t\right]^{-\frac{1}{\gamma}}\right\}} - \frac{1}{1-\beta}\left(\frac{\beta}{w_t}\right)^{\frac{\beta}{1-\beta}}(1-\tau_\pi)^{\frac{\alpha+\beta}{1-\beta}}$$

$$y_t^{\frac{\alpha+\beta-1}{1-\beta}}\left[A\left(\frac{\alpha g_{2t}^\phi}{r_t+\delta}\right)\alpha\right]^{\frac{1}{1-\beta}} \quad (4-19)$$

当 $E_S - |E_D| \leq 0$ 时,劳动力市场均衡是"收敛型蛛网模型"或是"封闭型蛛网模型"。表明当劳动力市场原有均衡状况被打破时,仍能恢复初始状况或闭合稳定状态,劳动力市场属于稳定性均衡。而当 $E_S - |E_D| > 0$ 时,意味着劳动力市场受到外力冲击而偏离均衡时,工资率和就业率的波动变得越来越大,离均衡点的位置越来越远。这种劳动力市场动态过程称为"发散型蛛网模型",说明劳动力市场处于不稳定均衡状态。而且 $(E_S - |E_D|)$ 越大,越不利于稳定性劳动力市场动态均衡的建立。

由(4-19)式可知,劳动力市场动态均衡与公共就业政策相关,将受税率、财政支出、货币持有以及利率的影响。首先,税收政策能够影响劳动力市场动态均衡。从(4-17)式可以看到,个人所得税会影响劳动力供给弹性,且 $\frac{\partial E_S}{\partial \tau_w} > 0$,说明劳动供给弹性与个人所得税的税率正相关。假定劳动力需求弹性不变、劳动供给弹性过高,若政府提高个人所得税税率,则劳动供给弹性将进一步增加,$(E_S - |E_D|)$ 值将扩大,此时税率越高越不利于劳动力市场稳定性均衡的实现。从(4-18)式可知,$\frac{\partial |E_D|}{\partial \tau_\pi} < 0$,即企业劳动力需求弹性与其承担的税负呈反向变动关系。假定劳动力供给弹性不变、劳动需求弹性过低,若增加企业税负,劳动力需求弹性将进一步降低,$(E_S - |E_D|)$ 值将扩大,劳动力市场均衡的稳定性趋于恶化。其次,财政支出政策能够影响劳动力市场动态均衡。对(4-18)式政府投资支出求导,得到 $\frac{\partial |E_D|}{\partial g_{2t}} > 0$。表明政府投资支出增加能够提高劳动力需求弹性。假定劳动力供给弹性不变、劳动需求弹性过低,则政府增加投资,可以缩小工资率和就业率的波动幅度,促使劳动力市场走向"收敛"均衡。

最后，货币政策能够影响劳动力市场动态均衡。对（4-19）求导得到，$\partial(E_S - |E_D|)/\partial r_t > 0$、$\partial(E_S - |E_D|)/\partial(\frac{M_t}{P_t}) < 0$，表明利率与$(E_S - |E_D|)$同方向变化，而货币持有水平影响方向相反，即利率降低或家庭持有货币量增加，$(E_S - |E_D|)$值减少，劳动力市场状况改善。

4.3.2 公共就业政策对劳动力市场动态均衡影响的实证分析

4.3.2.1 1990—2013年我国劳动力市场动态均衡的趋势分析

在研究公共就业政策对劳动力市场动态均衡的影响之前，有必要应用蛛网模型，探析我国劳动力市场动态均衡的历史演进轨迹，以便将分析结论用于下面的实证检验①。鉴于数据的可得性，我们以经济活动人口表示劳动供给量（ls），以全国就业人员年末数作为劳动需求量（ld），以职工平均工资为劳动工资水平（w）。根据《中国劳动统计年鉴》中1990—2013年的数据，分别计算出劳动供需弹性E_S、劳动需求弹性E_D以及劳动供需弹性之差$E_S - E_D$（见图4-2）。

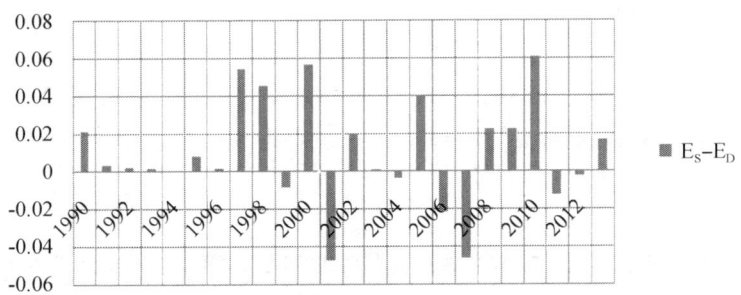

图4-2 中国劳动力市场动态均衡趋势

从图4-2可见，1990—2013年间我国劳动力市场基本处于稳定与不稳定的交替状态。具体分为三个阶段。（1）1990—1996年："封闭型蛛网"阶段。在我国经济体制向市场经济逐步发展的过程中，这一时期$E_S - E_D$大致等于0，劳动力市场处于"封闭型蛛网"的均衡状态。（2）1997—2007年："发散型蛛网"向"收敛型蛛网"转变阶段。1997年的亚洲金融危机席卷东南亚各国，我国经济与就业也受到严重冲击，经济陷入低谷阶段。1997年至2000年间劳动力市场

---

① 本部分参考了陈晓卫（2006）的分析方法。陈晓卫. 我国劳动力市场动态均衡分析与实证研究[J]. 成都信息工程学院学报，2006，(10)：775-778.

处于不稳定均衡状态；2001年至2005年间劳动力市场在稳定均衡和不稳定状态之间交替；2006年和2007年劳动力市场转变为稳定性均衡状态。（3）2008—2013年："发散型蛛网"转为"收敛型蛛网"阶段。在2007年国际金融危机的冲击下，2008年至2010年劳动力市场一直处于不稳定的均衡状态，直至2011年状况有所好转，逐渐走向"收敛"均衡状态。

综上所述，在1997年与2007年两次国际金融危机冲击后的一段时期内，我国劳动力市场均处于发散型蛛网的不稳定均衡状态。究其原因，在金融危机的冲击下，出口型企业和制造型企业的劳动需求迅速降低，通过规模效应和替代效应[①]传导引致劳动需求弹性增加，而农民工仍按正常经济状况下的惯性进行预期，其劳动供给难以对劳动力市场的剧烈变化立即作出反应，最终导致大批的农民工被迫离职返乡，退出劳动力市场，造成非自愿性的劳动供给弹性升高。因此，我们认为，蛛网模型可适用于我国经济周期中的劳动力市场均衡分析，而农民工的非准确预期是发散型蛛网不稳定均衡状态形成的关键条件。

4.3.2.2 公共就业政策与劳动力市场动态均衡的实证分析

由于影响劳动力市场动态均衡的因素众多，如果仅简单选取几个变量进行回归，有可能遗漏重要变量，导致虚假回归；如果把可能影响劳动力市场均衡的所有变量列入回归方程，则会产生多重共线性或自相关性，回归结果同样是不可信的。因此，我们选择因子分析方法，找出影响劳动力市场均衡的关键因素，并以1990—2013年作为观测时期，通过计算公共因子得分函数，评估公共就业政策对劳动力市场均衡的影响。

（1）指标体系的构建

经过反复测试与比较，我们最终选取三个一级指标和十七个二级指标（见表4-7）。

①劳动力供给因素。全社会的劳动供给量主要由人口与经济因素所决定，由此选取经济活动人口、消费率[②]、人均GDP增长率、居民消费价格指数和商品零售价格指数来反映劳动供给影响因素。

②劳动力需求因素。劳动力需求属于"引致需求"，且具有一定的惯性，主要受经济因素和就业状况影响。因此，选取GDP增长率、第三产业增长率、进

---

① 替代效应是指将产出作为控制变量，由工资变化而导致的其他生产要素对劳动力的替代性变动。规模效应是指由于工资变化而导致最终产品需求变化，进而引起的就业需求的变动。在金融危机期间，替代效应几乎不变，规模效应将会增加，进而导致劳动需求弹性增加。

② 消费率=最终消费/GDP，反映政府和居民的总消费水平。

出口比重[1]、固定资产投资增长率、货币供给增长率、就业量、第一产业就业比重和第三产业就业比重作为劳动力需求因素的衡量指标。

表 4-7　　　　　　　　　影响劳动力市场均衡因素的指标体系

	一级指标	二级指标
影响因素	劳动力供给	lbc：经济活动人口
		cn：消费率
		evgdp：人均 GDP 增长率
		cpi：居民消费价格指数
		spl：商品零售价格指数
	劳动力需求	gdp：GDP 增长率
		sc：第三产业增长率
		jck：进出口比重
		gzt：固定资产投资增长率
		ms：货币供给增长率
		emr：就业量
		ycemr：第一产业就业比重
		scemr：第三产业就业比重
	劳动力供求	ws：劳动报酬率
		evgz：人均工资增长率
		tax：税收占 GDP 的比重
		exp：财政支出占 GDP 的比重

③劳动力供求因素。工资水平是雇主和雇员双方决定劳动供需行为的最直接和最关键的因素。我们使用劳动报酬率[2]和人均工资增长率来衡量工资水平。财税政策对产品市场、资本市场和劳动力市场发挥着广泛而深远的影响[3]，为此，选取税收占 GDP 的比重和财政支出占 GDP 的比重作为财政政策的衡量指标。

（2）因子分析过程

我们将运用 SPSS16.0 软件，对 1990—2013 年的影响劳动力市场动态均衡的 17 个指标值进行因子分析。原始数据来源于历年《中国统计年鉴》和《中国劳

---

[1] 进出口比重＝进出口总额/GDP，反映了国家的对外开放程度。
[2] 劳动报酬率＝劳动者报酬总额/GDP，反映了劳动者收入水平。
[3] 财政政策作为影响劳动力市场均衡的诸多因素之一，不适合将其分的太细，所以我们只将其分为税收和财政支出两部分来考察。

动统计年鉴》，大部分指标值经过整理和加工得到，缺失值部分通过 liner interpolation 方法得到。

①数据标准化和因子分析方法的适用性检验

表 4 – 8　　　　　　　　KMO 检验和 Bartlett 球形检验

KMO 检验值		0.620
Bartlett 球形检验	近似 χ^2 值	975.471
	自由度	136
	P 值	0.000

首先对上述 17 个衡量指标进行标准化处理。然后对标准化后的观察值，进行因子分析的适用性检验。KMO 检验值为 0.620 > 0.5，表明检验指标间偏相关系数较大。Bartlett 球形检验 χ^2 值为 975.471，P 值为 0.000，说明拒绝相关系数矩阵是单位阵的原假设。两种检验方法均证明原变量序列适合作因子分析。

②公共因子的提取

运用主成分法提取公共因子，得到各公因子的特征值和方差贡献率，并以特征值大于 1 作为公共因子的提取标准。

在表 4 – 9 中，根据特征值标准，提取了四个公共因子。四个公共因子的累积方差贡献率为 92.865%，说明总体的 92.865% 的信息可以由这四个主因子来解释。它们反映了原始数据的大部分信息。因子分析效果较理想。

表 4 – 9　　　　　　　　特征值与方差贡献率

因子	未旋转的载荷平方和			旋转后的载荷平方和		
	特征值	方差贡献率（%）	累积贡献率（%）	特征值	方差贡献率（%）	累积贡献率（%）
1	9.441	55.537	55.537	6.875	40.440	40.440
2	3.813	22.429	77.966	3.790	22.294	62.734
3	1.278	7.516	85.483	2.581	15.183	77.917
4	1.255	7.383	92.865	2.541	14.948	92.865

③因子载荷矩阵分析

为了便于理解公共因子的实际意义，我们需要将载荷矩阵进行旋转，旋转后的因子载荷矩阵重新分配了各个因子对原有变量的方差，改变了各因子的方差贡献，使得因子的经济意义更加明确。根据因子载荷矩阵的输出结果可知，第一公共因子在居民消费价格指数、商品零售价格指数、第一产业就业比重、第三产业就业比重、就业量、经济活动人口和消费率七个指标上具有较大的载荷。这些指标主要分为两大类：价格因素和劳动供求因素，表明劳动力市场供求状态及市场价格机制的影响，故命名为价格与劳动力供求因子（F_1）。经济增长率、人均GDP、第三产业产值增长率、全社会固定资产投资增长率和进出口比重在第二个公共因子上具有较大载荷，说明这五个指标对第二个公因子具有较强的解释力。而这五个指标代表了一国的经济总体水平和经济结构状况，从整体上反映了国家的经济实力，故称其为经济实力因子（F_2）。税收收入比重和财政支出比重在第三个公共因子上载荷分别为0.821、0.832，列居第三个公因子的影响力的前两位，称之为财政政策因子（F_3）。第四个公共因子在人均工资增长率、劳动报酬率和货币供应量增长率上有较大载荷，根据指标特点将其命名为收入与货币因子（F_4）。

④因子得分和综合排名

在公共因子和因子载荷矩阵的基础上，我们还需要知道每个观测记录（每年）在这4个因子上的表现，即求解每条记录在公共因子上的得分。因子得分的表达式为：

$$F_i = L'R^{-1}X, \quad i=1,2,3,4 \tag{4-20}$$

其中，F_i 表示第 i 个公共因子，L' 为因子载荷矩阵的转置，R^{-1} 为相关矩阵，X 表示原始数据矩阵。

为了比较分析1990—2013年的劳动力市场均衡状况，将每年的因子得分与其相应的贡献率进行加权求和计算综合得分F。综合得分函数表达式为：

$$F = \sum_{i=1}^{4}(\lambda_i / \sum_{i=1}^{4}\lambda_i)F_i \tag{4-21}$$

本例中的综合得分公式为：

$$F = 0.435F_1 + 0.240F_2 + 0.163F_3 + 0.161F_4 \tag{4-22}$$

根据公式（4-20）和（4-22），计算得到各公因子的得分和综合得分及排名，计算结果见表4-10和图4-3。

表4-10　　　　　　　　因子得分与排名情况

年份	F_1	F_2	F_3	F_4	综合得分F	排名
1990	-2.326	-2.564	0.016	1.133	-1.442	24
1991	-1.731	-0.361	-0.739	0.433	-0.890	23
1992	-1.686	1.495	-0.754	0.224	-0.462	22
1993	-1.517	1.786	-0.934	0.531	-0.298	17
1994	-0.759	1.135	-0.877	-0.411	-0.267	16
1995	0.093	0.306	-1.531	-1.118	-0.316	19
1996	0.422	-0.086	-1.483	-1.463	-0.314	18
1997	0.835	-0.285	-1.074	-2.033	-0.208	15

续表

年份	F_1	F_2	F_3	F_4	综合得分 F	排名
1998	0.314	-0.901	-0.412	-1.331	-0.361	21
1999	-0.079	-1.106	0.729	-1.198	-0.374	20
2000	-0.009	-0.795	0.876	-1.105	-0.230	14
2001	-0.373	-0.700	1.397	-0.535	-0.189	13
2002	-0.385	-0.417	1.499	-0.221	-0.059	12
2003	-0.214	0.092	0.855	0.226	0.105	11
2004	0.184	0.207	1.027	-0.023	0.293	10
2005	0.212	0.707	1.164	0.112	0.470	7
2006	0.419	1.188	1.163	-0.009	0.655	2
2007	0.587	1.688	1.425	-0.155	0.868	1
2008	0.682	0.213	0.545	0.637	0.539	4
2009	0.351	0.091	-0.073	1.599	0.420	9
2010	0.999	0.018	-0.508	1.024	0.521	6
2011	1.214	-0.181	-0.747	1.204	0.557	3
2012	1.206	-0.758	-0.838	1.482	0.445	8
2013	1.561	-0.772	-0.728	0.999	0.536	5

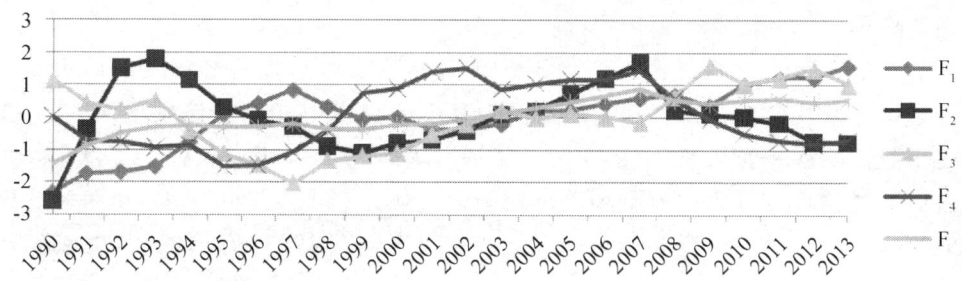

图 4-3　1990—2013 年各公共因子得分趋势

(3) 实证结果分析

根据公共因子体系的综合得分和排名情况可知，从 2003 年开始，综合得分由负值转为正值。这说明自 2002 年实施积极就业政策以后，公共因子体系对我国劳动力市场均衡的正向作用逐步发挥。而在公共因子体系中（见表 4-9），各因子对劳动力市场动态均衡的贡献程度不同，按价格与劳动力供求因子（40.440%）、经济实力因子（22.294%）、财政政策因子（15.183%）、收入与货币因子（14.948%）之序依次递减。

①价格与劳动力供求因子的影响。价格与劳动力供求因子是影响劳动力市场动态均衡的第一因素。由图 4-3 可见，它整体呈上升趋势。具体来看，1990—1997 年间，经济过热使得其呈快速增长。随后伴随着金融危机与通货膨胀又呈

涨跌交替状态。

②经济实力因子的影响。经济实力因子是影响劳动力市场动态均衡的重要因素。由图4-3可见，它在1993—1999年逐年下降；2000—2007年逐年增长；但受金融危机的影响，2008年急剧下滑，此后一直处于下降趋势。

③财政政策因子的影响。财政政策是影响劳动力市场动态均衡的重要政策因素。由于本书主要考察财政政策的影响，因而有必要将财政政策表示为公共因子的线性形式，以反映财政政策对公共因子的作用。根据因子得分函数计算得到公共因子的得分表达式：

$$F_3 = 0.421 \times tax + 0.379 \times exp + 0.042 \times jck - 0.216 \times cn + \ldots \quad (4-23)$$

由（4-23）式可知，财政政策因子主要由税收收入比重和财政支出比重来反映。税收收入和财政支出的回归系数分别为0.421和0.379，说明两者对财政政策因子具有正效应。而且由相关系数检验得知，财政政策因子与劳动力市场均衡正相关。因此，在整体上我国财政政策通过经济变量的传导促进了劳动力市场稳态均衡的建立。根据经济学理论，税收收入是政府宏观调控的经济基础。在税收收入规模适度、税收负担合理的情况下，政府参与社会产品分配的行为对经济的扭曲作用较小，而且差别化的税收政策一定程度上促进了产业间、部门间、地区间的有效竞争，提高了经济活力；财政支出政策作为支持经济发展的重要因素，通过消费性支出、投资性支出以及转移性支出等方式为经济发展注入活力。这也为我们解释缘何从2009年开始经济活动因子得分大幅增长提供了依据。再从各时期财政政策对劳动力市场动态均衡的具体影响（见图4-3）来考察，财政政策因子整体呈"U型"变化趋势，转折点出现在1997年。1997年之前财政政策因子得分逐年下降，而1997—2013年财政政策因子得分大致呈先快后慢的递增态势。其中，2004—2007年小幅下滑，2008—2009年急速增长，2010年有所下降，2011年和2012年又呈上升趋势，2013年稍有降低。根据财政政策因子的走势，发现其变化趋势与我国财政政策抉择的实践密切相关。当实施紧缩性财政政策时，财政政策因子得分下降；而当实施积极财政政策时，财政政策因子得分呈上升趋势。

结合劳动力市场动态均衡趋势（见图4-2）可以得知，财政政策对劳动力市场动态均衡的影响呈现出由弱到强的特征。第一阶段（1997年以前）：财政政策影响的弱显性期。在1997年之前，对于1993年出现的过热经济，政府实施了适度从紧的财政政策与货币政策，对劳动力市场产生了一定的影响，从而使劳动力市场处于"封闭型蛛网"均衡状态。第二阶段（1997—2007年）：财政政策影响的显性期。为应对亚洲金融危机的冲击，1998年我国开始实施历时7年的积极财政政策①。由于财政政策作用的时滞性,这一时期我国劳动力市场由"发散型蛛网"非均衡向均衡状态过渡。因此,积极财政政策对于促进经济复苏与劳动力市场均衡,扩大就业,发挥了积极作用。第三阶段(2008—2013年):财政政策效用增强期。2007年爆发的国际金融危机导致全球经济低迷,中国经济也急剧下滑。2008年至2010年我国劳动力市场受到重创,连续三年劳动力市场均处于不稳定状态。政府从2008年又开始实施新一轮的积极财政政策,采取大规模的减税政策和四万亿财政支出计划刺激经济复苏。在积极财政政策的作用下,工资和就业量的波动逐渐走向平缓,劳动力市场较快地回归到稳定路径。因此,这次的积极财政政策对于调节劳动力市场均衡发挥了重要作用。而且,比较两次金融危机中财政政策的劳动力市场均衡效应,可以得到第二次积极财政政策的作用效果强于第一次积极财政政策的结论。

④收入与货币因子的影响。收入与货币因子也是影响劳动力市场动态均衡的重要因素。由表4-10可知,该因子得分较高时期为1999—2002年,此期间在岗职工平均工资和货币供给量增长较快。其中,2001年和2002年在岗职工平均工资增长率均在15%以上;货币供给量从1999年的14.7%增加到2002年的16.8%。从2007年开始,受金融危机影响,职工工资普遍下降,2007—2012年五年间在岗职工平均工资降低了近3.2个百分点,而货币供给量除了2008年有较大增幅外,其他年份较为稳定。由此引发了2007年至2013年该因子得分的持续下降,即2008年金融危机以来,货币政策对劳动力市场均衡的影响微弱。历经两次金融危机,货币政策对劳动力市场的影响效果第一次要强于第二次。

4.3.3 基本结论与政策启示

本节从劳动力市场动态均衡的独特视角出发,依据扩展的内生经济增长模型揭示了公共政策就业效应的微观动态机制,运用1990—2013年的中国经验数据,模拟劳动力市场动态均衡演化趋势,应用因子分析法实证测度了公共政策及其他因素对劳动力市场动态均衡的影响程度,进而为优化政府宏观经济政策抉择提供微观量化依据。

本节研究得到以下结论:(1)财政政策通过左右劳动力市场动态均衡影响宏观就业。从微观作用机制来看,财政政策主要通过劳动供求弹性左右劳动力市

---

① 这一时期的积极财政政策主要包括提高出口退税率、减轻企业税负、开征利息税和增加政府投资规模等措施。

场动态均衡，进而影响宏观就业总量与结构。而且税率过高或政府支出过低都不利于劳动力市场稳定性均衡的实现。（2）蛛网模型能够阐释经济周期中的劳动力市场均衡。较之静态分析方法，蛛网模型更具有考虑时间因素揭示动态均衡的优势。蛛网模型可适用于我国经济周期中的劳动力市场均衡分析，面对金融危机的突变，农民工的非准确预期是发散型蛛网不稳定均衡状态形成的关键条件。（3）经济状况与经济政策是影响我国劳动力市场动态均衡的关键因素。从公共因子体系贡献程度来考察，经济状况与经济政策是决定我国劳动力市场动态变化的主因，包括价格与劳动力供求因子（40.440%）、经济实力因子（22.294%）、财政政策因子（15.183%）、收入与货币因子（14.948%）。自2002年实行积极就业政策之后，经济政策对劳动力市场动态均衡的正向作用逐步加强。（4）我国的财政政策对稳定劳动力市场均衡发挥了积极作用，货币政策效果有限。从经济政策的影响程度来考察，财政政策的贡献率大于收入政策与货币政策，而且税收政策的效应强于财政支出政策的效应。分时期而言，财政政策对劳动力市场动态均衡的影响经历了弱显性期、显性期、效用增强期三个阶段，而且2008年实施的积极财政政策比1998年的积极财政政策对稳定劳动力市场均衡的作用效果更好。而货币政策对劳动力市场均衡的影响微弱，而且其在第二次金融危机中的效果弱于第一次金融危机。

上述实证结论对于政府依据经济与就业波动状况，进行经济政策抉择具有重要的启示意义。（1）财政货币政策时点的抉择。实证结论显示：中国财政政策就业效应的时滞性一般为3年。这是政府出台或调整宏观经济政策时应该考虑的重要时间变量。我国劳动力市场动态趋势表明，面对国内因素引致的短期经济波动，政府不应频繁地调整财政政策与货币政策；但在外部或内部因素强力引致经济急剧下滑时，政府必须迅速推出反周期调节政策进行干预，以拉动企业的劳动需求，影响劳动者的预期，才能力挽狂澜。（2）财政货币政策方向的抉择。宏观经济理论认为，逆周期的宏观经济政策是政府调节经济的最佳选择。然而在经济调节实践中政府必须依据国情进行政策抉择。例如，为了应对亚洲金融危机的冲击，1998年我国实施的积极财政政策之一是开征利息税，以达到减少储蓄，刺激消费，扩大就业的目的。然而其实施效果却是不但未减少储蓄，反而减少了人们的可支配收入，抑制了内需。而在应对2008年金融危机的冲击中，我国取消了利息税，从而取得了良好的政策效果。（3）财政货币政策结构的抉择。实证结论显示：从经济政策的影响程度来考察，财政政策的贡献率大于收入政策与货币政策，而且税收政策的效应强于财政支出政策的效应。因此，如何配置财政货币政策结构达到最佳的调控效果，也是政府决策需要考虑的问题。

4.4 结语

公共就业政策能够对劳动力市场动态均衡产生重要影响。为此本章将从微观视角，首先分析了个人所得税改革对劳动供给的影响，然后进一步检验了公共就业政策工具对劳动力市场均衡的影响效果。

4.4.1 个人所得税改革对劳动供给的影响

在测算我国劳动供给弹性的基础上，运用微观模拟模型分析了个人所得税改革的劳动供给敏感度。研究结果表明：（1）个人所得税改革主要影响女性的劳动供给行为。由于男性的劳动供给缺乏弹性，因此2008年与2011年的个人所得税调整主要对女性的劳动供给产生了正效应，税负降低提高了女性劳动供给。（2）个人所得税改革对不同所有制企业和不同收入阶层的女职工劳动供给的影响呈差异性。与国有企业相比，城镇集体企业以及其他企业女职工的劳动供给对减税的敏感度更高，减税促进劳动供给的正效应更强。以上实证结论具有重要的政策启示意义。第一，政府应根据不同群体就业特征，制定有针对性的税收政策。如允许低收入女性以一定比例所得抵免其配偶应税所得。第二，政府应制定有针对性的女性就业扶持政策。建议政府应制定有针对性的女性就业扶持政策以提高女性就业率。如对雇佣女职工超过规定比例的企业给予企业所得税减免优惠；对服装制造业、餐饮服务业等女性员工较多企业给予一定的税收优惠政策；对企业向女性职工提供的在职培训给予财政补贴等。另外，进一步加强实施女工劳动保护制度、生育保险制度、技能培训计划、失业救济金制度等多种措施，提高女性就业质量。

4.4.2 公共就业政策对劳动力市场均衡的影响

从劳动力市场动态均衡的独特视角出发，依据扩展的内生经济增长模型揭示公共政策就业效应的微观动态机制，运用中国经验数据，模拟劳动力市场动态均衡演化趋势，应用因子分析法实证测度了公共政策及其他因素对劳动力市场动态均衡的影响程度。研究结果表明：（1）财政政策通过左右劳动力市场动态均衡影响宏观就业。从微观作用机制来看，财政政策主要通过劳动供求弹性左右劳动力市场动态均衡，进而影响宏观就业总量与结构，而且税率过高或政府支出过低都不利于劳动力市场稳定性均衡的实现。（2）蛛网模型能够阐释经济周期中的劳动力市场均衡。较之静态分析方法，蛛网模型更具有考虑时间因素揭示动态均衡的优势。蛛网模型可适用于我国经济周期中的劳动力市场均衡分析，面对金融危机的突变，农民工的非准确预期是发散型蛛网不稳定均衡状态形成的关键条件。（3）经济状况与经济政策是影响我国劳动力市场动态均衡的关键因素。从公共因子体系贡献程度来考察，经济状况与经济政策是决定我国劳动力市场动态变化的主因。自2002年实行积极就业政策之后，经济政策对劳动力市场动态均衡的正向作用逐步加强。（4）我国的财政政策对稳定劳动力市场均衡发挥了积极作用，货币政策效果有限。从经济政策的影响程度来考察，财政政策的贡献率大于收入政策与货币政策，而且税收政策的效应强于财政支出政策的效应。分时期而言，财政政策对劳动力市场动态均衡的影响经历了弱显性期、显性期、效用增强期三个阶段，而且2008年实施的积极财政政策比1998年的积极财政政策对稳定劳动力市场均衡的作用效果更好。而货币政策对劳动力市场均衡的影响微弱，而且其在第二次金融危机中的效果弱于第一次金融危机。

上述实证结论对于政府依据经济与就业波动状况，进行经济政策抉择具有重要的启示意义。（1）财政货币政策时点的抉择。实证结论显示：中国财政政策就业效应的时滞性一般为3年。这是政府出台或调整宏观经济政策时应该考虑的重要时间变量。我国劳动力市场动态趋势表明，面对国内因素引致的短期经济波动，政府不应频繁地调整财政政策与货币政策；但在外部或内部因素强力引致经济急剧下滑时，政府必须迅速推出反周期调节政策进行干预，以拉动企业的劳动需求，影响劳动者的预期，才能力挽狂澜。（2）财政货币政策方向的抉择。宏观经济理论认为，逆周期的宏观经济政策是政府调节经济的最佳选择。然而在经济调节实践中政府必须依据国情进行政策抉择。（3）财政货币政策结构的抉择。实证结论显示：从经济政策的影响程度来考察，财政政策的贡献率大于收入政策与货币政策，而且税收政策的效应强于财政支出政策的效应。因此，如何配置财政货币政策结构达到最佳的调控效果，也是政府决策需要考虑的问题。

5

中观视角：公共就业政策效应的实证分析

就业结构是经济结构的重要组成部分，它反映了社会劳动力资源配置以及国民经济的总体发展水平。改革开放以来，中国经济发展迅速，产业结构与城乡结构发生了显著的变化。政府在推动产业结构升级、城乡统筹过程中所实施的社会经济政策必定会对就业结构产生一定的影响。为此，本章以中国的经验数据为样本，使用面板数据分析方法，实证检验公共就业政策对产业就业结构与城乡就业结构的影响。

5.1 引言

5.1.1 公共就业政策与产业就业结构的文献综述

现代西方学者关于宏观经济政策与就业的研究，大多集中在经济政策对就业总量的影响，研究产业就业结构的文献相对较少；而国内学者关于这方面的实证研究较少。

从财政政策对产业就业结构的影响来考察，Peter（1982）[①] 认为各类财政政策对制造业和服务业就业的影响不同。其中，财政支出对两种行业的就业具有正向作用，税收具有负向作用，而转移支出对就业影响不显著。Davis Steven& Hen-

---

① Peter G & Neil B. The Determination of Employment in Counties: Some Evidence on the Importance of Local Authority Fiscal policy and Government Regional Policy in England and Wales. Applied Economics [J]. 1982, 14 (3): 211 – 218.

rekson Magnu（2005）① 对20世纪90年代经合组织国家的税收与就业状况进行比较分析发现，税收与劳动时间和就业人数呈反方向变化，而且税收对零售、维修、餐饮、旅馆等行业的负效应最大。税收收入每增长12.8%，上述行业的就业将下降10%—30%。Jane Ihrig & Karine S. Moe②（2001）实证研究了税收与不同产业非正规就业量的关系，发现服务业非正规就业量受税率和执行力变化影响，而制造业非正规就业量仅受税收执行力度的影响。国内学者董万好、刘兰娟（2012）③ 通过构建CGE模型，模拟了城镇化进程中财政科教支出对产业结构和产业就业调整的影响。分析结果显示，财政科教支出对三次产业就业具有正向作用，而且第二产业的就业增量最大；从具体产业来看，财政科教支出对交通运输、计算机服务、金融及信息传输等生产性服务业及居民服务和文化娱乐业等生活服务业的促进作用较大，而对于建筑、社会保障和社会福利、房地产、公共管理等部门的就业促进效果不明显。

从货币政策对产业就业结构的影响来考察，西方学者大多从汇率、利率角度进行研究。如Gourinchas（1999）④ 对1984—1992年法国的汇率与贸易部门的就业量的相关性分析，发现汇率变动会通过改变企业的产出边际收益率对就业产生影响。贸易部门就业量对汇率变动反应敏感，汇率每升值一个百分点，就业两年内将减少9.5%。Takhtamanova & Sierminska（2008）⑤ 以OECD国家为样本，研究利率与不同产业就业量的关系。分析结果发现不论是农业、工业还是服务业，利率对就业的影响均相当微弱。国内学者赵朝霞（2010）⑥ 利用中国1999—2008年面板数据，实证分析了货币政策与产业就业结构的关系。研究表明，我国产业结构、就业结构及实际工资与货币供给增长之间存在长期均衡关系；货币供给增长不利于第二、三产业就业增长，但能够显著促进第一产业就业规模扩大，而且对第一产业就业的影响强度高于第二、三产业。对于第二产业来说，由于货币增

---

① Davis, Steven J & Henrekson, Magnus. Tax Effects on Work Activity, Industry Mix and Shadow Economy Size: Evidence from Rich Country Comparisons. Cheltenham [M], U. K. and Northampton, Mass: Elgar, 2005: 44 - 104.

② Jane Ihrig & Karine S. Moe. Tax Policies and Informal Employment: The Asian Experience. Asian Econimic Journa [J]. 2001, 15 (4): 369 - 383.

③ 董万好，刘兰娟. 财政科教支出对就业及产业结构调整的影响——基于CGE模拟分析 [J]. 上海经济研究, 2012, (2): 41 - 52.

④ Gourinchas P. O. Exchange rate do matter: French job reallocation and exchange rate turbulence. 1984 - 1992. European Economic Review [J]. 1999, 43 (1): 279 - 316.

⑤ Yelena Takhtamanova, Eva Sierminska. Gender differences in the effect of monetary policy on employment: The case of nine OECD countries. IRISS Working Paper., 2008, 4 (5): 1 - 46.

⑥ 赵朝霞. 中国货币政策的就业结构效应研究 [D]. 湘潭：湘潭大学, 2010, (5): 163 - 178.

长带来的投资对就业的挤出效应和拉动作用相互抵消，导致其就业量与货币增长相关性较弱；而对于第三产业来说，则是就业挤出效应明显强于拉动效应，导致货币增长与其就业量显著负相关。

综上所述，我国学界对公共政策产业就业结构效应的研究视域较窄。仅偏重财政支出产业就业结构效应的分析，以财政收支整体角度的研究匮乏。

5.1.2 公共就业政策与城乡就业结构的文献综述

由于中外经济体制的差异，西方关于城乡就业结构的研究相对较少。城乡就业结构属于劳动力市场分割形式。现代劳动力市场分割理论产生于20世纪70年代，由多林格和皮奥里提出。托宾、博斯克和多林格分析了美国和英国的劳动力市场，证实了一级与二级劳动力市场的存在。此后，劳动力市场分割理论形成了不同的流派。如工作竞争理论（Thurow，1968[1]；Lucas，1972[2]）、二元劳动力市场理论（Osterman，1975[3]；Boston，1990[4]）、激进的分割理论（William Tabb，1970[5]；Bowles & Gintis，1975[6]）。随着人力资本理论的发展，一些学者开始关注教育对劳动力市场分割的影响。如激进分割理论的代表者 Bowles & Gintis（1975）[7]认为教育可以提高劳动者的知识和技能水平、提高劳动生产率，促进经济社会发展，进而创造更多的就业机会。Bluestone（1988）[8]认为对于政府来说，缓解市场分割状况需要政府发放一定的工作补贴、完善劳动力市场信息流动体系、促进教育平等化等。

---

[1] Thurow, L C. Disequilibrium and the marginal productivity of capital and labor. Review of Economics and Statistics [J]. 1968, 40 (3): 23 – 31.

[2] Lucas, Robert E, Jr. Expectations and the Neutrality of Money. Journal of Economic Theory [J]. 1972, 4 (2): 103 – 124.

[3] Osterman, Paul. An Empirical Study of Labor Market Segmentation. Industrial and Labor Relations Review [J]. 1975, 28 (4): 508 – 523.

[4] Boston, Thomas D. Segmented Labor Markets: New Evidence from a Study of Four Race – Gender Groups. Industrial and Labor Relations Review [J]. 1990, 44 (1): 99 – 115.

[5] Tabb, William K. Perspectives on Black Economic Development. Journal of Economic Issues [J]. 1970, 4 (4): 68 – 81.

[6] Bowles, Samuel & Gintis, Herbert. The Problem with Human Capital Theory – A Marxian Critique. American Economic Review [J]. 1975, 65 (2): 74 – 82.

[7] Bowles, Samuel & Gintis, Herbert. The Problem with Human Capital Theory – A Marxian Critique. American Economic Review [J]. 1975, 65 (2): 74 – 82.

[8] Bluestone, Barry. Deindustrialization and Unemployment in America. Review of Black Political Economy [J]. 1988, 17 (2): 29 – 44.

关于发展中国家城乡劳动力市场分割的研究主要以刘易斯、拉尼斯、费景汉、乔根森、托达罗等学者为代表。Lewis（1954）①阐述了农业向工业转移劳动力的条件和特点，认为两部门之间的工资差异是劳动力流动的前提条件。只要工资差异存在，部门间劳动力转移就会持续，直至工资趋同为止。Ranis & Fei（1964）②提出解决失业必须发展农业，促进农业工业化发展，扩大农村就业，减轻城市就业压力。Jorgenson（1967）③认为农村剩余是工业发展的前提条件。没有农业剩余，不可能存在劳动力的乡城转移，也就没有工业的存在和发展。而且农业剩余越多，农业劳动力转移规模越大，工业资本积累和技术进步越快。M. Todaro（1971）④将劳动力城乡间转移条件归纳为预期工资差异和就业机会。城乡间预期工资差异越大，流入城市的人口越多；农村就业机会越多，劳动力迁移规模越小。他认为政府应大力支持农业发展，加大农业综合开发投资力度，增加农村教育和基础设施建设资金。通过增加农村就业机会，缓解农村劳动力向城市流动的压力。

我国劳动力市场分割主要是一种制度性分割。由户籍制度形成的城乡分割使得中国在很长一段历史时期内，农村劳动力不能自由进入城市劳动力市场（李建民⑤，2002）。虽然目前城乡二元经济体制有所松动，劳动力城乡间可以自由流动，但是农民工的工资待遇、工作环境、享受的公共服务水平仍然不能与城镇劳动者均等。而且城乡间的公共服务、基础设施、住房及其他福利水平的差异掣肘了经济社会的可持续发展。为此，一些学者开始研究如何通过财政和货币政策促进城乡就业统筹发展。

在财政政策方面，关凤利等人（2010）⑥从农村公共投资角度研究城乡就业一体化问题，认为由于政府对农村公共投资供给总量不足，供给结构不均衡、供给绩效较低导致的城乡差异，不利于农村剩余劳动力转移和城乡公平就业制度的

---

① W. A. Lewis. Economic Development with Unlimited Supplies of Labor. Manchester School of Economic and Social Studies [J]．1954，22（3）：153－165．

② G Ranis & J C H Fei. Development of the Labor Surplus Economics：Theory and Policy [M]．Homewood Illinois Richard D. Irwin，1964：32－186．

③ Jorgenson，D W. Surplus agricultural labour and the development of a dual economy. Oxford Economic Papers. New Series [J]．1967，19（3）：7288－7312．

④ Todaro，Michael P. Income Expectations，Rural－Urban Migration and Employment in Africa. International Labor Review [J]．1971，104（5）：387－413．

⑤ 李建民．中国劳动力市场多重分割及其对劳动力供求的影响 [J]．中国人口科学，2002，（2）：1－7．

⑥ 关凤利，关利平，周传鹏．城乡统筹就业视角下的农村公共投资问题与对策分析 [J]．东北师大学报（哲学社会科学版），2010，（1）：28－33．

建立。郭瑜、贾德芳（2010）[①]从改革财政体制及增加城镇就业岗位角度研究城乡就业结构的优化问题，认为建立政府间事权与财权相匹配的财税体制、完善转移支付制度、优化财政支出结构是统筹城乡就业的前提，同时政府应进一步加大财政对中小企业的税收优惠，通过鼓励中小企业发展，增加劳动就业吸纳力。李鹏（2010）[②]从乡镇企业发展角度研究城乡就业统筹问题，并从立法、税收优惠、社会保障税等方面提出了促进乡镇企业发展及带动就业的建议。

在货币政策方面，黄学斌（2007）[③]认为国家应进一步完善信贷政策，支持农村经济发展，缓解农村剩余劳动力转移压力。通过提高农村小额贷款额度、扩大贷款范围、加大特色农业贷款支持力度，成立农业贷款担保机构等方法解决农村贷款难问题，促进农业产业化和现代化发展。唐平（2010）[④]从完善利率优惠政策角度提出缓解城乡就业矛盾的措施。他认为政府应该设定城乡差别利率，对农业和乡镇企业贷款给予利率优惠，以发展农村经济的方式促使农村自我消化剩余劳动力。具体来说，对于发展前景好的劳动密集型乡镇企业，如农场、养殖场、种植园、农产品初加工及精深加工企业提供贷款优惠利率，以促进其发展，增加就业岗位。

由文献回顾可知，我国学者对公共政策城乡就业结构效应的研究大多是理论分析和政策建议的定性研究，缺乏定量的实证文献。为此，本章将在借鉴已有文献的基础上，分别对公共政策的产业就业结构效应与城乡就业结构效应进行实证检验。

5.2 公共就业政策与就业结构的数理分析

本章以 Walsh（2001）含有劳动供给的 MIU 模型为基本框架，借鉴鄂永健（2006）[⑤]的分析思路，构建包括财政和货币政策变量的内生劳动力供给的 MIU 模型。通过分析个人消费、生产和政府分配最优化行为，研究经济均衡状态下财政政策和货币政策对就业的影响效果。

[①] 郭瑜，贾德芳. 城乡统筹就业的财政政策支持 [J]. 2010，(12)：81-82.
[②] 李鹏. 促进我国城乡就业统筹发展的税收政策 [J]. 税务研究，2010，(12)：14-18.
[③] 黄学斌. 促进就业的财税金融政策研究厦门 [D]. 厦门：厦门大学. 2007：61-68.
[④] 唐平. 我国扩大就业的货币政策——基于结构性就业分析 [J]. 经济体制改革，2010，(3)：40-43.
[⑤] 鄂永健. 货币政策与就业：一个带有内生劳动力供给的 MIU 模型 [J]. 世界经济，2006，(7)：56-65.

5.2.1 消费行为

假设在无穷期限的封闭经济中，存在一个代表性消费者，其既从事生产活动又从事消费活动。社会中存在一种商品和两种资产。一种资产是资本（k），另一种资产是货币余额。鉴于货币余额对交易的便利性，消费者持有货币余额也会增加其效用水平。假设消费者代表还会从政府部门获得一笔社会保障性资金（社会保障和就业资金），这些资金也会影响个人的效用水平。因此，代表性消费者的效用函数由消费（c）、闲暇（1-l）、实际货币持有余额（m）以及社会保障和就业支出（g_1）构成。假定劳动供给和闲暇之和为1，l代表劳动供给数量。遵循文献普遍做法，代表性消费者的效用函数为固定风险规避偏好型（CRRA型），消费与社会保障性资金在效用函数中不可分。则效用函数表达式为：

$$U = \frac{(cg_1)^{1-\eta} - 1}{1-\eta} + \frac{(1-l)^{1-\gamma} - 1}{1-\gamma} + \frac{m^{1-\varphi} - 1}{1-\varphi} \quad (5-1)$$

其中，$\frac{1}{\eta}$、$\frac{1}{\gamma}$和$\frac{1}{\varphi}$分别代表该家庭的消费家庭的消费与社会保障性资金跨期替代弹性、劳动供给跨期替代弹性及实际货币余额的跨期替代弹性。

代表性消费者在劳动和资本市场上通过出售劳动和资本获得收益，此收益与政府的社会保障性资金共同构成消费者的总收入，然后消费者根据效用最大化原则决定如何分配消费、闲暇和货币余额。为分析方便假定不存在人口增长和资本折旧。代表性消费者的一生效用最优化选择为：

$$\max \sum_{t=0}^{\infty} \rho^t \left[\frac{(c_t g_{1t})^{1-\eta} - 1}{1-\eta} + \frac{(1-l_t)^{1-\gamma} - 1}{1-\gamma} + \frac{m_t^{1-\varphi} - 1}{1-\varphi} \right] \quad (5-2)$$

预算约束为：

$$\dot{k} + \dot{m} = (1-t_\pi)Y - (1+t_c)c + g_1 \quad (5-3)$$

其中，ρ表示主观贴现率；t_c、t_π分别表示消费税税率、企业所得税税率；Y为产出；假定企业所得税是对产出按照一定比例征税；$\dot{k}$、$\dot{m}$分别表示资本和货币余额对时间的导数。

5.2.2 生产行为

假设代表性消费者利用的生产要素除了劳动l和资本k以外，还包括政府支出。正如第2章分析，政府部门作为经济中的重要部门，其收支活动也会影响到劳动需求和生产经营情况。因此，政府投资性支出 g_2 和科教文卫支出 g_3 必须包括在生产函数中，由此代表性消费者的生产函数为：

$$Y = Ak_t^{\alpha} l_t^{\beta} g_{2t}^{\phi_1} g_{3t}^{\phi_2} \tag{5-4}$$

其中，Y 为代表性消费者的产出，A 表示技术进步。α、β、ϕ_1、ϕ_2 分别代表资本、劳动力、政府投资性支出以及科教文卫支出的边际产出弹性。本书中假定所有企业技术水平相同，所有生产要素的产出弹性区间均为（0，1）。

5.2.3 政府行为

假定政府征收消费税、劳动所得税和企业所得税三种税。政府组织的税收收入用于满足社会保障和就业支出、政府投资性支出和科教文卫支出。政府的预算约束为：

政府的预算约束为：

$$g_{1t} + g_{2t} + g_{3t} = t_c c_t + t_w w_t l_t + t_\pi Y_t \tag{5-5}$$

5.2.4 求解最优化过程

假设代表性消费者拥有的资本（k）和持有的货币余额（m）均来自于税后工资收入（$(1-t_w)w$），即：

$$(1 - t_w) w_t = k_t + m_t \tag{5-6}$$

其中，t_w 为劳动所得税税率。将（5-6）式改写为资本 k 的表达式：

$$k_t = (1 - t_w) w_t - m_t \tag{5-7}$$

将（5-7）式两边对时间求导后，代入（5-3）式。然后将产出表达为函数形式 $F(k, l, g_2, g_3)$，产出函数式中的资本（k）用（5-7）式替换，经整理后得到下式：

$$(1 - t_w) \dot{w}_t = (1 - t_\pi) F[(1 - t_w) w_t - m_t, l_t, g_{2t}, g_{3t}] - (1 + t_c) c_t + g_{1t} \tag{5-8}$$

根据代表性消费者的效用函数（5-1）式和预算约束（5-8）式建立汉密尔顿函数求解最优化问题：

$$H = U(c_t, m_t, 1 - l_t) + \lambda \{(1 - t_\pi) F[(1 - t_w) w_t - m_t, l_t, g_{2t}, g_{3t}] - (1 + t_c) c_t + g_{1t}\} \tag{5-9}$$

（5-9）式中，λ 为汉密尔顿因子，表示资本存量的边际值。由（5-9）式可以得到最大化一阶条件：

$$\frac{\partial H}{\partial c_t} = U_{ct} - (1 + t_c)\lambda = 0 \Rightarrow (c_t g_{1t})^{-\eta} g_{1t} = (1 + t_c)\lambda \qquad (5-10)$$

$$\frac{\partial H}{\partial l_t} = U_{lt} + (1 - t_\pi)\lambda F_{lt} = 0 \Rightarrow (1 - l_t)^{-\gamma} = (1 - t_\pi)\lambda F_{lt} \qquad (5-11)$$

$$\frac{\partial H}{\partial m_t} = U_{mt} - (1 - t_\pi)\lambda F_{mt} = 0 \Rightarrow m_t^{-\varphi} = (1 - t_\pi)\lambda F_{mt} \qquad (5-12)$$

$$\dot{\lambda} = \rho\lambda - (1 - t_\pi)\lambda F_{kt} \qquad (5-13)$$

其中，U_{ct}、U_{lt}、U_{mt} 分别表示 t 时期消费、劳动供给、货币余额的边际效用。F_{lt} 和 F_{mt} 分别代表劳动和货币持有的边际产出。$\dot{\lambda}$ 为汉密尔顿因子对时间的导数，（5-13）式为欧拉方程，反映了因子的动态轨迹。

（5-10）式除以（5-11）式，（5-11）式除以（5-12）式，整理得到：

$$c_t = \left[\frac{(1 + t_c)(1 - l_t)^{-\gamma} l_t}{g_{1t}\beta(1 + t_\pi)Y_t}\right]^{-\frac{1}{\eta}} \frac{1}{g_{1t}} \qquad (5-14)$$

$$w_t = \frac{1}{(1 - t_w)}\left[\frac{\alpha l_t(1 - l_t)^{-\gamma}}{\beta m_t^{-\varphi}} + m_t\right] \qquad (5-15)$$

（5-14）式和（5-15）式分别为代表性消费者最优化选择下消费和工资的表达式。将（5-14）式和（5-15）式代入政府预算约束方程（5-5）式中，整理得到：

$$g_{1t} + g_{2t} + g_{3t} = \left[\frac{(1 + t_c)(1 - l_t)^{-\gamma} l_t}{g_{1t}\beta(1 + t_\pi)Y_t}\right]^{-\frac{1}{\eta}} \frac{t_c}{g_{1t}} + \frac{t_w l_t}{1 - t_w}\left[\frac{\alpha l_t(1 - l_t)^{-\gamma}}{\beta m_t^{-\varphi}} + m_t\right] + t_\pi Y_t$$

$$(5-16)$$

（5-16）式是最优化下就业量的隐函数形式。可以看出，就业量（l）与税收中的消费税（t_c）、个人所得税（t_w）、企业所得税（t_π）相关，同时财政支出中的社会保障和就业支出（g_1）、政府投资性支出（g_2）、科教文卫支出（g_3）、货币供给量（m）及总产出（Y）也会影响就业量。

由于（5-16）式形式比较复杂，即使对隐函数求导也很难判断出就业量与各变量的关系。根据鄂永健（2006）[①] 观点，货币供给量对就业的影响效果与消费者的跨期替代弹性有关。当 $\eta > 1$ 时，就业量与货币供给量正相关；当 $\eta < 1$ 时，就业量与货币供给量负相关；当 $\eta = 1$，两者不相关，货币是超中性的。若 η 较大，则消费者偏好于稳定的消费流，货币供给量增加导致的通货膨胀对劳动供

[①] 鄂永健. 货币政策与就业：一个带有内生劳动力供给的 MIU 模型 [J]. 世界经济, 2006, (7): 56-65.

给的负效应小于正效应,消费者会选择增加劳动供给弥补通胀带来的消费减少。反之,较小的 η,导致消费者减少劳动供给。关于税收和财政支出对就业的影响,根据先验知识,消费税和企业所得税对就业量的影响为负;个人所得税对就业量的影响不确定;政府投资性支出对就业量的影响具有短期促进作用,无长期效应;科教文卫支出对就业量长期为正向促进作用;而社会保障和就业支出对就业的影响具有不确定性。

在现实中,上述变量对就业结构的影响到底如何,还需要通过计量分析方法进行验证。下面我们将实证检验财政政策和货币政策对就业结构的影响程度及效果。

5.3 公共就业政策与产业就业结构的实证检验

为了全面系统地考量公共政策的就业效应,我们有必要深入分析财政政策和货币政策与各产业就业的关系,实证检验财政政策和货币政策是否有助于产业就业结构的调整和优化。而由 5.1 节相关文献回顾可知,国内文献对公共政策产业就业结构效应的研究视域相对较窄。仅偏重财政支出产业就业结构效应的分析,以财政收支整体角度的研究匮乏。基于此,本节将在借鉴已有文献的基础上,对财政政策和货币政策的产业就业结构效应进行实证检验。

5.3.1 模型设定与数据说明

5.3.1.1 计量模型的设定

我们在 5.1 节详细推导了就业量与财政政策和货币政策的影响关系式(见 5-16 式),该表达式表明就业量受税收、政府支出、货币供给量及总产出影响。这里我们沿用这一结论,根据 (5-16) 式建立如下的 Panel Data 模型:

模型 1: $L_{it}^h = \partial_i + \beta_1 ex_{it} + \beta_2 tax_{it} + \beta_3 gdp_{it}^h + \beta_4 mon_{it} + \mu_i + \varepsilon_{it}$ (h = 1,2,3)

$$(5-17)$$

其中,被解释变量 L_{it}^h 表示第 i 省的第 h 产业在第 t 年的就业规模;解释变量 ex_{it}、tax_{it}、mon_{it} 和 gdp_{it}^h 分别表示第 i 省在第 t 年的财政支出规模、税收收入规模、货币供给量和第 h 产业的 GDP 规模。β_1、β_2、β_3 和 β_4 为各解释变量的系数。∂_i 为时间效应,μ_i 为个体效应,ε_{it} 为随机扰动项。

实际上，财政政策的就业效应最终是由财政收支结构对就业的影响发挥出来，即不同的财政支出方向和税收结构将会直接作用于经济活动主体的经济行为，进而影响就业。因此，我们有必要详细考察财政收支出结构与产业就业结构的关系。本部分将财政支出细分为政府投资性支出、科文教卫支出、社会保障与就业支出、财政支农支出[①]；税收细分为商品税、企业所得税和个人所得税。由此建立以下模型：

模型2：$L_{it}^h = \partial_i + \beta_1 extz_{it} + \beta_2 exfw_{it} + \beta_3 exbj_{it} + \beta_4 exny_{it} + \beta_5 taxc_{it} + \beta_6 tax\pi_{it} + \beta_7 taxw_{it} + \beta_8 gdp_{it}^h + \mu_i + \varepsilon_{it}$ （h=1,2,3） (5-18)

其中，解释变量 $extz_{it}$、$exfw_{it}$、$exbj_{it}$、$exny_{it}$ 分别为第 i 省第 t 年的政府投资性支出、科文教卫支出、社会保障和就业支出、政府支农支出；$taxc_{it}$、$tax\pi_{it}$、$taxw_{it}$ 分别表示第 i 省第 t 年的商品税、企业所得税和个人所得税规模。

模型1和模型2反映了财政收支规模及货币供给增长率对产业就业结构的影响，而模型2反映了财政收支结构对产业就业结构的影响。基于此，我们将财政和货币政策产业就业结构效应分为总体效应（模型1）和结构效应（模型2）两部分进行实证检验。

5.3.1.2 数据说明与统计描述

本部分使用我国2000—2013年除西藏以外的30个省、自治区、直辖市的面板数据进行实证分析。所有原始数据来源于《中国统计年鉴（2001—2014）》《中国财政年鉴（2001—2014）》《中国税务年鉴（2001—2014）》和中经网统计数据库。实证中的解释变量和被解释变量均为相对指标。

（1）就业规模（L_{it}）为各省三次产业从业人数占各省从业总人数的比重。

（2）财政支出规模（ex_{it}）、税收收入规模（tax_{it}）分别为各省财政支出和税收收入占省GDP的比重。

（3）政府投资性支出（$extz_{it}$）、科教文卫支出（$exfw_{it}$）、社会保障和就业支出（$exbj_{it}$）、政府支农支出（$exny_{it}$）为各省上述支出的绝对指标与各省财政支出的比值。其中，政府投资性支出的绝对指标用各省社会固定资产投资中的政府预算支出作为代理变量。由于2000—2003年《中国统计年鉴》中只有全国社会固定资产投资的政府预算支出数据，缺乏分地区数据。笔者根据各地区的"基本建设、房地产和更新改造"支出中的政府预算支出数据近似推算出各地区政府投

[①] 由于政府支农支出是单独对第一产业的扶持性财政政策，而且近年来规模逐渐加大。因此在实证分析第一产业就业结构时有必要添加政府支农支出变量。

资性支出；关于科教文卫支出的绝对指标，2000—2006 年为各地区"文体广播事业费 + 教育事业费 + 科学事业费 + 卫生经费"。2007 年以后为新的财政一般预算收支表中的"教育、科学技术、文化体育与传媒、医疗卫生"四项构成；社会保障和就业支出的绝对指标，2000—2006 年包括"抚恤和社会福利救济费、行政事业单位离退休经费、社会保障补助支出"三项。2007 年财政支出分类划分标准改革将上述三项保障性支出统一以"社会保障和就业"一个科目来表示。因此，2007 年之后，社会保障和就业支出为预算表中"社会保障和就业"支出数据。

（4）商品税（$taxc_{it}$）、企业所得税（$tax\pi_{it}$）和个人所得税（$taxw_{it}$）分别为各省上述税收收入的绝对指标与各省财政收入的比值。其中，商品税绝对收入包括增值税、消费税及营业税收入。2000—2007 年企业所得税绝对收入为"企业所得税 + 外商投资企业和外国企业所得税"。从 2008 年开始，内外资企业所得税合一，年鉴中的企业所得税数据直接可用。

（5）货币供给量（mon_{it}），一般来说，货币政策的衡量指标包括利率和货币供给量。但是由于我国利率还未完全市场化，利率指标很难真实反映货币政策的调节效果，而且利率的调节最终会通过信贷政策作用于货币供给量上，因此，本章实证分析中我们采用广义货币供给增长率（M2 增长率）作为衡量货币政策的替代变量。

（6）国内生产总值（gdp_{it}）为各省各产业产值占各省 GDP 的比重。

经整理后，各变量的统计描述见表 5-1。

表 5-1　　　　　　　　　　各变量的统计描述

变量	均值	中位数	最大值	最小值	标准差
L_1	43.292	46.525	73.895	3.376	15.150
L_2	23.313	21.507	50.860	8.817	9.346
L_3	33.387	32.069	74.129	16.959	8.932
ex	17.259	15.434	57.917	6.913	7.405
tax	6.435	5.682	17.565	3.454	2.485
extz	19.231	17.892	61.659	1.939	10.641
exfw	24.245	24.218	34.152	15.513	3.691
exbj	13.721	13.878	26.017	1.131	4.463
exny	8.310	7.975	17.093	2.133	3.0164
taxc	42.199	41.858	58.023	28.603	5.786

续表

变量	均值	中位数	最大值	最小值	标准差
$tax\pi$	11.121	10.061	35.079	4.048	4.705
taxw	5.265	4.651	17.508	2.345	2.185
mon	17.318	16.865	27.680	12.271	3.813
gdp_1	13.709	13.754	36.445	0.651	7.005
gdp_2	45.728	47.168	59.045	19.735	7.856
gdp_3	40.201	39.293	76.072	28.615	7.229

注：L_1、L_2、L_3 和 gdp_1、gdp_2、gdp_3 分别为三次产业的就业比重和产出比重。变量的各种指标除了标准差之外，其他指标单位均为百分比。

从表 5-1 可以看出：（1）三次产业间的就业结构不合理。从三次产业就业比重的均值和标准差来看，第一产业就业比重平均值为 43.292%，大于第二产业和第三产业的就业比重，即第一产业仍然积聚大量的劳动力。第一、二、三产业就业比重的标准差分别为 15.150、9.346 和 8.932，很显然省际间第一产业就业比重的差异性较大。（2）各省财政支出占 GDP 的比重较大，且省际差异较明显。财政支出占比平均值为 17.259%，比税收收入占比的平均值高 10.824 个百分点。而且财政支出占比的标准差也高于税收收入占比的标准差，说明各省的财政支出的差异性要强于税收收入的差异性。（3）各省政府投资性支出比重和流转税比重省际差异明显。这也印证了我国地区间经济发展水平的不平衡性以及由此导致的地区财政收支水平的非均等性。（4）我国第二产业仍是构成国内生产总值的主体。各省第二产业产值比重的平均值为 45.728%，在三次产业中最大。但与第三产业产值比重平均值相比，仅多 5.527%，即第二、二产业间的产值差距在逐渐缩小，第三产业发展迅速。

总体上，第二产业仍是我国经济发展的支柱，第一产业劳动力过剩现象仍然存在，省间产业就业结构不合理问题突出。

5.3.2 实证分析过程

本部分以第一、二、三产业的就业相对规模为被解释变量，对我国 30 个省、自治区、直辖市的面板数据进行拟合。

5.3.2.1 总体视角：财政货币政策对产业就业结构的影响

根据面板数据检验方法，首先判定模型是否是 POOL 模型，F 检验拒绝了模型是 POOL 模型的假定；然后由 Hausman 检验判定面板数据是固定效应还是随机效应，若 Hausman 检验结果在 10% 的显著性水平上通过检验，则说明模型为固定效应，反之则为随机效应模型；随后进行单因素 - 双因素模型判定，即检验模型是时间固定（随机）效应、个体固定（随机）效应还是时间个体双固定（随机）效应模型。根据上述检验判定过程，我们可以确定每个模型的最佳形式。如表 5 - 2 所示，所有的模型均应选择个体固定效应。在模型设定形式确定后，则可进行面板数据回归分析，这里为纠正样本的异方差和自相关选择广义最小二乘法（GLS）进行拟合分析，回归结果见表 5 - 2。

表 5 - 2　　　　　　　　　　　　模型回归结果

变量	第一产业 模型 I	第二产业 模型 I	第三产业 模型 I
c	38.791*** (2.289)	-4.829** (2.036)	21.737*** (3.102)
ex	-0.126** (0.060)	0.020* (0.046)	0.102* (0.058)
tax	1.090*** (0.221)	-0.307** (0.122)	-1.633*** (0.272)
mon	0.170*** (0.049)	-0.119*** (0.032)	0.190*** (0.047)
gdp	1.213*** (0.110)	0.520*** (0.053)	0.098* (0.059)
$\hat{R}^2$	0.953	0.916	0.927
F 值	223.510	119.029	138.925
H - M	38.672***	49.944***	71.568***
模型选择	个体固定	个体固定	个体固定
N	420	420	420

注：***、**、* 分别表示在 1%、5%、10% 水平下显著。

从表 5 - 2 可以看到，上述所有模型的 $\hat{R}^2$ 都在 0.9 以上，且 F 值较大。说明所有模型的拟合优度较好，模型设定是合理的。下面我们对每个模型进行详细分析：

（1）第一产业就业效应分析

①财政支出规模对第一产业的就业影响为负。这表明财政支出占 GDP 比重

每增加 1%，第一产业就业比重将减少 0.126%。这也符合我们的预期。长期以来我国的经济发展模式是以牺牲农业换来工业和现代化的发展。国家对"三农"的支出长期处于较低水平，这必然导致农业生产效率和农业现代化水平较低。而且与工业相比，传统农业属于低附加值的行业，农民收入较低。所以，财政支出对第一产业的投入不足和农业自身的特点造成财政支出规模与第一产业就业为负向影响。

②税收规模的提高有利于第一产业就业规模的扩大。从三次产业税收收入占总税收收入比重来看，第一产业税收比重较轻，2011 年仅为 0.085%，而第二、三产业税收比重分别为 52.019% 和 47.896%。即全国税收收入大部分来源于第二、三产业。当税收规模扩大时，第二、三产业承担了大部分的税收负担。由此导致第二、三产业生产规模扩大受限、产业发展受到抑制，劳动需求萎缩。因此，农村剩余劳动力转移速度降低，甚至可能会出现第二、三产业劳动力向第一产业回流的逆向流动；第一产业产值增加有利于第一产业就业的增加。这一结论符合经济学理论。第一产业产值比重的提高，意味着第一产业劳动生产率的提升，农民收入水平相应增加，由此会带来农业从业人口的增加。

③货币供给增长率对第一产业就业比重的提高具有促进作用。货币供给增长率每提高一个百分点会拉动第一产业就业增加 0.170 个百分点。理论上讲，货币供给量对就业影响的传导媒介包括通货膨胀、劳动报酬以及投资。不同的传导介质对就业的影响效果不同。首先，根据菲利普斯曲线原理，通货膨胀与失业率成反比。当货币供给增长时，通货膨胀的作用会带来全社会失业率降低。其次，实际劳动报酬增加较快的产业或部门，劳动需求降低。投资对就业的影响包括替代效应和补偿效应。其中，替代效应是指投资所带来的资本对劳动的挤出，补偿效应则是指投资带来的经济增长引致就业增加。由于通货膨胀广泛存在于社会各行各业，对各产业的影响差异性不大。因此，这里主要分析货币供给增加引起的产业间劳动报酬和投资变动对就业的作用效果。实证结果表明货币供给增长能够促进第一产业就业比重提高。

从劳动报酬角度来考察（见表 5-3），2003—2013 年，由于第一产业的平均工资水平低于第二、三产业，因而相对较低的劳动成本导致劳动需求的增加。从投资角度来看，第一产业是吸纳投资较少的部门，货币供给量增加导致的投资增量较少地流向第一产业。因此，投资的替代效应对第一产业就业的抑制作用微弱。由此可见，第一产业的劳动报酬增幅缓慢以及投资吸纳能力有限，导致货币供给增加对第一产业就业正向影响大于负向影响。

表 5-3　　　2003—2013 年我国三次产业平均工资及增长率状况①

年份	第一产业		第二产业		第三产业	
	平均工资（元）	增长率（%）	平均工资（元）	增长率（%）	平均工资（元）	增长率（%）
2003	6884	—	14050	—	16524	—
2004	7497	8.905	16286	15.918	18637	12.788
2005	8207	9.470	18811	15.502	21339	14.500
2006	9269	12.940	21735	15.540	24359	14.150
2007	10847	17.024	25320	16.498	28627	17.519
2008	12560	15.792	29594	16.878	33354	16.515
2009	14356	14.299	32720	10.562	36669	9.937
2010	16717	16.446	37488	14.572	41178	12.298
2011	19469	16.462	43430	15.852	47335	14.950
2012	22687	16.529	48320	11.260	53176	12.339
2013	25820	13.810	53932	11.613	58990	10.934
平均值	14028	14.168	31062	14.420	34653	13.5937

（2）第二产业就业效应分析

①财政支出促进了第二产业就业的增加。20 世纪 80 年代以来，我国的重工业发展道路导致政府支出的结构性偏向，财政支出大规模投向工业领域，由此带来了第二产业的劳动需求迅速扩张。但是从回归系数来看，财政支出每提高 1%，第二产业就业仅能增加 0.020%。即财政支出对第二产业就业的促进作用较弱。说明长期的资本拉动型经济增长模式导致资本对劳动的挤出效应显著，而且这种增长模式也带来了资本和经济的边际劳动引致效应弱化。

②税收规模与第二产业就业呈反向关系，税收占比每增加 1% 将带来第二产业就业比重减少 0.307%。这主要因为第二产业是税收收入的来源主体，2001 年至 2013 年第二产业税收占税收总收入的比重都在 51% 以上，大于第一产业和第三产业的税收贡献率。因此，税收收入的增加导致第二产业税后利润规模下降，第二产业比较收益降低，就业量随之减少。

---

① 根据《中国统计年鉴（2014）》数据整理得到。在统计年鉴中，只有细分的行业平均工资数据。为得到三次产业平均工资数据，根据《国民经济行业分类》（GB/T4754—2002）的三次产业划分范围标准，将年鉴中按行业统计的平均工资整理为按三次产业划分的平均工资。其中，第一产业包括农、林、牧、渔业；第二产业包括采矿业，制造业，电力、燃气及水的生产和供应业，建筑业；第三产业指除第一、二产业以外的其他行业。具体包括：交通运输、仓储和邮政业，信息传输、计算机服务和软件业，批发和零售业，住宿和餐饮业，金融业，房地产业，租赁和商务服务业，科学研究、技术服务和地质勘查业，水利、环境和公共设施管理业，居民服务和其他服务业，教育，卫生、社会保障和社会福利业，文化、体育和娱乐业，公共管理和社会组织，国际组织。

③货币供给增长对第二产业就业的影响为抑制作用。由表5-3可以看到，尽管第二产业从业人员的工资水平不是最高的，但其平均工资增长率为14.420%，既高于第一产业的14.168%，也高于第二产业的13.934%。第二产业工资水平的提高，尤其是近年来愈发严重的"民工荒"现象，导致了企业劳动成本增加，长远来看，劳动需求主体必然会寻求以资本或技术替代劳动的生产模式。而且在宽松的货币政策下，货币供给增加带来的新增投资更偏好于第二产业，由此导致第二产业的资本进一步密集，排挤劳动的效应更显著。

(3) 第三产业就业效应分析

①财政支出比重的提高能够拉动第三产业就业水平提升。从模型的回归结果来看，财政支出系数每提高一个百分点，第三产业就业比重提高0.102个百分点，影响强度仅次于财政支出对第一产业的影响。说明财政支出规模能够显著地促进第三产业就业的增长。

②税收规模的增加不利于第三产业就业比重的提高。税收占GDP的比重每提高一个百分点，第三产业就业将减少1.633个百分点。如表5-4所示，第三产业税收负担率增长趋势较明显。2002年第二产业税收负担率比第三产业的税收负担率高4.728个百分点，但是到2011年两者之间的差距仅为0.225个百分点。在2012年和2013年两大产业的税负率差距稍有拉大。这说明减税政策对第三产业税收负担的降低并不显著。税收规模的增加抑制了第三产业的发展，弱化了第三产业的就业吸纳能力。

表5-4　　　　　　　　　　三次产业税收负担情况

年份	税收负担率（%）			税收负担率增长率（%）		
	第一产业	第二产业	第三产业	第一产业	第二产业	第三产业
2001	0.090	17.146	14.443	—	—	—
2002	0.038	18.292	13.564	-57.616	6.682	-6.088
2003	0.028	18.970	14.540	-27.279	3.709	7.193
2004	0.022	20.300	15.770	-20.210	7.011	8.466
2005	0.028	20.509	16.466	28.809	1.032	4.414
2006	0.059	20.530	17.664	108.152	0.098	7.272
2007	0.047	20.696	20.224	-20.010	0.809	14.493
2008	0.375	20.566	20.627	693.010	-0.628	1.994
2009	0.159	21.198	20.016	-57.592	3.072	-2.960
2010	0.193	21.675	21.142	21.272	2.253	5.621
2011	0.171	22.593	22.368	-11.316	4.234	5.802
2012	0.174	22.980	23.919	1.754	1.713	6.934
2013	0.168	23.564	25.562	-3.448	2.541	6.869

③货币供给增长能够显著地促进第三产业就业增长。从回归系数来看,第一、二、三产业的货币供给增长系数分别为 0.170、-0.119 和 0.190,第三产业的货币供给增长弹性最大,说明货币政策对第三产业就业的影响最显著,即第三产业就业对货币政策最敏感。

综合财政政策对三次产业的就业效应,财政支出有利于第二、三产业就业的增加,但不利于第一产业就业的增加。这一结果表明国家对第一产业的支持力度较为有限,第一产业的劳动生产率较低。税收对三次产业就业的影响分别为正向、负向和负向,且第三产业受到的负向影响最大。因此,未来我国的减税政策更应倾向于第三产业,应加大对第三产业的税收优惠力度。从货币政策角度看,货币供给有利于第一、三产业就业的扩大,但不利于第二产业就业比重提高。说明第二产业资本的就业挤出效应和工资加成的劳动抑制作用强于第一、三产业。

5.3.2.2 结构视角:财政收支结构对产业就业结构的影响

本部分实证检验财政收支结构对各产业就业的影响。对三次产业面板数据依此进行 F 检验、Hausman 检验以及因素判定法,经过检验第一产业应选择个体固定效应模型;第二产业和三产业应选择双固定效应模型。模型设定形式确定后,我们对面板数据进行广义最小二乘法拟合分析,回归结果见表 5-5。

表 5-5 模型回归结果

变量	第一产业	第二产业	第三产业
c	25.175*** (7.721)	17.072*** (4.151)	25.680*** (3.332)
extz	-0.008 (0.021)	0.045* (0.024)	-0.063*** (0.021)
exfw	-0.294** (0.125)	-0.071 (0.093)	0.029* (0.083)
exbj	0.105 (0.065)	0.029* (0.077)	-0.129* (0.067)
exny	0.432*** (0.121)		
taxc	0.106** (0.043)	-0.160*** (0.050)	-0.051 (0.043)
taxπ	0.255*** (0.094)	-0.608*** (0.074)	-0.247*** (0.066)

续表

变量	第一产业	第二产业	第三产业
taxw	0.670*** (0.225)	0.046 (0.169)	−0.078 (0.152)
gdp	0.929*** (0.186)	0.273*** (0.051)	0.218*** (0.051)
$\hat{R}^2$	0.961	0.940	0.947
F 值	237.115	121.136	137.969
H−M	107.528	106.837	139.022
模型选择	个体固定效应	双固定效应	双固定效应
N	420	420	420

注：***、**、* 分别表示在1%、5%、10%水平下显著。

表5−5显示，三个模型的 $\hat{R}^2$ 和 F 值较大，模型的拟合优度较好，能够较好地反映变量间的相关关系。根据回归结果，我们详细分析财政收支结构对三次产业就业的影响。

(1) 财政收支结构对第一产业就业的影响

①税收结构的影响。从税收结构来考察，商品税、企业所得税和个人所得税有利于第一产业就业扩大，且三个变量的回归系数均在1%的显著性水平下通过检验。这说明税收对第一产业就业比重提高的正向效应相当显著。出现这样的结果主要是因为，与第二、三产业相比，第一产业缴纳的商品税、企业所得税和个人所得税的规模较小，承担的税收负担较低，所以当全社会税收规模增加时，大部分来源于第二、三产业，第一产业轻税负的比较优势显著，由此造成税收与第一产业就业正相关的结果。此外，在商品税、企业所得税和个人所得税三税中，个人所得税对第一产业就业的促进作用最强。这是因为商品税、企业所得税并不构成第一产业的主体税种，而个人所得税在第一产业税收总额中占比较高。所以第一产业对个人所得税变化敏感度较高，在第一产业工人收入较低的情况下，税收收入增加带来的收入效应显著大于替代效应，劳动供给大幅提高。

②财政支出结构的影响。从财政支出结构来考察，一是政府投资性支出、社会保障和就业支出对第一产业就业影响不显著。这主要是因为在实际财政支出中，上述两项支出的扶持重点并非第一产业。政府投资性支出主要投向公路、桥梁、机场以及能源产业，而社会保障与就业支出的实际享受主体也主要是城镇居民。由此可见，第一产业在这两项支出中受益较小。这也造成了这两项支出对第一产业发展的影响有限，不能显著改变第一产业就业比重。

二是科教文卫支出和财政支农支出能够显著影响第一产业的就业比重，但是两者的作用方向相反。科教文卫支出对第一产业就业具有抑制作用，而财政支农支出是促进作用。经济事实表明，财政科教文卫支出带来的技术进步及经济社会发展并未直接促进对第一产业就业人数的增加。首先，科学技术进步对农业的影响较小。在第一产业方面的技术研发和成果推广并没有带来农业劳动生产率的大幅提升，而第二、三产业的技术革新却带来了丰厚的经济利益，吸引了大量的物质资本和人力资本，促进了这两大产业的发展。其次，教育资源以及卫生资源等城乡间差异较大。尽管国家持续加大对农村教育、公共卫生等方面的财政投资力度，但是长期形成的城乡间的公共服务水平的差异很难在短期内有很大改观。这种城乡公共资源的分布不均等，导致城市对居民的吸引力更大。而且农村教育的发展促使大批的农民子女通过考学或进城务工的方式离开农村；财政支农支出对第一产业就业比重的提高具有促进作用。表明政府对于农业的投资、补贴、补助等措施有利于推动农业产出增加，有助于第一产业从业人口增加。

（2）财政收支结构对第二产业就业的影响

①税收结构的影响。从税收结构来考察，首先，商品税和企业所得税不利于第二产业就业水平的扩大。回归结果显示，上述两税的系数分别为 -0.160 和 -0.608，且均在1%的水平上显著。原因是第二产业是商品税和企业所得税的纳税主体，2011年第二产业缴纳的上述两税占全国两税收入的比重为56.14%。其中，商品税占全国商品税总收入的62.58%，企业所得税占全国企业所得税的41.27%。而税收收入是对产业利润的侵蚀，影响企业扩大生产规模和就业规模。因此，商品税或企业所得税的增加会导致第二产业就业萎缩。其次，个人所得税对第二产业就业的影响不显著。即个人所得税占GDP的比重变化不会对第二产业就业造成较大的影响。这主要缘于第二产业工人平均工资水平较低，个人所得税对个人就业的选择不会产生明显的影响。

②财政支出结构的影响。从财政支出结构来考察，各类财政支出对第二产业就业的影响不同。首先，政府投资性支出对第二产业就业的影响为正。尽管随着经济结构的演进，第二产业吸纳就业的容量逐渐降低，但是政府对第二产业的财政支持仍然能引致一定的就业增加，只是引致作用逐渐降低。其次，科教文卫支出回归系数为负，但是没有通过显著性检验。说明科教文卫支出不能显著影响第二产业的就业量。即科教文卫支出对第二产业就业虽具有挤出倾向，但是这种负作用没有显性化。最后，社会保障和就业支出对第二产业就业具有促进作用。可能的解释是，社会保障支出和就业支出的受益主体大多来源于第二产业的冗余劳动力（国企下岗职工等），因此，对其基本生活的补助及再就业的支出，有利于

其重新走上工作岗位。

(3) 财政收支结构对第三产业就业的影响

①税收结构的影响。从税收结构来考察，首先，企业所得税与第三产业就业负相关。且企业所得税比重每提高一个百分点，第三产业就业比重下降 0.247 个百分点，下降幅度较大。这主要是因为企业所得税是第三产业所承担得税负最重的税种。此外，第三产业也是企业所得税最大的纳税主体，2013 年全国企业所得税税收收入有近六成的收入来自于第三产业。由此可见，企业所得税的高低必然会显著地影响第三产业成本，降低就业量。其次，商品税和个人所得税对第三产业就业的影响不显著。回归系数显示两者均为负号，但是未通过显著性检验。对于商品税来说，由于大部分第三产业原只缴纳营业税，商品税的相对税负较轻（与第二产业相比），税收负担经成本反馈作用于企业用人决策的影响也较小。个人所得税对第二产业就业影响不显著，同样缘于第三产业工人平均工资水平较低，劳动供给对税收变化的不敏感。

②财政支出结构的影响。从财政支出结构来考察，三种支出形式均能显著影响就业水平。首先，财政投资性支出、社会保障和就业支出对第三产业就业具有抑制作用。在工业化进程中，财政投资性支出、社会保障和就业支出主要投向于第二产业，由此造成了三次产业发展的不均衡。在第三产业发展中，政府的扶持力度明显不足，这种不合理的产业发展政策导致第三产业就业扩张受限。通过比较上述两项支出对第二、三产业就业的影响，我们发现两者的回归结果是契合的。这也说明我们的原因分析具有较充分的解释力。其次，科教文卫支出增加能够带来第三产业就业的增加。说明财政科教文卫支出带来的人力资本水平、技术水平的提升，对第三产业就业量的增加具有显著地促进作用。

综合财政收支结构对三次产业就业的影响发现，商品税比重提高不能显著影响第三产业就业水平；企业所得税对第二、三产业就业规模具有负向影响，而且对第二产业的负作用最强；个人所得税仅能对第一产业就业发挥显著的促进作用。政府投资性支出对第二产业就业的促进作用最大；科教文卫支出对第三产业就业吸纳效应最显著，对第一产业的就业挤出效应最明显；社会保障和就业支出能够影响第二、三产业的就业规模，但影响方向相反。

5.3.3 实证结论

5.3.3.1 财政政策对产业就业结构的影响

从税收政策来考察，在税收规模方面，税收对三次产业就业的影响分别为正向、负向和负向，且第三产业受到的负向影响最大。尽管第三产业的税负不是最高的，但是其税收收入的产值比重增长却是最快的。因此，未来我国的减税政策更应倾向于第三产业，加大对第三产业的税收优惠力度。在税收结构方面，商品税主要影响第二产业就业水平，随着商品税比重的提高，第二产业就业规模呈现下降趋势；企业所得税对第一产业就业的影响不显著，而对第二、三产业就业的影响为负效应，且对第二产业就业的负作用最强。这主要因为第二产业是商品税和企业所得税的纳税主体。在三次产业中，第二产业缴纳的两税占比最高；个人所得税对第一产业就业具有显著的正向作用，但对第二、三产业就业的影响不显著。由于三次产业中大部分工人的工资水平及税负水平较低，所以劳动供需双方对个人所得税变化的敏感性较低。由此该税变化对产业就业结构的影响不显著。但与第二、三产业相比，第一产业劳动者的平均工资最低，家庭负担较重，所以税收收入增加带来的收入效应大于替代效应。

从财政支出政策来考察，在财政支出规模方面，财政支出对第二、三产业就业影响显著为正，而对第一产业就业影响显著为负。这一结果表明政府对第一产业财政支持力度有限，导致第一产业的劳动生产率和收入水平较低、就业吸纳效应为负。在财政支出结构方面，政府投资性支出能够影响第二、三产业的就业规模，但影响的方向相反。政府投资性支出能够促进第二产业就业规模扩大，但对第三产业就业的抑制作用更明显。说明在工业化进程中，财政投资性支出主要投向于第二产业，而对第三产业发展支持力度不足，这种不合理的产业发展政策弱化了第三产业的就业吸纳力。科教文卫支出对第一产业的就业具有抑制作用，对第二产业就业影响不显著，对第三产业就业具有促进作用。而且科教文卫支出对第一产业的就业抑制作用最大，这也充分说明了财政科教文卫支出能够加快产业结构升级步伐，助推产业结构向更高级别演进。社会保障和就业支出对第一产业就业的影响不显著，对第二、三产业就业的影响分别为正向和负向。财政支农支出对第一产业就业比重的提高具有促进作用，说明政府对于农业的投资、补贴、补助等措施有利于推动农业产出增加，有助于第一产业从业人口增加。

5.3.3.2 货币政策对产业就业结构的影响

货币供给增长对第一、三产业就业具有正向效应，而对第二产业就业具有负向效应。这主要是因为第二产业平均工资增长速度在三次产业中最快，导致企业的劳动成本较高，进而导致劳动需求减少。而且我国第二产业资本投入带来的技术进步属于索洛技术中性型，货币供给增长所带来的投资增加对资本要素具有引致作用，但对劳动要素却具有挤出效应。

5.4 公共就业政策与城乡就业结构的实证检验

20世纪50年代以来，我国形成了以户籍制度为核心的城乡就业隔离制度。城市和农村有着明显的界限，城市居民和农村居民在经济和社会地位上存在明显的不公平待遇。随着经济体制改革的推进，城乡壁垒虽逐步松动，但城乡统一的劳动力市场还未完全建立。财政政策和货币政策作为国家重要经济干预工具，对统一城乡劳动力市场作用效果如何需要进一步深入研究。而由5.1节相关文献回顾可知，国内文献大多是定性研究，缺乏定量的实证文献。基于此，本节将在借鉴已有文献的基础上，对财政政策和货币政策的城乡就业结构效应进行实证检验。

5.4.1 模型设定与数据说明

5.4.1.1 模型的设定

由理论分析和数理推导可知，就业量受税收、财政支出以及货币供给影响。即构建的计量模型中，税收、财政支出及货币供给变量必不可少。为了保证计量模型的回归结果满足一致性、无偏性和有效性条件，我们需要找寻其他可以影响城乡就业结构的关键变量。根据托达罗的劳动力流动模型，劳动力转移行为和规模由劳动者预期收入差距决定。当个体预期城镇工资大于农村实际收入时，劳动力将由农村向城市转移，否则以相反的方向进行转移。即城乡收入水平以及收入差距也是影响城乡就业结构的重要因素。因此，解释变量我们选取财政政策因素、货币政策因素、城镇和农村收入因素。在具体实证分析中，我们主要从财政和货币政策总体及财政政策结构两方面检验其对城乡就业结构的影响。

(1) 财政政策和货币政策对城乡就业结构影响总效应的计量模型

$$L_{it}^h = \partial_i + \beta_1 ex_{it} + \beta_2 tax_{it} + \beta_3 mon_{it} + \beta_4 inc_{it}^h + \beta_5 cj_{it} + \mu_i + \varepsilon_{it} (h = 城镇、农村)$$

$$(5-19)$$

式 (5-19) 中，h、i、t 分别表示城乡、省份和年份。其中，L_{it}^h 代表第 i 省第 t 年城镇或农村就业规模；解释变量 ex_{it}、tax_{it} 和 mon_{it} 分别表示第 i 省第 t 年的财政支出规模、税收收入规模、货币供给量；inc_{it}^h、cj_{it} 为第 i 省第 t 年城镇或农村人均收入及城乡收入差距情况。β_1、β_2、β_3、β_4 和 β_5 为各解释变量的系数。

∂_i 为时间效应，μ_i 为个体效应，ε_{it} 为随机扰动项。(5-19) 式反映了财政收支、货币供给以及城乡人均收入水平与城乡就业量的关系。

关于城乡收入差距（cj_{it}）的衡量方法有多种，这里我们借鉴张文、郭苑[①]（2012）的衡量指标，即：

$$cj_{it} = 1 - inc_{it}^2/inc_{it}^1 \qquad (5-20)$$

其中，inc_{it}^1、inc_{it}^2 分别为各省城镇居民人均可支配收入、农村居民人均纯收入。cj_{it} 越大，说明城乡收入差距越大，城乡一体化水平越低。一般来说，cj_{it} 介于 0 和 1 之间。若 $0 < cj_{it} \leq 0.2$，则说明农村人均纯收入与城镇人均可支配收入相差不大，基本达到城乡收入一体化；当 $0.2 < cj_{it} \leq 0.5$ 时，即农村居民收入水平是城镇居民收入水平的 1/2 到 4/5 之间，说明城乡二元结构逐渐向一元结构的转轨阶段；当 $cj_{it} > 0.5$ 时，表明农民人均收入水平还不足城镇居民人均可支配收入的一半，城乡收入差距较大，城乡分割的二元结构顽固。

（2）财政政策结构对城乡就业结构影响的计量模型

与上一节财政收支分类一致，本部分将财政支出细分为政府投资性支出、科文教卫支出、社会保障与就业支出、财政支农支出[②]；税收细分为商品税、企业所得税和个人所得税。建立的反映财政收支结构与城乡就业结构的模型如下：

$$L_{it}^h = \partial_i + \beta_1 extz_{it} + \beta_2 exfw_{it} + \beta_3 exbj_{it} + \beta_4 exny_{it} + \beta_5 taxc_{it} + \beta_6 tax\pi_{it} + \beta_7 taxw_{it} + \beta_8 inc_{it}^h + \mu_i + \varepsilon_{it} (h = 城镇、农村) \qquad (5-21)$$

其中，解释变量 $extz_{it}$、$exfw_{it}$、$exbj_{it}$、$exny_{it}$ 分别为第 i 省在第 t 年的政府投资性支出、科文教卫支出、社会保障和就业支出、政府支农支出；$taxc_{it}$、$tax\pi_{it}$、$taxw_{it}$ 分别表示第 i 省第 t 年的商品税、企业所得税和个人所得税规模。通过（5-21）式，我们可以详细考察税收和财政支出结构对城镇和农村就业的影响效果。

5.4.1.2 数据说明与统计描述

本节选取我国 2000—2013 年除西藏以外的 30 个省、自治区、直辖市的面板数据进行实证分析。所有原始数据来源于《中国统计年鉴（2001—2014）》、《中国财政年鉴（2001—2014）》、《中国税务年鉴（2001—2014）》和中经网统计数据库。其中，城镇和农村的就业规模（L_{it}^h）为各省城镇和农村的从业人数占各

---

① 张文，郭苑. 城乡收入差距演化与就业结构转化的关系研究——基于中国经验数据的协整与因果分析 [J]. 经济体制改革，2012，(3): 168-172.

② 财政支农支出是对三农的直接支持，可能会影响农业生产率，进而影响农村收入和就业状况。因此，在实证分析农村就业结构时应考虑政府支农支出变量的影响。

省从业总人数的比重①；财政支出规模（ex_{it}）、税收收入规模（tax_{it}）分别为各省财政支出和税收收入占各省 GDP 的比重；政府投资性支出（$extz_{it}$）、科教文卫支出（$exfw_{it}$）、社会保障与就业支出（$exbj_{it}$）、政府支农支出（$exny_{it}$）为各省上述支出数据与各省财政支出的比值；商品税（$taxc_{it}$）、企业所得税（$tax\pi_{it}$）和个人所得税（$taxw_{it}$）分别为各省上述数据与各省财政收入的比值；货币供给量（mon_{it}）采用广义货币供给增长率（M2 增长率）作为衡量指标；城镇和农村的人均收入水平（inc_{it}^h）为各省城镇居民人均可支配收入和各省农村居民人均纯收入的对数值；城乡收入差距（cj_{it}）的具体数值由（5-20）式经过整理得到。上述面板数据中，财政收支及货币供给各变量的特征在上一节中已详细列示和分析。本节我们主要分析城乡就业结构和城乡人均收入水平和收入差距的状况（见表 5-6）。

表 5-6　　城乡就业结构、人均收入水平和收入差距的统计描述

变量	均值	中位数	最大值	最小值	标准差
L^1	32.943	29.141	108.017	11.495	15.175
L^2	65.652	70.584	88.776	7.648	16.228
inc^1	10.082	9.268	10.498	8.460	0.451
inc^2	9.159	8.174	9.685	7.219	0.522
cj	0.654	0.653	0.790	0.469	0.063

注：L^1、L^2 和 inc^1、inc^2 分别为城镇和农村的就业比重和人均收入的对数值；cj 为城乡收入差距。

表 5-6 显示：（1）城乡就业比重不合理。从城乡就业比重的均值来看，各省城镇就业占总就业人口的比重平均为 32.943%，仅为农村就业人口比重的一半，表明我国农村就业比重过大，农村中仍有大量剩余劳动力尚待转移，城乡就业结构不合理现象突出。除此之外，城乡就业比重的标准差较大。不管是城镇还是农村，省间的就业均存在较大差异，各省就业结构严重不均衡。（2）城乡人均收入水平悬殊。从城镇人均可支配收入和农村人均纯收入的对数值来看，两者差距并不大。但是若将其换算为原始值，城镇人均可支配收入是农村人均纯收入的 2.92 倍。（3）城乡收入差距较大。表中城乡收入差距（cj_{it}）为 0.654 大于 0.5，说明城乡间收入差距相当明显，城乡二元经济结构显著②。

---

① 缺失值的计算方法与上一节相关部分的计算方法一致。
② 张文，徐小琴. 江西就业结构非农化与城乡收入差距的演化历程及其相关性分析 [J]. 求实，2009，(5)：60-63.

5.4.2 实证分析过程

与模型设定相对应,我们将财政政策和货币政策的城乡就业效应分为总体效应和结构效应两部分。运用 EViews 6.0 软件,分别对城镇和农村的就业相对规模进行回归分析。

5.4.2.1 总体视角:财政政策与货币政策对城乡就业结构的影响

根据 Hausman 检验判定,城镇和农村就业模型均应选择个体固定效应。面板数据拟合结果见表 5-7。

表 5-7　　　　　　　　　　模型回归结果

变量	城镇就业	农村就业
c	128.164 *** (6.063)	-43.971 *** (5.853)
ex	0.256 *** (0.359)	-0.178 ** (0.413)
tax	-1.128 *** (0.567)	1.117 *** (0.746)
mon	-0.125 ** (1.451)	0.114 ** (1.189)
cj	-19.956 *** (10.892)	20.097 *** (9.567)
inc	6.153 *** (1.257)	6.110 *** (1.262)
$\hat{R}^2$	0.975	0.975
F 值	355.189	353.548
H-M	23.531 ***	22.300 ***
模型选择	个体固定效应	个体固定效应
N	420	420

注:***、**、* 分别表示在 1%、5%、10% 水平上显著。

从表 5-7 可以看到,上述所有模型的 $\hat{R}^2$ 在 0.970 以上,F 值较大。说明所有模型的拟合优度较好,模型设定是合理的。下面我们对城乡就业模型的回归进行详细的经济含义分析：

(1) 城镇就业效应分析

①财政政策对城镇就业规模的影响。从回归结果来看，税收规模与财政支出规模对城镇就业的影响方向相反。税收规模与城镇就业规模负相关，而财政支出规模与城镇就业规模正相关。首先，对于税收变量而言，税收占比每提高1%，城镇就业规模缩小1.128%。可能的解释是长期以来的城乡经济发展不均衡带来的城镇是税收的来源主体。当税收规模增加，则会限制城镇经济发展，抑制就业的吸纳。其次，对于财政支出变量而言，财政支出占GDP比重每提高一个百分点，城镇就业占总就业比重提高0.256个百分点。这也表明政府财政支出的城镇结构性偏向，在促进城镇经济发展的同时扩大了城镇就业岗位。与财政支出的影响效果相比，税收对城镇就业的负向效应更大，即税收对城镇就业的抑制作用大于财政支出的促进作用，因此，政府采取减税工具来扩大城镇就业效果更好。

②货币供给增长对城镇就业的影响为抑制效应。若货币供给增长率提高1%，则城镇就业比重降低0.125个百分点。由于商业银行更倾向于将贷款投放于城市（比投放于农村风险更小、收益更大），因此货币供给增长带来的资金更多地流向城镇。资本存量的增加可能会导致资本对劳动的替代及工资的加成增长，继而对就业产生不利影响。从实证结果可以看到，以往的"重城镇、轻农村"发展思路已经导致了货币政策对城镇就业的挤出效应。

③收入政策对城镇就业的影响。首先，城镇人均可支配收入与城镇就业正相关。随着城镇人均可支配收入水平的提高，城镇就业比重也会随之增加。说明我国城镇居民劳动供给的收入效应大于替代效应。其次，城乡收入差距的扩大不利于城镇就业比重的提高。实际上城乡收入差距对城镇就业具有正反两方面的影响：在不考虑其他因素的条件下，根据托达罗模型，劳动力由农村流向城市的规模与预期收入差异有关，两者收入悬殊越大，劳动力转移规模越大。因此，城乡收入差距的扩大有利于城镇就业比重的提高；同时城乡收入差距过大，中低收入阶层的"惜购"行为将导致消费需求不足，使得企业的劳动需求下降，城镇失业人口增加。由此可见，过度的城乡收入分配差距影响了社会经济发展，不利于扩大就业规模。

(2) 农村就业效应分析

①财政政策对农村就业规模的影响。税收规模与财政支出规模对城镇就业的影响方向相反。首先，税收占GDP比重的增加对农村就业比重的提高具有正向作用。从各产业税收收入占总收入比重来看，来源于第二、三产业的税收收入占比在98%以上。因此，税收比重的提高意味着城镇承担的税收负担上升，将抑

制城市经济发展，不利于农村劳动力向城镇转移。其次，财政支出占 GDP 的比重增加不利于农村就业比重的提高。这与我国长期实行的重城市、轻农村的发展策略有关。尽管政府转变了发展战略，采取"工业反哺农业"的政策，增加了财政支农支出，但仍小于城市建设和国企改革的资金投入。因此，财政支出的城乡投入差异造成了农村经济社会发展滞后。

②货币供给增长有利于农村就业扩大。正如前面的分析，由于城乡间资本回报的差异，导致资本更倾向于流向风险较低、回报率较高的城市。由此导致农村劳动力并未受到资本流入的巨大冲击，资本对劳动的替代效应较弱。而且如果资本投入城市带来的劳动替代严重，可能会导致进城农民工回流，进而扩大农村从业人员比重。目前，全国劳动力市场出现的"民工荒"和农民工回流，与此也有千丝万缕的联系。另外，这种城乡间的投资不均衡会进一步加剧城乡经济不平衡，抑制总需求和城市就业岗位创造，不利于劳动力在城乡之间的流动。

③收入政策对农村就业的影响。首先，农村人均纯收入与农村就业正相关。即当农村人均纯收入提高时，农村从业人口会随之增加。这说明我国农村居民收入水平普遍较低，提高收入水平对就业的激励作用大于享受闲暇的效用。其次，城乡收入差距扩大能够促进农村就业比重的提高。这表明城乡收入差距扩大虽然使得农村剩余劳动力有向城市转移的动力，但是由于我国农村人口占比较大，农村居民收入水平较低必然限制了全社会消费需求的增加，导致市场需求萎靡。社会有效需求不足将带来企业的用人需求减少，失业增加，致使农村劳动力转移不畅，部分已在城镇就业的农村劳动力只得返乡务农，由此导致农村就业比重的增加。

5.4.2.2 结构视角：财政收支结构对城乡就业结构的影响

下面我们对税收结构和财政支出结构对城乡就业的影响进行实证检验。根据面板数据的模型设定检验程序，最终确定城镇就业模型和农村就业模型均应采取个体固定效应。为得到稳健的回归结果，我们使用 white 截面加权法（white cross - section）消除模型残差的个体异方差和同期相关性，回归结果见表 5 - 8。

表 5 - 8　　　　　　　　　　　　模型回归结果

变量	城镇就业	农村就业
c	- 30.275 (32.227)	133.476 *** (10.590)
extz	0.067 *** (0.273)	- 0.055 *** (0.599)

续表

变量	城镇就业	农村就业
exfw	0.115	-0.095
	(0.038)	(0.052)
exbj	0.092**	-0.162*
	(0.454)	(0.097)
exny	-0.099	0.218
	(0.066)	(0.072)
taxc	-0.275**	0.248**
	(0.100)	(0.093)
taxπ	-0.181***	0.2039***
	(0.354)	(0.732)
taxw	0.067	0.001
	(0.011)	(0.051)
inc	7.209***	-8.402***
	(1.983)	(1.866)
$\hat{R}^2$	0.972	0.980
F 值	344.851	369.790
H-M	65.018	64.926
模型选择	个体固定效应	个体固定效应
N	420	420

注：***、**、* 分别表示在 1%、5%、10% 水平上显著。

由表 5-8 中的 $\hat{R}^2$ 和 F 值知，两个模型能够很好地拟合变量间的关系，模型的可信度较高。下面我们将财政收支结构对城镇与农村就业的影响进行比较分析。

(1) 财政投资性支出与城镇就业比重正相关、与农村就业比重负相关。财政投资性支出比重提高 1%，城镇就业比重增加 0.067%，农村就业比重相应减少 0.055%。即财政投资性支出比重提高有利于农村剩余劳动力的转移，对城镇就业的拉动作用强于对农村就业的挤出效应。

(2) 科教文卫支出对城乡就业的影响不显著。回归结果显示，在城镇就业模型中，科教文卫支出符号为正，但不显著。在农村就业模型中，该变量系数为负，也同样不显著。从符号来看，科教文卫支出有利于提高城镇就业比重，不利于提高农业就业比重，而且前者的正向效应大于后者的负向效应。这说明科教文卫支出整体上与产业结构演进路径一致，对城镇发展具有潜在推动作用。但是由于科教文卫支出规模较小以及其效用的时滞性，这项支出难以对城乡就业结构优化产生非常明显的效果。

（3）社会保障和就业支出对城镇就业具有促进作用，而对农村就业具有抑制作用。改革开放以来，我国农村社会保障制度起步晚、覆盖面窄、保障水平较低，造成城乡社会保障水平差异性较大。例如，2013年度全国新农合基金支出2909.2亿元，而城镇基本医疗保险基金支出为6801亿元，城镇支出是农村支出的2.34倍①。这种城乡社会保障的结构性偏倚导致城市的吸引力更大，促进了农村劳动力向城市转移。

（4）财政支农支出对城乡就业水平的影响不显著。尽管我国财政支农支出逐年增长且增长幅度较大，但是对于农业发展来说，支出额度仍显不足。而且中央和地方的支出比例不均衡②和农业附加值低、见效慢等特点导致地方政府支持农业缺乏积极性。因此财政支农支出的实际运行效果欠佳，难以显著影响城乡就业结构。

（5）商品税和企业所得税与城镇就业负相关，而与农村就业正相关。这主要归因于城镇经济是其主体税源。过重的税负将不利于城镇工作岗位的创造。

（6）个人所得税比重变化对城乡就业结构的影响不显著。由于大部分工薪阶层处于免税区域，因而其劳动行为对个人所得税的变化并不敏感。而对企业来说，企业并不会因个人所得税调整而改变用人数量。因此，劳动供需双方对该税的敏感性较弱，导致了个人所得税对城乡就业结构影响并不显著。

5.4.3 实证结论

5.4.3.1 财政政策和货币政策对城乡就业结构的影响

（1）财政政策对城乡就业结构的影响。从税收政策来考察，税收规模对城镇就业规模扩大为抑制效应，对农村就业为促进效应。城乡经济发展的不平衡及农村税费改革导致税收收入主要来源于城镇各项经济活动。当税收规模增加，就会限制城镇经济发展，抑制就业岗位的创造。再从财政支出政策来考察，财政支出规模与城镇就业正相关，与农村就业负相关。财政支出的城乡投入差异促进了城镇发展、扩大了城镇就业岗位，但同时也造成了农村经济社会发展滞后，影响了农民收入水平的提高，激励了农村剩余劳动力转移。

---

① 数据来源于《2013年我国卫生和计划生育事业发展统计公报》。
② 根据《中国财政年鉴2013》的统计，2012年中央财政支农支出为502.49亿元，地方支农支出为11471.39亿元，中央支出比例偏小，地方支农支出占比较大。

（2）货币供给增长对城镇就业的影响显著为负、对农村就业的影响显著为正。由于城乡间资本回报的差异，导致资本更倾向于流向风险较低、回报率较高的城市。即货币供给增长带来的资金更多地流向城镇，在带来经济繁荣的同时，资本存量的增加可能会导致资本对劳动的替代及工资的加成增长，继而对就业产生不利影响。

5.4.3.2 财政政策结构对城乡就业结构的影响

（1）财政支出结构的影响。财政投资性支出有利于城镇就业扩大，不利于农村就业增加。说明财政投资性支出比重提高有利于农村剩余劳动力的转移，对创造就业岗位具有积极作用；科教文卫支出对城乡就业的影响不显著；社会保障和就业支出对城镇就业具有促进作用，而对农村就业具有抑制作用。这主要是因为城乡社会保障水平差异性较大。城乡社会保障的结构性偏倚导致城市的吸引力更大，促进了农村劳动力向城市转移；财政支农支出不能显著影响城乡就业水平。这主要是因为财政支农支出的实际运行效果欠佳，对影响劳动力流动规模的城乡收入差距的影响几乎可以忽略。

（2）税收结构的影响。商品税和企业所得税与城镇就业负相关，与农村就业正相关。由于城镇经济是商品税和企业所得税的主体税源。商品税和企业所得税的比重提高意味着城镇经济主体承担的税负加重，不利于城镇就业的扩大；反之，却有利于促进农村就业。个人所得税比重变化不能显著影响城乡就业结构。这主要缘于劳动供需双方对个人所得税的敏感性较弱。

5.5 结　　语

就业结构是经济结构的重要组成部分，它反映了社会劳动力资源配置以及国民经济的总体发展水平。本章以中国2000—2013年的经验数据为样本，实证检验了公共就业政策对产业就业结构与城乡就业结构的影响。

5.5.1 公共就业政策对产业就业结构的影响

5.5.1.1 财政政策对产业就业结构的影响

从税收政策来考察，在整体上，税收政策对三次产业就业的影响分别为正向、负向和负向，而且第三产业受到的负向影响最大。在税收结构方面，商品税主要对第二产业的就业水平具有负面影响；企业所得税主要对第二、三产业就业水平产生负效应，且对第二产业的负作用最强；个人所得税对第一产业就业有显著的正向作用，但对第二、三产业的影响不显著。再从财政支出政策来考察，在整体上，财政支出政策对第二、三产业就业影响显著为正，对第一产业就业影响显著为负。在财政支出结构方面，财政投资性支出能够影响第二、三产业的就业规模，但影响的方向相反。它促进了第二产业就业规模扩大，但对第三产业就业的抑制作用更明显。科教文卫支出对第三产业就业具有促进作用，对第一产业的就业具有抑制作用，对第二产业就业的影响不显著。社会保障和就业支出对第一产业就业的影响不显著，对第二、三产业就业的影响分别为正向和负向。财政支农支出对第一产业就业比重的提高具有促进作用。

5.5.1.2 货币政策对产业就业结构的影响

货币供给增长对第一、三产业就业具有正向效应，对第二产业就业具有负向效应。这主要是因为第二产业平均工资增长速度在三次产业中最快，导致企业的劳动成本较高，进而导致劳动需求减少。而且我国第二产业的资本投入带来的技术进步属于索洛技术中性型，货币供给增长带来的投资增加对资本要素具有引致作用，但对劳动要素却具有挤出效应。

综合而言，首先，政府应加大对第一产业发展的财政信贷政策支持力度，推进农业现代化，提高农业就业规模与质量。其次，政府应加大对第二产业升级发展的财政信贷政策支持力度，推进迈向制造强国，提高工业就业规模与质量。最后，政府应加大对第三产业升级发展的财政信贷政策支持力度，推进智力型现代服务业的发展，提高服务业就业规模与质量。

5.5.2 公共就业政策对城乡就业结构的影响

5.5.2.1 财政政策对城乡就业的影响

首先，从税收政策来考察，在整体上，税收规模与城镇就业规模负相关，而与农村就业比重正相关。在税收结构方面，商品税和企业所得税与城镇就业负相关，与农村就业正相关。这是由于城镇经济是税收收入，尤其是商品税和企业所得税的主体税源。个人所得税比重变化不能显著影响城乡就业结构。这主要缘于劳动供需双方对个人所得税的敏感性较弱。其次，从财政支出政策来考察，在整体上，财政支出规模与城镇就业规模正相关，而与农村就业比重负相关。这是财政支出的城镇结构性偏向所致。在财政支出结构方面，财政投资性支出有利于城镇就业扩大、不利于农村就业增加；科教文卫支出对城乡就业的影响不显著；社会保障和就业支出对城镇就业具有促进作用，而对农村就业具有抑制作用，这主要因为城乡社会保障水平差异性较大。财政支农支出不能显著影响城乡就业水平，这主要是因为财政支农支出的实际运行效果欠佳。

5.5.2.2 货币政策对城乡就业的影响

货币供给增长对城镇就业规模具有抑制效应，而有利于扩大农村就业规模。这是由于商业银行更倾向于将贷款投放于城市（比投放于农村风险更小、收益更大），因此货币供给增长带来的资金更多地流向城镇。资本存量的增加可能会导致资本对劳动的替代及工资的加成增长，继而对就业产生不利影响。从实证结果可以看到，以往的"重城镇、轻农村"发展思路已经导致了货币政策对城镇就业的挤出效应。

5.5.2.3 收入政策对城乡就业的影响

首先，城乡人均可支配收入与城乡就业规模正相关。随着城乡人均可支配收入水平的提高，城乡就业比重也会随之增加。说明我国城乡居民劳动供给的收入效应大于替代效应。其次，城乡收入差距的扩大不利于城镇就业比重的提高。实际上城乡收入差距对城镇就业具有正反两方面的影响：在不考虑其他因素的条件下，根据托达罗模型，劳动力由农村流向城市的规模与预期收入差异有关，两者收入悬殊越大，劳动力转移规模越大。因此，城乡收入差距的扩大有利于城镇就业比重的提高。同时城乡收入差距过大，中低收入阶层的"惜购"行为将导致消费需求不足，使得企业的劳动需求下降，城镇失业人口增加。由此可见，过度的城乡收入分配差距影响了社会经济发展，不利于扩大就业规模。

实证结果表明：我国城乡就业结构仍不合理。比较公共就业政策对城镇和农村就业的影响效果，我们发现财政政策和货币政策对城乡就业的影响方向相反，且对城镇就业比重的影响较大。由于城镇就业的吸纳力是决定农村剩余劳动力转移速度及城镇化建设进程的关键因素，为此，政府还须进一步推进结构性减税，优化财政支出结构和方向，推进基本公共服务均等化，缩小城乡收入差距，以打破城乡就业隔离，优化城乡就业结构。

6

宏观视角：公共就业政策效应的实证研究

经济增长与经济周期波动是决定一国就业水平的关键因素。本章将从宏观视角实证检验我国公共就业政策通过左右经济增长与经济波动，进而对就业增长及就业波动的影响效果。通过实证检验，为优化我国公共就业政策提供客观的经验依据。

6.1 引言

6.1.1 公共就业政策、经济增长与就业增长的文献综述

公共就业政策既与经济增长理论相关，又与公共经济理论相关。因而，我们将以公共就业政策与经济增长、经济增长与就业增长为基点对现有文献进行梳理。

6.1.1.1 经济政策对经济增长的影响

（1）财政政策与经济增长

西方学者关于税收政策对经济的影响有三种不同的观点。一是税收促进论。Capolupo（2000）[1]认为税收能够扩大再生产规模，对经济增长有益。并且税率在60%至70%之间，税收的促进作用最大。Roeger（2007）[2]则进一步分析了不

---

[1] Capolupo Rosa. Output Taxation, Human Capital and Growth [J]. Manchester Schoo, 2000, 68 (2): 166-183.

[2] Roeger W. Growth, Employment and Taxation with Distortions in the Goods and Labor Market [J]. German Economic Review, 2007, 8 (1): 1-27.

同税种的经济增长效应。二是税收阻碍论。Plosser（1992）[1]、Diamond 等人（2005）[2] 是税收阻碍论的支持者。其中，Plosser 的实证结果显示平均税率提高 0.05%，经济增长率将降低 0.4%。三是税收无关论。代表性学者有 Sandmo（1974）[3] 和 Garfinkle（2005）[4] 等。另外，还有一些经济学者如 Thrnovsky（1996）[5] 等研究最优税率与经济增长的关系。在政府支出规模与经济增长之间的关系方面，经济学者也有不同的观点。第一种观点认为财政支出对经济增长具有抑制作用。代表性学者有 Landau（1983）[6]、James. S. Guseh（1997）[7]、Gwartney et al（1998）[8]、Dar & AmirKhalkhali（2002）[9] 等。他们认为，不断扩张的政府支出规模导致政府支出回报递减，对经济效率的影响是抑制作用。政府参与分配的社会资源过多对私人部门会产生挤出效应，进而扭曲社会资源配置效率，降低经济增长速度。第二种观点则认为财政支出有益于经济增长（Ram，1986[10]；Lin，1994[11]）。第三种观点财政支出与经济增长之间具有非对称关系。Armey（1995）[12] 认为政府支出与经济增长之间并非是简单的正向或负向非此即彼的关系。他发现当政府支出规模较小时，政府支出规模的扩大有益于经济增长。但是当政府支出规模过大时，过度扩张的财政支出将造成明显的私人挤出效应。此

---

[1] Plosser Charles I. The Search for Growth [M]. Symposium Series. Kansas City: Author. 1992: 57 - 86.
[2] Diamond J. W. Dynamic Effects of Extending the 2001 and 2003 Income Tax Cuts [J]. International Tax And Public Finance, 2005, 12 (2): 165 - 192.
[3] Sandmo Agnar. Investment Incentives and the Corporate Income Tax. [J]. Journal of Political Economy., 1974, 82 (2): 287 - 302.
[4] Garfinkle N. Supply - side vs. Demand - side Tax Cuts and US Economic Growth: 1951 - 2004 [J]. Critical Review, 2005, 17 (3 - 4): 427 - 448.
[5] Turnovsky S. J. Optimal Tax, Debt, and Expenditure Policies in a Growing Economy [J]. Journal of public Economics., 1996, 60 (1): 21 - 44.
[6] Landau, Daniel L. Government Expenditure and Economic Growth: A Cross - Country Study [J]. Southern Economic Journal., 1983, 49 (3): 783 - 792.
[7] James S. Guseh. Government Size and Economic Growth in Developing Countries: A Political Economy Framework [J]. Journal of Macroeconomics. 1997, 19 (3): 175 - 192.
[8] Gwartney, James & Holcombe, Randall & Lawson, Robert [J]. The Scope of Government and the Wealth of NationsCato Journal., 1998, 18 (2): 163 - 190.
[9] Dar, Atul A & AmirKhalkhali, Sal. Government Size, Factor Accumulation, and Economic Growth: Evidence from OECD Countries [J]. Journal of Policy Modeling., 2002, 24 (7 - 8): 679 - 692.
[10] Ram, Rati. Government Size and Economic Growth: A New Framework and Some Evidence from Cross - Section and Time - Series Data [J]. American Economic Review, 1986, 76 (1): 191 - 203.
[11] Lin, Steven A. Government Spending and Economic Growth [J]. Applied Economics, 1994, 26 (1): 83 - 94.
[12] Armey D. The Freedom Revolution [M]. Washington: Regnery Bourgeois, 1995: 1164 - 1782.

外，过重的税负及债务支出都会阻碍产出增加。Vedder & Gallaway (1998)[①]、Pevcin 等人 (2004)[②] 进一步拟合了 Armey 曲线，并估算了政府支出的最优规模。

从国内的研究来考察，刘溶沧和马栓友（2002）[③] 认为劳动税收和资本税收抑制了经济增长；而消费税收对经济增长具有微弱的促进作用。欧阳志刚（2004）[④] 研究了政府支出与经济增长的关系，实证结果表明 1993—2002 年我国政府支出对经济的贡献总体上为正向作用。严成樑和龚六堂（2009）[⑤] 以劳动供给内生化的 AK 增长模型为研究框架，考察了财政收支政策影响经济增长的微观传导路径。研究发现，财政政策可以通过影响家庭部门的消费和闲暇选择以及企业的生产成本来影响宏观经济。在财政政策影响经济增长的方向和传导路径打通后，经济学者开始研究促进经济增长的最优政府规模问题。刘长生、简玉峰（2009）[⑥] 通过内生经济增长模型测算出中国的最优宏观税率为 28.63%。李村璞等（2010）[⑦] 以非线性平滑转换模型为基础研究了政府支出规模的阈值。研究发现：政府财政支出占 GDP 比例的增长率超过 3.6% 时将对经济增长产生抑制效应；政府投资性支出占比的增长率和消费性支出占比的增长率不得超过 6.16% 和不得低于 2.9%，否则也会抑制经济增长。

（2）货币供给与经济增长

货币供给与经济增长的关系是现代经济学理论关注的重点。货币主义学派认为短期内货币供给量增加在带来物价上涨的同时也能扩大产出（货币政策非中性），但长期只能带来通胀，而无益于经济增长（货币政策中性）。凯恩斯主义认为，增加货币投放有益于投资，能够促进产出和就业。理性预期学派则表示由于理性预期的存在，政府实施的货币政策无效。新凯恩斯主义基于工资与价格粘性理论，提出即使存在理性预期，货币政策同样会对总产出产生影响。威廉·菲

---

① Vedder R K & Gallaway L. Government Size and Economic Growth [M]. Washington: Joint Economic Committee. 1998: 12 - 34.

② Pevcin P. Economic Output and the Optimal Size of Government [J]. Economic and Business Review, 2004, 6 (3): 213 - 227.

③ 刘溶沧，马栓友. 论税收与经济增长对中国劳动、资本和消费征税的效应分析 [J]. 中国社会科学，2002, (1): 67 - 76.

④ 欧阳志刚. 我国政府支出对经济增长贡献的经验研究 [J]. 数量经济技术经济研究，2004, (5): 5 - 10.

⑤ 严成樑，龚六堂. 财政支出、税收与长期经济增长 [J]. 经济研究，2009, (6): 4 - 15.

⑥ 刘长生，简玉峰. 税收、财政支出与内生经济增长 [J]. 经济问题，2009, (4): 17 - 20.

⑦ 李村璞，赵守国，何静. 我国的政府规模与经济增长: 1979—2008——基于非线性 STR 模型的实证分析. 经济科学，2010, (4): 15 - 26.

利普斯根据1861—1957年英国失业率和货币工资增长率的数据，于1958年提出了著名的菲利普斯曲线，该理论反映出显著的负相关关系存在于通货膨胀率与失业率之间。

在实证分析上，Friedman和Schwartz（1963）[①] 运用美国经验数据验证了货币供应量与短期经济增长的相关性。Wang和Yip（1992）[②] 通过构建内生增长模型，将货币政策与产出纳入统一方程，研究发现货币供给量在长期不会影响产出水平，即长期呈现中性效果。Chang（2002）[③] 对Wang的模型进行拓展，研究发现货币中性不成立。

我国学者对货币供给量与经济增长的实证文献也相对丰沛。裴平和熊鹏（2003）[④] 提出我国货币政策传导机制不畅，新增货币大量"渗漏"至股票市场"漏斗"和银行系统"黑洞"，导致我国货币政策效果大打折扣。姚远（2007）[⑤] 认为短期内货币供给不能显著影响产出，而长期却能促进经济增长。邵国华（2008）[⑥] 研究发现不论长期还是短期，货币政策都呈现非中性特点，增加货币供给量不仅提高CPI，同样会影响经济增长。钱燕和万解秋（2014）[⑦] 通过建立时变参数VAR模型，实证分析货币供给、通货膨胀与经济增长的关系。研究结果表明短期内货币供给能够促进经济增长，但长期却无驱动效应。

6.1.1.2 经济增长对就业的影响

经济增长和就业是宏观经济学中两大重要论题，长期以来一直是经济学界关注的焦点。从亚当·斯密到李嘉图，再到奥肯；从理论到实践、从单向分析到双向因果分析，逐步厘清两者的关系。早期的斯密和李嘉图认为劳动力数量和质量是经济增长的基础。索洛模型证明了经济增长与就业的双向因果关系，认为两者互为促进，具有"加强效应"。阿瑟·奥肯以实证分析方法进一步证明了经济增

---

① Friedman M & Schwartz A. A monetary history of the United States, 1867 – 1960 [M]. New Jersey: Princeton University Press, 1963: 31 – 48.
② Wang P & Yip C K. Examining the long – run effect of money on economic growth [J]. Journal of Macroeconomics, 1992, 14 (2): 359 – 369.
③ Chang E C, Chang J W. Inflation and relative price variability: a revisit. [J]. Applied Economics Letters, 2002, 9 (5): 325 – 330.
④ 裴平，熊鹏. 我国货币政策传导过程中的"渗漏"效应 [J]. 经济研究，2003，(8)：21 – 27.
⑤ 姚远. 中国货币供应、通货膨胀及经济增长关系实证研究 [J]. 经济与管理，2007，(2)：45 – 49.
⑥ 邵国华. 我国货币供给与经济增长的相关性实证分析 [J]. 理论探讨，2008，(5)：86 – 90.
⑦ 钱燕，万解秋. 货币供应、通货膨胀与经济增长的互动关系研究——基于时变参数VAR模型的实证检验 [J]. 西安财经学院学报，2014，(1)：5 – 10.

长与就业增长的正相关关系。然而随着时间的推移，实践表明经济增长和就业增长之间并非完全一致。Appelbaum & Schettkat（1995）[1]、Padalino & Vivarelli（1997）[2] 等人通过实证，发现日本和OECD国家的经济增长与就业增长并不一致，德国和法国甚至还出现了GDP的就业弹性为负的情况。

中国经济增长与就业增长的非一致性现象（即奥肯定律失效）已得到理论界的认同。关于造成奥肯定律失效的原因众说纷纭，大致可分为以下观点：①有效就业论。常云昆、肖六亿（2004）[3] 认为奥肯律失效原因主要是有效就业率的提高。长期以来，由于就业制度不合理导致企业冗员较多，有效就业率低。随着有效就业率的不断提高，劳动雇佣量不变的情况下即可实现产出增加。由此导致经济增长与就业增长不一致现象。②技术进步论。李红松（2003）[4] 认为，技术进步带来了资本对劳动的排挤，而且技术越发达，资本密集型产业对就业的挤出效应越强。中国经济增长的路径正是由劳动密集型向资本和技术密集型发展，所以必然带来经济增长和就业的不一致。③产业结构论。陈桢（2008）[5] 实证分析了经济增长与就业增长的结构偏离度问题。研究发现，第一产业结构偏离度为负，说明第一产业亟待劳动力的转出。第二产业结构偏离度有明显下降趋势，表明第二产业吸纳劳动力的作用在逐渐减弱。第三产业的偏离度较低，说明第三产业的就业吸纳力尚未完全发挥作用。④经济增长模式论。赖德胜和李长安（2010）[6] 认为经济增长模式缺陷是导致就业增长与经济增长失衡的主要原因。

综上所述，关于公共政策、经济增长和就业问题的文献大多集中在两两讨论层面，如经济政策与经济增长的关系、经济政策与就业的关系、经济增长与就业的关系。但是鲜有文献将三者融合在一起，以经济增长为主线研究公共政策对就业的传导机制和效果。在现实经济中，如果抽离经济增长因素仅就公共政策论就业则缺乏理论深度与经验依据。因此，有必要进一步深入研究公共就业政策、经济增长与就业增长的传导机制与联动效应，才能提供科学的实证依据。

---

[1] Appelbaum E & Schettkat R. Employment and Productivity in Industrialized Economy [J]. International Labor Review, 1995, 134（4-5）：605-623.
[2] Padalino S & Vivarelli M. The Employment Intensity of Economic Growth in the G-7 Countries [J]. International Labor Review, 1997, 136（2）：191-213.
[3] 常云昆，肖六亿. 有效就业理论与宏观经济增长悖论 [J]. 经济理论与经济管理，2004，（2）：5-12.
[4] 李红松. 我国经济增长与就业弹性问题研究 [J]. 财经研究，2003，（4）：23-27.
[5] 陈桢. 经济增长与就业增长关系的实证研究 [J]. 经济学家，2008，（2）：90-95.
[6] 赖德胜，李长安. 当前我国就业领域的主要矛盾及其对策 [J]. 经济学动态，2010，（3）：68-72.

6.1.2 公共就业政策、经济波动与就业波动的文献综述

公共就业政策既与经济波动理论相关，又与公共经济理论相关。因而，我们将以经济波动与就业、公共就业政策与经济增长、经济增长与就业增长为基点对现有文献进行梳理。

6.1.2.1 国外文献回顾

在固定劳动的真实经济周期理论背景下，由于劳动作为外生固定变量，所以分析西方关于财政货币政策对就业波动影响的文献较少。而当西方经济学者将真实商业周期拓宽到可分劳动的情况时，关于供给冲击和需求冲击对经济波动及就业波动的研究成果逐渐增多。

早期西方经济学者将注意力放在技术冲击对经济波动的影响上。Kydland & Prescott（1982）[1] 认为技术冲击是引起经济波动的主要扰动项，但是 Shapiro & Watson（1988）[2]、Fisher 等（2006）[3] 认为技术冲击并不是构成真实商业周期的主要因素。而且经济学者对于技术冲击对就业影响效果也有不同的结论。Uhlig（2004）[4]、Basu et al 等（2006）[5] 认为就业对正向技术冲击的反应为负向；而 Carlsson（2000）[6]、Christiano et al 等（2003）[7] 则认为技术冲击对就业具有正向促进作用。

当作为真实经济周期的另一重要扰动源的政府支出逐渐引起西方经济学家兴趣之后，关于财政政策对经济波动影响的研究成果愈发丰富。20 世纪 70 年代西

---

[1] Kydland F E, Prescott. Time to Build Aggregate Fluctuations [J]. Econometrica, 1982, 50 (6): 1345 – 1371.

[2] Shapiro M. D. & M. Watson. Sources of Business Cycle Fluctuations [M]. In NBER Macroeconomics Annual, MIT Press. Cambridge, Massachusetts. 1988: 111 – 148.

[3] Fisher J. D. M. The Dynamic Effect of Neutral and Investment Specific Technology Shocks [J]. Journal of Political Economy, 2006, 114 (3): 413 – 451.

[4] Uhlig H. Do Technology Shocks Lead to a Fall in Total Hours Worked? [J]. Journal of the European Economic Association, 2004, 12 (2 – 3): 361 – 371.

[5] Basu S., J. G. Fernald & M. S. Kimball. Are Technology Improvements Contractionary? [J]. American Economic Review, 2006, 196 (5): 1418 – 1448.

[6] Carlsson M. Measure of Technology and the Short – Run Response to Technology Shock: Is the RBC Model Consistent with Swedish Manufacturing Data? [J]. The Scandinavian Journal of Economics, 2000, 105 (4): 555 – 579.

[7] Christiano L., M. Eichenbaum & R. Vigfusson. What Happens After a Technology Shock? . NBER Working Paper, No. 9819, 2003.

方国家爆发的滞胀使人们开始对财政政策的有效性产生了质疑。经济学家更关注相机抉择的财政政策对经济是否具有稳定效应，由此形成了不同的观点：(1) 相机财政政策能够稳定经济。代表经济学者为 Jones（2002）[1]、Antonio Fatas & Ilian Miho（2001）[2] 等。(2) 相机财政政策不但不能起到稳定器作用，而且还加大了经济波动幅度（Antonio Fatas & Ilian Mihov, 2003）[3]。(3) 相机财政政策稳定经济的效果不显著（Alan J. Auerbach, 2002[4]；Martin Feldstein, 2003[5]）。另外，一些经济学者直接研究财政政策变动对就业波动的影响效果。如 Lorenzo Forni et al（2009）[6] 建立了非李嘉图部门特征的动态一般均衡模型来研究欧洲地区财政政策的影响。模型假定政府征收扭曲的劳动所得税、资本所得税和消费税；财政支出用于购买产品和服务、补偿公共部门雇佣开支和对家庭部门的转移支付。实证检验发现欧洲国家在 1980—2005 年间财政政策冲击对就业波动、经济波动等宏观经济变量影响微弱。David Archer（1994）[7] 认为以反通胀为目标的货币政策将导致短期产出和就业的下降。

6.1.2.2 国内文献回顾

(1) 经济冲击、经济波动与就业波动

国内学者的相关研究主要集中在两方面：①技术冲击、非技术冲击与就业波动。黄赜琳（2006）[8] 使用内生劳动力的 RBC 模型，实证分析了技术进步与就业波动的关系。他认为技术冲击对就业具有正向效应，但是效应较小，而且由于技术进步带来的劳动供给的增长率大于劳动需求增长率，导致我国失业现象严重。

---

[1] Jones, John Bailey. Has Fiscal Policy Helped Stabilize the Postwar U. S. Economy? [J]. Journal of Monetary Economics, 2002, 49 (4): 709 – 746.

[2] Fatas A. & I. Mihov. The Effects of Fiscal Policy on Consumption and Employment: Theory and Evidence. Working Paper, CEPR Discussion Papers: 2760, University Bocconi, 2001.

[3] Fatas, A. & I. Mihov. The Case for Restricting Fiscal Policy Discretion [J]. Quarterly Journal of Economics, 2003, 118 (4): 1419 – 1447.

[4] Alan J. Auerbach, Hassett Kevin. Fiscal Policy and Uncertainty [J]. International Finance, 2002, 5 (2): 229 – 249.

[5] Martin Feldstein. Is there a role for discretionary fiscal policy: a critique. NBER Working Paper. No. 9336, 2003.

[6] Lorenzo Forni, Libero Monteforte & Luca Sessa. The General Equilibrium Efects of Fiscal Policy: Estimates for the Euro Area [J]. Journal of Public Economics, 2009, 93 (3 – 4): 559 – 585.

[7] David Bulletin Archer. Monetary Policy, Output and Employment [J]. Reserve Bank, 1994 (4): 57.

[8] 黄赜琳. 技术进步与就业波动变化的影响分析——基于可分劳动 RBC 模型的实证检验 [J]. 统计研究, 2006, (6): 34 – 38.

而明娟和王文甫（2011）[①] 的实证结论却有所不同。他们认为技术冲击对就业的影响，短期内是抑制效应，而且没有长期效应；非技术冲击对就业影响也只有短期效应，但是非技术冲击下，就业表现为正向响应过程。刘宗明（2011）[②] 通过构建SVAR模型分析了劳动就业对投资冲击的脉冲响应。经验事实表明：投资的一个单位冲击导致就业增加，但是在第10季度时正向效应消失，之后出现超调反应，即就业对投资冲击产生负向反应。而且他认为刚性工资和刚性价格是出现上述现象的重要原因。②经济波动与就业波动的关系。胡永刚和刘方（2007）[③] 实证研究表明劳动就业波动小于产出波动，即就业波动具有较弱的顺周期特点，并且认为劳动调整成本和流动性约束是导致这一结果的主要原因。邱嘉锋和董直庆（2010）[④] 从频域角度研究经济与就业的关系。研究结果表明：经济波动与就业波动短周期呈现阶段性特点，中周期无明显共变性，而长周期则呈现较好的共变性。

（2）从经济波动角度研究宏观经济政策与就业的关系

李晓芳、高铁梅、梁云芳（2005）[⑤] 应用结构向量自回归模型，实证分析了中国税收政策和财政支出政策对总产出的动态冲击效应。结果表明：税收冲击抑制了私人消费和投资、对产出是负向影响，但只有短期效应。而财政支出冲击则通过促进私人消费和投资，对总产出发挥正向效应，而且这种效应具有中长期效果。郭庆旺、贾庆雪、刘晓路（2007）[⑥] 考察了财政政策的经济稳定效应。研究发现税收政策是顺周期的，不利于稳定经济波动，但有助于价格稳定；财政支出政策具有反周期调节功能，有利于熨平经济周期，但会加剧价格波动。吴江等人（2011）[⑦] 将财政政策进一步细分为自动稳定财政政策和相机抉择财政政策，并分别考察其对产出的总量影响和结构影响。实证结果显示自动稳定财政支出政策具有逆周期特点，而税收则具有顺周期特点。相机抉择财政支出政策和税收政策

[①] 明娟，王文甫．技术冲击、非技术冲击与中国劳动就业的实证分析 [J]．南京师大学报（社会科学版），2011，(2)：72－78．

[②] 刘宗明．投资冲击与劳动就业动态：经验事实与理论解释 [J]．南开经济研究2011，(6)：66－93．

[③] 胡永刚，刘方．劳动调整成本、流动性约束与中国经济波动 [J]．经济研究，2007,(10),32－43．

[④] 邱嘉锋，董直庆．经济增长和就业增长周期波动关联效应——来自时域和频域的经验证据 [J]．经济学动态，2010，(4)：46－49．

[⑤] 李晓芳，高铁梅，梁云芳．税收和政府支出政策对产出动态冲击效应的计量分析 [J]．财贸经济，2005，(2)：32－39．

[⑥] 郭庆旺，贾俊雪，刘晓路．财政政策与宏观经济稳定：情势转变视角 [J]．管理世界，2007，(5)：7－15．

[⑦] 吴江，张艳丽，刘勇．财政政策冲击对实体经济的总体和结构性影响分析 [J]．财政研究2011，(7)：42－47．

的冲击对产出具有正向效应，但对价格的作用方向并不明确。陈永伟和徐冬林（2011）[①] 认为一个标准单位的税收冲击，虽然在短期内会对就业产生正向影响，但是并不显著，即税收波动不是构成就业波动的主要因素。郭新强、胡永刚（2012）[②] 从财政支出角度研究此论题，认为政府生产性支出和政府投资性支出冲击对就业具有正向效应；而科教文卫支出冲击却是抑制作用。并且实证结果表明政府支出对就业波动的影响程度与政府支出的生产性比例以及财政支出结构高度相关。许先普（2009）[③] 通过构建 Sidrauski 模型分析框架得出结论，若消费者对商品消费的相对风险规避程度大于（小于）1，则扩张性的货币政策就能拉动（抑制）居民就业。而我国居民消费相对风险规避程度较大，因而实施扩张性的货币政策能够在短期内增加就业王君斌和薛鹤翔（2010）[④] 通过动态模型研究结果发现，通过实施扩张性的货币政策虽然能够在短期内达到拉动就业的目的，在长期内却存在通货膨胀和失业的负面效应。曾学文（2007）[⑤] 检验了我国 1990—2005 年财政货币政策开发就业潜力的效果。分析结果发现，由于财政支出不足、减税刺激就业渠道不畅、政府投资多为资本密集型行业等原因造成财政政策开发就业的效果并不理想，政府开发就业成本明显高于民间。而货币供给量的增加有利于提升就业效果，但信贷规模的扩大对就业促进作用相当微弱。

综上所述，国内外的现有研究成果具有重要意义，为我们后续研究奠定了坚实的理论基础，进一步拓宽了我们的研究思路和分析方法。但是，我国现有研究也存在以下薄弱之处：第一，在从一般均衡角度研究宏观经济政策与就业之间的关系方面，国内学者的实证分析大多直接用经济常识建立计量模型，缺乏对模型进行严密的推导。并且对于构建的数理模型中变量间的关系也没有进行理论的研判。而且，很少有学者将财政政策与货币政策纳入统一的数理模型框架中，综合分析两者对就业的影响。第二，国内关于财政货币政策、经济增长与就业增长的文献大多集中在两两讨论层面，如财政货币政策与经济增长的关系、财政货币政策与就业的关系、经济增长与就业的关系。鲜有文献将三者融合在一起，以经济

[①] 陈永伟，徐冬林. 税收优惠能够促进就业吗？——基于企业所得税的分析 [J]. 中南财经政法大学学报，2011，(2)：29-34.

[②] 郭新强，胡永刚. 中国财政支出与财政支出结构偏向的就业效应 [J]. 经济研究，2012，(增2)：5-17.

[③] 许先普. 货币政策与居民就业——基于带有内生劳动力供给的 Sidrauski 模型分析框架 [J]. 经济前沿，2009，(5)：14-19.

[④] 王君斌，薛鹤翔. 扩张型货币政策能刺激就业吗？——刚性工资模型下的劳动力市场动态分析 [J]. 统计研究，2010，(6)：7-16.

[⑤] 曾学文. 我国转型期财政和货币政策开发就业潜力的效果分析 [J]. 财贸经济，2007，(2)：18-24.

增长为主线研究财政货币政策对就业影响的传导机制和效果。而在现实经济中，财政货币政策对就业的影响大部分通过经济增长（消费、投资等经济变量）来传导，如果抽离经济增长因素，仅实证财政货币政策的就业影响则缺乏理论深度、内在有机性以及应用性。第三，国内关于财政货币政策、经济波动与就业波动的文献也大多集中在单方面的讨论层面，如财政货币政策与就业的关系、经济波动与就业的关系。而将财政货币政策变化与就业波动联系在一起研究其动态响应过程的文献极少，而将经济波动作为传导媒介研究三者间关系的研究更是匮乏。基于此，本章力图通过构建准确的数理模型，通过严密推导对公共就业政策与就业的关系进行先验判断，进而运用中国宏观经济数据对公共就业政策的实施效果进行实证检验。而且，尝试建立公共就业政策、经济增长（波动）和就业增长（波动）的联动研究范式，模拟经济周期中公共就业政策变化与各经济变量调整的真实传导过程和路径。

6.2 公共就业政策、经济增长与就业增长的实证检验

由于经济变量间纷繁复杂的关系，我们不能通过建立多个相互隔离的单一方程来进行描述，而需从整体上建立一个财政货币政策、经济增长与就业增长的联立方程模型，描述三者间相互作用的过程及对就业的影响。为此，本节首先建立财政货币政策、经济增长与就业增长之间的数理模型与联立计量模型。其次以中国的宏观数据检验财政政策与经济增长及就业增长的关系。最后以中国的宏观数据检验货币政策与经济增长及就业增长的关系。

6.2.1 财政货币政策、经济增长与就业增长关系的联立数理模型

由于经济变量间纷繁复杂的关系，我们不能通过建立多个相互隔离的单一方程来进行描述。因为财政货币政策、经济增长和就业之间相互依存、互为因果，共同构成一个经济系统。如果通过单方程分析则会割裂三者间的内在联系，估计结果不够准确。因而必须使用一组能够反映三个变量内在关系的联立方程组来进行描述。为此，本部分拟建立包括财政货币政策、经济增长与就业增长的联立方程模型，对三者关系从整体上进行数理分析。

6.2.1.1 数理模型的构建

(1) 社会总产出

假设社会总产出满足柯布—道格拉斯生产函数形式，在技术进步一定的条件下，资本（K）、劳动（L）和政府支出（G）是推动经济增长的要素。在 t 期的经济产出表示为：

$$Y = AK_t^{\alpha} L_t^{\beta} G_t^{\gamma} \tag{6-1}$$

其中，K_t、L_t 和 G_t 分别为 t 期社会资本、劳动和政府支出的总投入；α、β 和 γ 分别为各变量的边际产出弹性；A 为技术进步，这里假定技术进步不变。上式为经济产出的函数形式，等号的右边反映了经济增长的决定因素。在具体建模时，我们除了将上述主要因素作为自变量外，其他可能影响经济产出的重要因素也不应忽视，否则可能因遗漏变量引起自相关问题。根据供给学派思想，税收水平是影响经济增长的重要因素。因此，我们将税收收入（T_t）也作为自变量引入计量模型。为使模型便于估计需要将其转化为线性，对（6-1）式等号两边取对数，并加入税收收入对数变量后得到：

$$\ln Y_t = c(1) + c(2)\ln K_t + c(3)\ln L_t + c(4)\ln G_t + c(5)\ln T_t + \varepsilon_t \tag{6-2}$$

(2) 劳动力市场

对于家庭来说，代表性家庭通过提供劳动和出租资本获得劳动收入 $w_t ls_t$ 和资本收益 $(1+r_t)K_{t-1}$，持有的实际货币余额为 $\frac{M_{t-1}}{P_t}$。w_t、r_t 和 M_{t-1} 分别为工资、利率和货币余额。假定所有厂商也由代表性家庭拥有，则企业的加总利润 Π_t 也是代表性家庭收入的一部分。假设政府对家庭部门征收总额税，税率为 τ_t。代表性家庭的收入分解为消费支出 C_t、资本投资 K_t 和货币余额 $\frac{M_t}{P_t}$。而且在整个经济活动过程中，代表性家庭以消费和闲暇 $(\frac{M_t}{P_t})$①最大化为行为准则。因此，代表性家庭的最优化问题为：

$$\max \sum_{t=0}^{\infty} \rho^t u(C_t, ls_t, \frac{M_t}{P_t}) \tag{6-3}$$

$$s.t. \quad C_t + K_t + \frac{M_t}{P_t} = (1-\tau_t)[w_t ls_t + (1+r_t)K_{t-1} + \Pi_t] + \frac{M_{t-1}}{P_t} \tag{6-4}$$

---

① ls_t 表示 t 期的劳动供给，假定劳动供给和闲暇之和为 1，则闲暇为 $1 - ls_t$。

其中，$u(C_t, ls_t, \frac{M_t}{P_t})$ 为代表性家庭的效用函数，ρ 为主观贴现率（$0 < \rho < 1$）。为了推导方便，假设效用函数为双对数函数：$u(C_t, ls_t, \frac{M_t}{P_t}) = \log C_t + \theta \log(1 - ls_t) + \delta \log\left(\frac{M_t}{P_t}\right)$，$\theta$ 表示代表性家庭对消费和闲暇选择的相对权重，δ 表示代表性家庭对货币选择的相对权重。代表性家庭最大化的一阶条件为：

$$ls_t = 1 - \frac{\frac{M_t}{P_t}}{(1 - \tau_t) w_t} \tag{6-5}$$

（6-5）式为代表性家庭的劳动供给函数表达式。由劳动供给函数可知，劳动供给与家庭的实际货币余额持有水平、工资水平以及税收负担相关。

对于企业来说，代表性企业从家庭部门雇佣劳动力 $w_t ld_t$ 和租借资本 $(r_t + \delta) K_t$ 进行生产，δ 为资本折旧率。在扣除生产成本后获得利润。其利润函数

$$\prod_t = Y_t - w_t ld_t - (r_t + \delta) K_t \tag{6-6}$$

其中，$\prod_t$ 为企业的利润水平，ld_t 为企业雇佣的劳动力数量。企业利润最大化时，工资率需满足：

$$w_t = \beta Y_t / ld_t \tag{6-7}$$

在劳动力市场均衡时，劳动供给量等于劳动需求量。将（6-7）式代带入（6-5）式，经整理可以得到均衡的就业量 L_t 为

$$L_t = \frac{(1 - \tau_t) \beta Y_t P_t}{(1 - \tau_t) \beta Y_t P_t + M_t} = \frac{\beta P_t (Y_t - T_t)}{M_t + \beta P_t (Y_t - T_t)} \tag{6-8}$$

（6-8）式说明，劳动力市场均衡时的就业量与经济产出，货币余额持有量、物价水平以及税收收入有关。公式中以居民消费价格指数来衡量物价水平来反映其对劳动就业量的影响。由于工资水平和就业量的滞后值也是影响就业量的重要因素，因此将工资（w_t）和上期就业量（L_{t-1}）也应作为自变量。对（6-8）式两端取对数，并加入工资和就业量滞后值后得到计量模型：

$$\ln L_t = c(6) + c(7)\ln Y_t + c(8)\ln CPI_t + c(9)\ln L_{t-1} + c(10)\ln T_t + c(11)\ln w_t + c(12)m_t + \varepsilon_2 \tag{6-9}$$

（3）政府部门

政府对家庭部门征收的总额税是社会产品中的一部分，所以税收收入（T_t）是经济产出（Y_t）的函数。另外，为防止自相关性，将工资水平作为控制变量；政府支出来源于税收，而税收又是产出的函数。因此，政府支出受经济产出（Y_t）和上一期的税收收入（T_{t-1}）影响。除此之外，政府财政收支与家庭货币

持有水平密切相关，因此货币持有也引入财政收支方程。取了对数后的税收和财政支出的计量模型为：

$$\ln T_t = c(13) + c(14)\ln Y_t + c(15)\ln w_t + c(16)m_t + \varepsilon_3 \qquad (6-10)$$

$$\ln G_t = c(17) + c(18)\ln Y_t + c(19)\ln T_{t-1} + c(20)m_t + \varepsilon_4 \qquad (6-11)$$

6.2.1.2 联立计量模型的构建

总之，家庭部门、企业部门和政府部门三方共同决定财政货币政策、经济增长和就业量。我们将三方决定过程作为一个经济系统来研究。图6-1描述了这个经济系统中的各变量之间的关系。虚线内为内生变量，虚线框外变量为此经济系统的外生变量。从图中可以发现，财政货币政策、经济增长与就业量三者之间互相影响，共同影响系统且受系统影响。而工资和价格作为外生变量，其变化不由联立方程系统决定，但是会对系统产生影响。

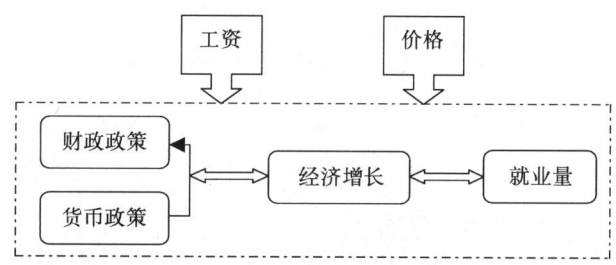

图6-1 联立方程设定的经济系统中各变量间关系

根据上述模型推导结果，对本部分建立以下联立方程组（6-12）式：

$$\begin{cases} \ln Y_t = c(1) + c(2)\ln K_t + c(3)\ln L_t + c(4)\ln G_t + c(5)\ln T_t + \varepsilon_1 \\ \ln L_t = c(6) + c(7)\ln Y_t + c(8)\ln CPI_t + c(9)\ln L_{t-1} + c(10)\ln T_t + c(11)\ln w_t + c(12)m_t + \varepsilon_2 \\ \ln T_t = c(13) + c(14)\ln Y_t + c(15)\ln w_t + c(16)m_t + \varepsilon_3 \\ \ln G_t = c(17) + c(18)\ln Y_t + c(19)\ln T_{t-1} + c(20)m_t + \varepsilon_4 \end{cases} \qquad (6-12)$$

在实证分析前，我们先根据经验对联立方程组各变量的回归系数作预测。方程1主要考察了税收和财政支出对经济增长的影响。由于资本积累是一国财富增长的物质基础（Solow Growth Model），所以，预计资本的回归系数 $c(2) > 0$，同时作为社会产出必备的劳动力因素与经济产出间往往也以正向关系存在，即 $c(3) > 0$。财政支出和税收对经济产出的影响具有两面性[①]，所以 $c(4)$ 和 $c(5)$ 的

---

① 对于财政支出，一方面因弥补私人有效需求不足而刺激经济增长，另一方面对私人部门可能存在"挤出效应"而抑制经济增长。税收对经济增长也具有双面性。税率不高，税收可以促进经济增长；但是一旦税率超过一定标准，税率对经济增长产生负作用。

符号不确定。方程 2 表明就业量受经济增长影响的关系式。预计经济增长弹性 $c(7)>0$，价格水平的回归系数 $c(8)>0$，就业滞后项系数 $c(9)>0$，工资对就业量的影响系数 $c(11)<0$，货币量 $c(12)<0$。税收对就业量的影响方向具有双面性。面对税收的变化，对于家庭部门来说，税收产生的替代效应和收入效应使得劳动供给变化方向不确定，对于企业部门来说，税收的规模效应和替代效应也使劳动需求的变化扑朔迷离。由此可见，$c(10)$ 的符号也不确定。方程 3 和方程 4 分别表示经济增长对财政与货币因素的影响。由于税收和财政支出来源于经济产出，而且根据瓦格纳法则，预计方程 3 和方程 4 中的经济增长的回归系数 $c(14)$ 和 $c(18)$ 都大于零。货币量增加对税收收入和财政支出的影响也是双向的，即 $c(16)$、$c(20)$ 符号不确定。一种情况是在经济达到充分就业产出水平时，增加货币供给量，税收和财政支出可能降低；另一种情况是未实现充分就业产出水平时，若增加货币投放，税收和财政支出受到正向影响的概率较大。

6.2.2 财政政策、经济增长与就业增长：基于联立方程模型的经验分析

6.2.2.1 数据说明与统计描述

本部分选取 1990—2013 年全国经验数据作为实证样本，相关的原始数据来源于历年《中国统计年鉴》和《中国财政年鉴》。具体变量选取如下：

(1) 就业量（L_t）。使用全国年末从业人员数来衡量，单位为万人。

(2) 税收（T_t）。以全国一般性预算收支中的各项税收的决算数为实证数据。

(3) 财政支出（G_t）。选取全国一般性预算收支中的财政支出的决算数作为计量的指标。

(4) 经济产出（Y_t）。以历年的国内生产总值作为衡量指标。

(5) 私人资本存量（K_t）。社会总资本由私人资本（企业和居民的资本存量之和）与政府资本构成。所以，私人资本存量 = 支出法国内生产总值中的资本形成总额 - 政府资本总额。但是政府资本总额统计年鉴中没有相应数据。这里我们使用社会固定资产投资中的政府预算支出代替。因此，私人资本存量为资本形成总额与政府投资性支出之差。

(6) 居民消费价格指数（CPI_t）和工资（W_t）。居民消费价格指数选取 1978 年为基期的历年数据；工资水平使用城镇职工工资总额来衡量。

以上变量除居民消费价格指数外，全部进行价格平减，然后取对数，以消除时间序列的异方差，并且回归后可以直接获得经济变量的弹性意义。经整理各变量的统计描述见表6-1。

表6-1　　　　　　　　　　1990—2013年样本统计描述

变量	均值	中位数	最大值	最小值	标准偏差	观测值
lnL_t	11.179	11.194	11.253	11.078	0.04	24
lnL_{t-1}	11.174	11.187	11.251	11.078	0.053	23
lnT_t	8.182	8.067	9.675	7.173	0.845	24
lnT_{t-1}	8.110	7.973	9.604	7.173	0.795	23
lnG_t	8.342	8.291	9.882	7.262	0.872	24
lnY_t	10.171	10.088	11.407	9.063	0.678	24
lnK_t	9.217	8.990	10.530	7.985	0.749	24
$lnCPI_t$	6.015	6.089	6.408	5.377	0.280	24
lnW_t	6.669	6.524	7.553	6.184	0.416	24

6.2.2.2　系统估计方法

通过联立方程模型识别的阶条件和秩条件，方程系统的四个方程属于过度识别，因此不能使用最小二乘法估计。虽然两阶段最小二乘法（2SLS）可以解决过度识别产生的内生性问题，但是该方法属于单方程估计方法，没有考虑残差间的协方差问题，得到的估计也不是有效估计。为此，我们使用三阶段最小二乘法（three-stage least squares，3SLS）进行估计。该方法利用了系统内的全部信息，能够同时估计全部结构方程，同时得到系统内所有方程的参数估计值。而且当系统内残差存在异方差和自相关时，三阶段最小二乘法是一种有效的估计方法。鉴于此，本部分采取三阶段最小二乘法估计是合适的。

联立方程模型的3SLS估计思路是：首先，将待估的联立方程系统进行简化处理，每个内生变量对工具变量回归，得到拟合值；其次，用估计出来的内生变量的拟合值做OLS回归，得到联立方程系统中的所有方程的2SLS估计值和残差；最后，利用残差得到扰动的方差协方差矩阵的估计，根据相应权重（相当于变换数据）做回归，即使用广义最小二乘法最终得到参数估计值。

6.2.2.3　估计结果及分析

根据上文的分析，我们使用statas10.0软件对1990—2013年的各变量序列进行联立方程模型估计，估计结果如表6-2所示。

表 6-2　　　　　　　　联立方程模型的 3SLS 估计结果

变量	方程 1	方程 2	方程 3	方程 4
常数项	-11.524 (9.503)	5.489* (3.067)	-5.127*** (0.247)	1.995*** (0.696)
$\ln L_t$	1.268** (0.990)			
$\ln L_{t-1}$		0.513** (0.283)		
$\ln T_t$	-1.228* (0.713)	0.053 (0.032)		
$\ln T_{t-1}$				0.696*** (0.129)
$\ln G_t$	1.245** (0.632)			
$\ln Y_t$		0.043** (0.045)	1.047*** (0.063)	0.465*** (0.170)
$\ln K_t$	0.764*** (0.135)			
$\ln CPI_t$		-0.026 (0.008)		
$\ln W_t$		-0.066* (0.045)	0.401*** (0.078)	
$\hat{R}^2$	0.991	0.999	0.992	0.993
回归标准差	0.066	0.005	0.075	0.070

从表 6-2 可以看出，四个方程的拟合情况较好，调整的可决系数均在 0.99 以上，表明模型对样本的拟合优度较高。

(1) 财政政策对经济增长的影响

方程 1 描述了包括财政政策在内的各变量对经济增长的影响。回归结果表明：税收、财政支出、就业量以及私人资本对经济增长影响显著。具体来看：

第一，税收与经济增长负相关。回归系数显示，税收收入增长 1%，经济产出下降 1.228%，税收对经济增长的负向影响显著。说明我国税收对社会资源配置产生了扭曲效应，降低了经济效率。税负水平处于"拉弗曲线"的禁区，税收收入的增加抑制了经济增长。

第二，财政支出对经济增长具有正向促进作用。财政支出的系数在5%的显著性水平上通过了检验。财政支出每增加1%，经济增长1.245%。说明我国财政支出政策对经济增长的拉动作用明显。在近两次国际经济危机的冲击下，我国经济很快能够企稳回升，这与政府的大规模支出关系密切。

我们综合考察税收和财政支出变量，两者对经济增长的作用方向相反。税收和财政支出对经济增长的净影响为0.017%。表明我国财政政策对整体经济发展是正向效果。但是为提高财政政策对经济的正向作用，应进一步推进结构性减税政策，注重财政支出结构和效率。

第三，就业量的扩大有利于经济增长。根据新古典生产函数可知，劳动要素是国民经济产出的必备生产要素。一般来说，劳动力要素（有效劳动）投入越多，经济产出越多。而且就业状况越好，消费需求越大，商品的流通速度越快，进而投资增加，推动经济的进一步增长。我们实证的结论与先验预期一致。

第四，私人资本对经济增长具有促进作用。回归结果表明私人资本与经济增长正相关，从回归系数上来看，私人资本对经济增长的贡献（0.764）小于劳动力要素（1.268）对经济增长的贡献。但是，将政府支出与私人资本回归系数加总得到社会资本存量对经济增长的总贡献为2.009，这一数值远大于劳动力要素的经济贡献度。这也印证了众多学者关于资本拉动型经济增长的观点。

（2）经济增长对就业量的影响

方程2描述了经济系统中经济增长等要素对就业量的影响效果。其中，经济增长、就业的滞后项以及工资水平通过了显著性检验。

第一，经济增长能够促进就业量增加，但促进效应较小。联立方程2回归结果表明，经济每增加1%，将带动就业量提高0.043%。从系数符号来看，经济增长对就业扩大具有正效应。但是从数值大小来看，经济增长对就业的促进作用较小。一般经济理论认为经济增长会带动投资、吸收就业，降低失业率。然而我国经济发展中却存在经济增长率与就业率非一致性的现象。

第二，上一期就业量对当期就业量具有正向影响。上期就业增长1%，本期就业增长0.513%。而且方程2的所有自变量的系数中，就业滞后值的回归系数最大。即与经济增长、工资等变量对就业的影响相比，本期就业量更多是受上一期就业量的影响。说明就业变化是一个连续、累积的调整过程，具有较强的惯性。

第三，税收对就业量的直接影响不显著。根据税收政策对就业的促进方式和效果，可将税收政策分为直接促进与间接促进就业的税收政策。前者是指国家通过税收优惠政策鼓励个人自主创业、激励企业增加雇佣量，从而直接扩大社会劳动需求。而后者则是指税收政策通过促进经济增长的方式带动就业机会增加。这里的实证结果显示税收促进就业的直接效果不明显,即政府为增加就业对企业和个人的直接税收优惠并没有取得显著成效。

第四,工资增加不利于就业量的增加。工资对数的回归系数为 -0.066,说明随着工资的增加,就业量逐渐减少。从企业层面看,工资增加意味着企业生产成本提高,企业劳动需求降低;从劳动者层面看,工资增加带来的劳动供给效应具有两面性,一方面替代效应导致劳动者增加劳动供给,另一方面收入效应使得劳动者减少劳动供给。在现阶段的收入分配形势下,面对工资提高劳动者可能更倾向于选择增加劳动供给。由此劳动供需的缺口拉大。然而在我国劳动力市场的买方垄断条件下,就业量只能降低。

(3) 经济增长对税收和财政支出的影响

方程 3 和方程 4 分别报告了经济增长对税收收入和财政支出的影响效果。从实证结果来看,经济每增加 1% 带动税收收入增加 1.047%,财政支出增加 0.465%。即经济增长对两者都具有促进作用,但是经济增长对税收收入的促进效果更明显。

(4) 财政政策、经济增长与就业增长的综合效用分析

上述联立方程组反映了财政政策、经济增长和就业增长之间的相互作用,互为因果的复杂关系。为了更清晰地展现三者的作用过程和效果,我们绘出图 6-2 进一步进行阐释。

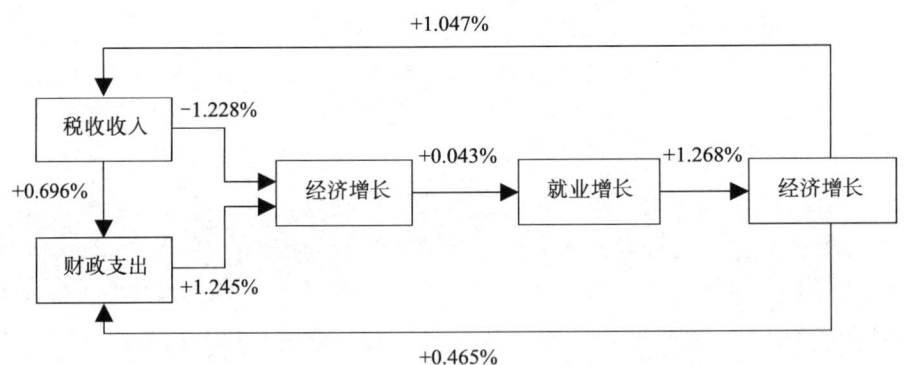

图 6-2　财政政策、经济增长与就业增长之间的传导效应

在图 6-2 中,整体上只有税收收入的影响系数为负,其他变量对另一变量的影响效应均为正值。而且财政政策经由经济增长传导作用于就业的过程是一个循环系统,通过每轮效应累积,助推整个经济发展达到更高水平。首先,税收和财政支出变量对经济增长的综合效应为正,这种正效应促进了经济增长,经济增

长又拉动了就业，就业量的扩大反过来又促进了经济增长。这是财政政策对经济及就业的第一轮影响。其次，被财政政策刺激的经济增长为税收收入提供了丰裕的财源，税收收入随着经济增长而增加。财政支出受经济增长和税收收入增长的双重作用而进一步提高。由此可见，在上一轮经济增长的刺激下，税收收入和财政支出增加。因此，财政政策对就业量的影响开始第二轮作用。依此往复，财政政策、经济发展、就业增长相互作用效果不断累积、直至新的外生变量将这一系统循环规律打破。从6-2的传导图可以看出，当前我国财政政策对整体的经济发展和就业促进具有正向效果。但是税收的负作用过大，削弱了财政政策的正效应。为提高财政政策对经济和就业的促进作用，应进一步落实结构性减税政策，优化财政支出结构和效率。

6.2.3 货币政策、经济增长与就业增长关系的实证检验

稳增长、促改革、调结构、惠民生是新时期经济工作的重心。随着改革的深入，稳增长压力加大，保持经济平稳运行成为重点。自2008年金融危机以来，中国大体实行稳健加适度宽松的货币政策。尤其是2014年下半年至今，央行多次降息降准。从目前的经济形势看，未来货币政策将会继续向宽松微调。由此可见，在政府宏观调控体系中，货币政策是重要组成部分。检验货币政策对宏观经济（包括就业）的影响效果是实施有效货币政策的前提和重要参考。

6.2.3.1 货币政策有效性之争与模型选择

根据经济周期理论，宏观经济是一系列冲击作用下的一个动态随机系统，是不同时段的需求或供给冲击下的综合结果。货币政策作为经济冲击的主要手段，通过政策选择和变化对宏观经济产生动态影响。就业是宏观经济的重要组成部分。政府实施的货币政策将通过一定的经济变量传导对就业产生某种影响。其传导路径可以表述为图6-3。

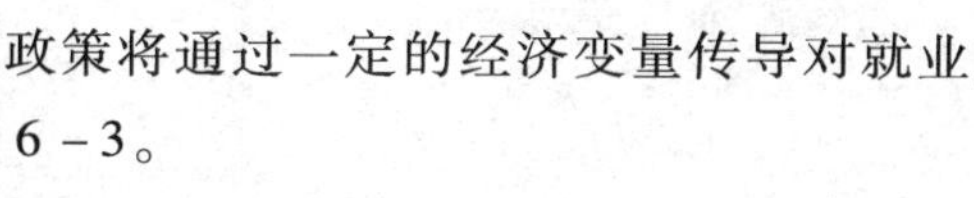

货币政策变动→{投资, 消费}→经济增长→就业增长

图6-3 货币政策、经济增长与就业增长之间的传导效应

在上述传导路径中，货币政策调整的经济增长效应，不同学者各执一词，出现了货币中性论和货币非中性论的不同观点。

在理论方面,古典货币数量论者,如费雪、马歇尔、庇古等是早期货币中性论的代表性人物。理性预期学派在严格理性经济人的假设下,认为具有完全信息的微观主体行为会抵消货币政策效果,导致货币政策无效。而凯恩斯主义和新凯恩斯主义则认为货币供给的变化以及存在工资和价格粘性的条件下,货币政策是有效的。货币学派强调短期内货币政策有效,但长期则是无效的。如货币学派代表人物弗里德曼认为短期存在价格粘性情况下,货币供应量变化能够影响实际产出和就业等经济活动,但在长期货币流通速度可预测,货币需求函数稳定,货币供给量增加只能带来通货膨胀,对实际经济活动没有影响。

在实证方面,关于货币政策的效果同样分立为两大阵营,而货币非中性论的支持者占据多数。如 Romer（1989）[1] 对美国货币供给量变化与经济波动的关系研究,发现货币政策对经济波动的冲击效果显著。Bernanke & Blinder（1992）[2] 运用美国的经济数据实证分析利率对实际经济的影响效果,结果显示利率和信贷变化是美国货币政策发挥作用的主要途径。国内学者袁志刚（1993）[3] 和刘金全（2006）[4] 针对中国转型期经济制度不完善、价格弹性低的特点,同样得出了货币政策有效的结论。随着研究领域的细化和研究方法的拓展,学者们的研究结论更具有多样性。Bae & Ratti（2000）[5] 认为货币政策对产出短期内中性,而长期却是非中性的。而国内学者王君斌、薛鹤翔（2010）[6] 和王伟（2011）[7] 则持相反的观点,认为货币政策在短期内能够刺激就业、促进经济增长,而长期只能带来失业和通货膨胀。Mallick & Rafiq（2008）[8] 将研究视域由一国拓展到多国,在分析德国、意大利和法国的货币供给量和产出数据的基础上,得出了不同国家货币政策的效果差异较大的结论,如德国的货币政策效果显著,而意大利和法国

---

[1] Romer C. D & Romer D. H. Does monetary policy matter? A New test in the sprite of Friedman and Schwarz in Blanchard O. J. and Fisher. eds. NBER [J]. Macroeconomic Annual. 1989: 121-180.

[2] Bernanke Ben S & Blinder Alan S. The Federal Funds Rate and the Channels of Monetary Transmission [J]. American Economic Review., 1992, 82 (4): 901-921.

[3] 袁志刚. 非瓦尔拉斯均衡理论及其在中国经济中的应用 [M]. 上海:上海三联出版社,1993: 34-35.

[4] 刘金全. 货币政策的有效性和非对称性 [J]. 管理世界,2002,(3): 43-51.

[5] Bae Sang-Kun & Ratti Ronald A. Long-run Neutrality, Nigh Inflation, and Bank Insolvencies in Argentina and Brazil? [J]. Journal of Monetary Economics., 2000, 46 (3): 581-604.

[6] 王君斌,薛鹤翔. 扩张型货币政策能刺激就业吗?——刚性工资模型下的劳动力市场动态分析 [J]. 统计研究,2010,(6),7-16.

[7] 王伟. 金融危机背景下中国货币政策有效性的实证研究 [J]. 求索 2011,(2),14-16.

[8] Mallick S. K & Rafiq M. S. The Effect of Monetary Policy on Output. in EMU3: A Sign Restriction Approach [J]. Journal of Macroeconomics, 2008, 30 (4): 1756-1791.

的货币政策几乎无影响。货币中性论的代表性实证文献有：McCandless & Weber (1995)[①]选取全世界110个国家的货币供给量、通货膨胀率及实际产出数据进行实证分析，研究发现货币供给与通货膨胀之间的相关性较高，而两者对产出却没有任何影响。Roffia & Zaghini (2007)[②]通过对中东国家的数据进行实证研究，发现货币政策只会影响价格等名义变量，对产出、就业等实际变量的影响呈现中性特点。国内学者黄达（1997）[③]认为我国的货币政策效果被高估，货币政策效力较低甚至无效。周锦林（2002）[④]应用格兰杰因果检验方法，发现以货币供给为中介指标的货币政策呈中性特征。裴平、熊鹏（2003）[⑤]认为货币政策的"渗漏"效应大大降低了其政策效果，造成政策短期中性。李星星（2016）[⑥]通过VAR法分析发现货币供给不是经济增长的格兰杰原因，货币供给只能通过通货膨胀间接影响经济增长。

综上所述，上述两种截然不同观点产生的根本原因在于货币政策在现实中能否实现利率、信贷及资产价格等传导途径的完全畅通（孙艳梅、郭红玉，2013[⑦]）。根据凯恩斯主义理论，短期内货币政策对经济增长是有效的理论得出图6-3的传导路径。现实中，我国货币政策是否有效？对经济增长和就业是否有影响？这些问题还需实证检验。不同的影响效果对后续的传导至关重要。而6.2.2.1中的联立数理模型（6-12式）是假定货币政策非中性前提下的模型，因此我们不能简单地将货币政策变量引入上述联立方程模型进行实证分析。为评价货币政策的实施效果、检验实际经济波动轨迹，我们以中国的经验数据为基础，利用格兰杰因果检验法细致分析货币政策、经济增长以及就业间的联动效应。

6.2.3.2 模型设定

本部分实证分析所涉及的主要变量均为时间序列数据。现实中，虽然一部分经济变量本身是非平稳序列，但是变量间的某种线性组合可能是平稳序列。这种

---

① McCandless & Weber. Subsample instability and asymmetries in money – income causality [J]. Journal of Econometrics., 1995, 64 (2): 669 – 840.
② Barbara Roffia & Andrea Zaghini. Excess Money Growth and High Flation Dynamics [J]. International Finance., 2007, 10 (3): 241 – 280.
③ 黄达. 宏观调控与货币供给 [M]. 北京：中国人民大学出版社，1997：89 – 95.
④ 周锦林. 关于我国货币"中性"问题的实证研究 [J]. 经济科学，2002，(1)：61 – 65.
⑤ 裴平、熊鹏. 我国货币政策传导过程中的"渗漏"效应 [J]. 经济研究，2003，(8)：21 – 27.
⑥ 李星星. 货币供给、通货膨胀与经济增长关系实证研究 [J]. 现代营销，2016，(2)：6 – 7.
⑦ 孙艳梅、郭红玉. 我国货币政策传导的央行沟通路径研究 [J]. 经济问题探索，2013，(6)：54 – 57.

线性组合说明各序列间具有协整关系，可以解释变量间的长期均衡关系。因此，我们采用时间序列分析方法中的协整和误差修正模型来估计货币政策的有效性以及对就业的间接影响。

(1) 协整检验

在多维时间序列系统中，如果每个时间序列都具有单整阶数，那么这个多维时间序列的某种线性组合能够降低单证阶数，则说明时间序列存在协整关系。将协整关系运用于经济问题分析时，如果经济系统中的各经济变量是非平稳的，但其线性组合是平稳的，则说明变量间是协整的，该经济系统具有长期稳定关系。协整检验的步骤为：

第一，若 k 个时间序列 y_1、$y_2 \cdots y_k$，均为 1 阶单整，建立的回归模型如下：

$$y_{1t} = \beta_2 y_{2t} + \beta_3 y_{3t} + \cdots + \beta_k y_{kt} + \mu_t \quad t = 1, 2, \cdots, T \tag{6-13}$$

上式回归结果的残差为 $\hat{\mu}_t = y_{1t} - \hat{\beta}_2 y_{2t} - \hat{\beta}_3 y_{3t} - \cdots - \hat{\beta}_k y_{kt}$

第二，检验残差 $\hat{\mu}_t$ 是否为平稳时间序列。若平稳，则说明这个时间序列 $(y_1, y_2, \cdots, y_k)$ 之间存在协整关系，$(\beta_2, \beta_3 \cdots, \beta_k)$ 为协整向量。否则，$(y_1, y_2, \cdots, y_k)$ 之间不存在协整关系。

(2) 误差修正模型 (ECM)

为了反映变量间的长期均衡关系，我们通过建立自回归分布之后模型 (ADL) 来动态表示经济变量的长期均衡过程。建立一阶自回归分布模型 ADL (1, 1)：

$$y_t = \beta_0 + \beta_1 y_{t-1} + \beta_2 x_t + \beta_3 x_{t-1} + \mu_t \quad t = 1, 2, \cdots, T \tag{6-14}$$

通过一系列的变形后得到：

$$\Delta y_t = \alpha(y_{t-1} - k_0 - k_1 x_{t-1}) + \beta_2 \Delta x_t + \mu_t \tag{6-15}$$

上式即为误差修正模型。其中，$\alpha = \beta_1 - 1$，α 为调整系数，是对偏差的调整速度。$(y_{t-1} - k_0 - k_1 x_{t-1})$ 为误差修正项，表示 y_t 关于 x_t 的短期偏离程度。对误差修正模型的估计方法采用 Engle 和 Granger (1981) 两步法进行。估计结果表明短期的被解释变量变动由长期趋势与短期波动决定，经济系统对于均衡状况的偏离程度反映波动振幅大小。

6.2.3.3 变量选择与数据处理

本部分实证分析选取的内生变量包括：货币供给量 (M1)、国内生产总值 (GDP)、就业量 (从业人员数 L)、物价水平 (居民消费价格指数 CPI)。研究样本时间跨度为 1994 年第一季度至 2014 年第四季度 (样本容量为 84)，所有变量的季度数据均由中经网统计数据库中的月度数据整理得到。其中，就业量为从业人员数，居民消费价格换算为以 1993 年 1 季度为基期的定基数据。为消除样本时间序列的季度因素影响，使用 X-11 方法对所有变量进行季节调整，以显示序列潜在趋势循环，真实反映序列的客观运动规律；同时为了削弱数据的异方差并保证量纲一致，除了 CPI 以外，对季节调整后的货币供给量（M1）、国内生产总值（GDP）、就业量（从业人员数 L）三组变量取对数，然后对所有变量进行差分，由此得到新的数据系列 DL(M1)、DL(GDP)、DL(L)、DL(CPI)。

6.2.3.4 实证分析过程

(1) 数据平稳性检验

为避免"伪回归"现象，在实证检验之前，上述各变量需要进行平稳性检验。我们采用 ADF 和 PP 两种方法对序列的单位根进行检验。检验结果（见表 6-3）显示各变量均为平稳序列，而且各变量均有较高的置信度，除了就业指标 DL(L) 之外，其他的指标均在 1% 的显著性水平下通过检验。说明经过对数和差分调整后的四组数据系列本身是平稳的。

表 6-3　　　　　　　　各变量稳定性检验

检验方法	DL(L)	DL(GDP)	DL(M1)	DL(CPI)
检验形式	(0,0,0)	(c,0,4)	(c,t,0)	(c,0,0)
ADF 检验	-1.814*	-3.505**	6.829***	-4.849***
PP 检验	-2.105**	-6.673***	-6.564***	-5.271***
检验结论	平稳	平稳	平稳	平稳

注：(c,t,n) 表示漂移项、趋势项、滞后阶数；***、**、* 分别表示在 1%、5%、10% 水平下显著。

(2) 因果关系检验

下面采用 Granger 因果关系检验方法对 DL(M1)、DL(GDP)、DL(L)、DL(CPI) 之间的因果关系进行检验。这里我们主要考察国内生产总值、就业与货币供给量、物价水平间以及国内生产总值与就业间是否具有因果关系。检验结果表明，表 6-4 所列示的数据序列间的因果关系均成立。

表 6-4　　　　　　　　各变量间因果关系检验表

	原假设	F 统计值	P 值
DL(GDP) 方程	DL(M1) 不是 DL(GDP) 的 Granger 原因	3.458	0.0328
	DL(CPI) 不是 DL(GDP) 的 Granger 原因	1.519	0.0023
DL(L) 方程	DL(M1) 不是 DL(L) 的 Granger 原因	2.952	0.0923
	DL(CPI) 不是 DL(L) 的 Granger 原因	0.367	0.0652
	DL(GDP) 不是 DL(L) 的 Granger 原因	4.825	0.0034

(3) 协整关系检验

本部分选择基于回归系数检验的 Johansen 方法,对上述两个方程各变量间是否存在协整关系进行检验。根据检验结果(见表 6-5)而知,三个方程在 5% 的置信水平下均具有协整关系。

表 6-5　　　　　　　　　　协整关系检验

	原假设	特征值	迹统计量	5%临界值
DL(GDP)	0 个协整向量	0.637	70.908	35.579
	至少 1 个协整向量	0.338	47.921	16.310
	至少 2 个协整向量	0.152	19.539	3.971
DL(L)	0 个协整向量	0.552	52.754	29.018
	至少 1 个协整向量	0.310	29.905	15.213
	至少 2 个协整向量	0.172	8.320	4.891

6.2.3.5 实证检验结果

(1) 货币政策与经济增长

①协整方程

在实际方程估计中,以 AIC 准则为标准,对方程中各变量的滞后期进行多方尝试,最终确定如下的方程形式:

$$DL(GDP) = 0.018 + 0.156DL(M1)_{t-2} + 0.127DL(M1)_{t-3} + 0.094DL(M1)_{t-4}$$
$$(5.389) \qquad\qquad (3.334) \qquad\qquad (4.180)$$
$$- 0.256DL(CPI)_t + \mu_t$$
$$(5.732)$$
$$R^2 = 0.74 \quad D.W. = 2.13 \qquad\qquad\qquad\qquad (6-16)$$

根据回归结果可知,各参数均通过了显著性检验,方程拟合优度较好,回归系数能够反映解释变量和被解释变量间的关系。

回归方程系数表明:在其他条件不变的情况下,国内生产总值与实际狭义货币供给量正相关。即狭义货币供应量每增加一个单位,导致之后两期的国内生产总值增加 0.156 个单位,这种正向影响还会波及随后的两期,对三期和第四期造成的影响分别为 0.127 和 0.094。检验结果说明我国存在货币非中性特点。货币供应量的增加能够促进经济增长,但是存在一期的滞后,而且随着滞后期的延长,正向效果也随之减弱。居民消费价格指数当期变化一个单位,引起国内生产总值反方向变化 0.256 个单位,说明物价水平上涨不利于经济增长,验证了弗里德曼假说。

② 误差修正模型

为反映短期波动趋于长期均衡的纠偏效果,我们需要建立误差修正模型来估计。令 $emt_{1t} = \mu_t$,将式(6-15)的残差序列作为误差修正项,建立误差修正模型:

$$\Delta DL(GDP) = -0.0002 - 0.824 emt_{1t} + 0.152\Delta DL(M1)_{t-2} + 0.101\Delta DL(M1)_{t-3}$$
$$(-5.267) \qquad\qquad (3.169) \qquad\qquad (4.620)$$
$$+ 0.119\Delta DL(M1)_{t-4} - 0.352\Delta DL(CPI)_t$$
$$(2.089) \qquad\qquad (6.742)$$
$$R^2 = 0.51 \quad D.W. = 2.23 \qquad\qquad\qquad (6-17)$$

(6-17)式可以分为两部分:一部分是国内生产总值与各解释变量的短期关系;另一部分是长期均衡对短期行为的动态调整。从回归结果可以看到,误差修正项系数为负,说明反向纠偏作用发挥作用。从回归系数来看,货币供给量和物价水平对国内生产总值的短期影响,延缓了长期国内生产总值受货币供给量和物价水平变动的影响,将以 0.824 的速度对下一期的国内生产总值进行修正。在短期修正机制的影响下,三个变量逐渐趋于长期均衡。

(2) 就业量与货币供给量、经济增长

① 协整方程

经济理论表明,经济增长是影响就业量的重要因素。与此同时,货币供给量、物价水平分别通过投资、消费等因素微观途径影响就业。前述的协整关系检验结果显示中国的实际经验同样印证了货币供给量、经济增长以及物价水平之间的长期稳定关系,由此我们建立协整方程为:

$$DL(L) = 0.034 + 0.467 DL(GDP)_t + 0.219 DL(GDP)_{t-1} + 0.256 DL(M1)_{t-1}$$
$$(2.784) \qquad\qquad (3.190) \qquad\qquad (5.983)$$
$$+ 0.093 DL(M1)_{t-2} + 0.183 DL(CPI)_t + 0.031 DL(CPI)_{t-1} + \mu_t$$
$$(2.673) \qquad\qquad (3.170) \qquad\qquad (5.098)$$
$$R^2 = 0.79 \quad D.W. = 1.91 \qquad\qquad\qquad (6-18)$$

根据(6-18)式的回归结果可以看到,各参数均通过了显著性检验,方程拟合优度较好。各解释变量的回归系数表明:第一,国内生产总值与就业量正相关。国内生产总值增加 1 个单位,引起就业量当期增加 0.467 个单位,滞后一期增加 0.219 个单位。这一结果印证了经济增长是就业增长基础的理论。第二,货币供给量与就业量同方向变化。即货币供给量变化 1 个单位,就业量滞后一期和滞后两期分别同方向变化 0.256 和 0.093 个单位。说明货币供给量增加,能够降低企业融资成本,有利于购房等信贷消费增加,带动了投资、消费、进出口等经济活动，进而促进经济增长，拉动就业。虽然积极货币政策能够促进就业，但随着时间的推移，货币供给量对就业的拉动效应逐渐减弱。

②误差修正模型

令 $emt_{1t} = \mu_t$，将式（6-18）的残差序列作为误差修正项，建立误差修正模型：

$$\Delta DL(L) = 0.0003 - 0.672 emt_{1t} + 0.313\Delta DL(GDP)_t + 0.194\Delta DL(GDP)_{t-1}$$
$$(-4.132) \qquad (6.108) \qquad\qquad (3.187)$$
$$+ 0.130\Delta DL(M1)_{t-1} + 0.055\Delta DL(M1)_{t-2} + 0.096\Delta DL(CPI)_t + 0.012\Delta DL(CPI)_{t-1}$$
$$(6.134) \qquad\qquad (4.842) \qquad\qquad (3.873) \qquad\qquad (2.093)$$
$$R^2 = 0.64 \quad D.W. = 1.82 \qquad\qquad\qquad\qquad\qquad\qquad (6-19)$$

在误差修正模型（6-19）中，国内生产总值、货币供给量和居民消费价格指数变动对就业波动的短期影响与长期影响方向一致。误差修正项系数表明，当短期波动偏离长期均衡状态时，经济系统将以 0.672 的速度将其拉回均衡。

从研究结论看，经验分析验证了中国货币政策对就业具有正向影响。但是长远来看，随着经济体制改革深入，市场化逐渐完善，加上养老保险制度逐渐健全，货币政策对就业的影响效果将越来越弱。以大规模的扩张性货币政策促进就业的政策将难以为继，而且对经济的伤害不可估量。因此将来还应通过经济转型，技术创新来推动经济增长，拉动新的就业增长点。

6.2.4 实证结论

6.2.4.1 财政政策、经济增长与就业增长关系的联立实证检验

（1）财政政策对经济增长的影响。通过联立方程模型估计发现，税收与经济增长负相关，而财政支出与经济增长正相关，两者的综合效应为正。说明虽然我国税收对社会资源配置产生了扭曲效应，降低了经济效率，但财政政策对整体经济发展是有益的。

（2）经济增长对就业量的影响。总体上说，经济增长能够促进就业量增加，但是经济增长对就业的促进作用较小，经济每增加1%，就业量仅提高0.04%。说明我国经济增长和就业增长具有非一致性，即奥肯定律失效。

综合考察财政政策对经济增长的影响和经济增长对就业增长的影响，发现财政政策通过经济增长传导作用于就业的过程是一个循环系统。首先，财政支出和税收收入对经济增长的综合效应为正，这种正效应促进了经济增长，经济增长又

拉动了就业，就业量的扩大反过来又促进了经济增长。其次，被财政政策刺激的经济增长为税收收入提供了丰裕的财源，税收收入随着经济增长而增加。财政支出受经济增长和税收收入增长的双重作用而进一步提高。即财政政策通过每轮循环效应不断累积，助推整个经济达到更高水平。因此，为提高财政政策对经济和就业的促进作用，应在降低宏观税负的基础上，进一步落实结构性减税政策，优化财政支出结构和效率。

6.2.4.2 货币政策、经济增长与就业增长关系的实证检验

研究结论表明中国货币政策为非中性，货币政策对就业具有正向影响。货币供给量增加，能够降低企业融资成本，有利于购房等信贷消费增加，带动了投资、消费、进出口等经济活动，进而促进经济增长，拉动就业。虽然积极货币政策能够促进就业，但随着时间的推移，货币供给量对就业的拉动效应逐渐减弱。

从长远来看，随着经济体制改革深入，市场化逐渐完善，加上养老保险制度逐渐健全，货币政策对就业的影响效果将越来越弱。以大规模的扩张性货币政策促进就业的政策将难以为继，而且对经济的伤害不可估量。因此将来还应通过经济转型，技术创新来推动经济增长，拉动新的就业增长点。

6.3 公共就业政策、经济波动与就业波动

6.3.1 公共就业政策、经济波动与就业波动的数理分析

根据经济周期理论，宏观经济是一系列冲击作用下的一个动态随机系统，是不同时段的需求或供给冲击下的综合结果。政府通过宏观经济政策选择和变化对宏观经济（包括就业状况）产生动态影响。财政政策对就业波动的传导路径可以表述为：财政政策变动（财政收支政策、财政赤字政策）→经济波动（消费、投资、价格、产出等）→就业波动。货币政策对就业波动的传导路径为：货币政策变动（调整存款准备金率、贴现率等）→货币供给量变动→经济波动（消费、投资、价格、产出等）→就业波动。而且，就业波动与宏观经济政策变动之间不是简单的单相关关系。由于原材料价格、工资等变动引起就业量调整，就业量的变化影响宏观经济，宏观经济又会对财政收支、财政平衡及货币供给量产生冲击，进而影响到财政与货币状况。即影响途径为：就业冲击→经济波动→财政政

策、货币政策变量变动。上述两种传导机制的影响效果（如持续时间或程度）取决于经济系统对外生冲击的敏感程度[①]。面对外部冲击，经济系统反应越敏感，政策冲击产生作用的时滞越短，效果越显著，反之，时滞越长，效果越弱。

通过上述经济理论的分析，我们明确了宏观经济政策、经济波动以及就业波动之间的相互影响关系。为评价公共就业政策的实施效果、检验实际经济波动轨迹，我们以中国的经验数据为基础，分别分析财政政策与货币政策对经济波动及就业波动的动态联动效应。

根据真实商业周期理论（RBC），真实变量扰动会对瓦尔拉斯均衡产生冲击，进而促使经济偏离原有均衡轨迹。经济波动的真实扰动因素主要包括供给冲击因素和需求冲击因素。鉴于本书研究的是宏观经济政策对经济及就业的影响，其主要作用于需求，所以我们主要研究需求冲击对经济及就业波动的影响。财政政策与货币政策对需求的冲击路径不同，需分别建立其数理模型，再进行综合分析。为分析简便，假设财政政策变量与货币政策变量不存在相互作用。

6.3.1.1 财政政策

假定在 t 时刻，经济受到财政收支变化导致的需求冲击，需求冲击用 μ_t^d 表示，且为白噪声。则 t 时刻的产出为：

$$y_t = y^* + \nu y_{1t}^d \tag{6-20}$$

其中，y^* 为经济均衡产出；νy_{1t}^d 为财政政策导致的需求冲击引起的产出变化量。现在考虑这种冲击对 t+1 的影响，t+1 时刻的产出为：

$$y_{t+1} = y^* + \nu y_{1t+1}^d \tag{6-21}$$

将（6-21）减去（6-20）可以得到产出变化量，即产出波动。

$$\nu y_1 = y_{t+1} - y_t = \nu y_{1t+1}^d - \nu y_{1t}^d = Z(q)\mu_t^d \tag{6-22}$$

在（6-22）式中，z(q) 为滞后算子多项式。该式表明在没有供给冲击的情况下，经济波动由财政收支变化导致的需求冲击引起，而且经济产出的变化量由需求冲击决定。

6.3.1.2 货币政策

同理，假定在 t 时刻，经济受到需求冲击（货币供应量变化），需求冲击用 δ_t^d 表示，且为白噪声。则 t 时刻的产出为：

---

① 李永友. 我国经济波动与财政政策波动的关联性分析——兼论我国财政政策的相机抉择与自动稳定机制 [J]. 财贸经济，2006，(4)：73-80.

$$y_t = y^* + \nu y_{2t}^d \tag{6-23}$$

其中，y^* 为经济均衡产出；νy_{2t}^d 为货币政策导致的需求冲击引起的产出变化量。现在考虑这种冲击对 $t+1$ 的影响，$t+1$ 时刻的产出为：

$$y_{t+1} = y^* + \nu y_{2t+1}^d \tag{6-24}$$

将（6-24）减去（6-23）可以得到产出变化量，即产出波动。

$$\nu y_2 = y_{t+1} - y_t = \nu y_{2t+1}^d - \nu y_{2t}^d = V(q)\delta_t^d \tag{6-25}$$

其中，$V(q)$ 为滞后算子多项式。上式表明在没有供给冲击的情况下，经济波动由货币政策导致的需求冲击引起，而且经济产出的变化量由需求冲击决定。

财政政策与货币政策在假定不相关的情况下，分别形成需求冲击，对经济产出形成两股力量，导致产出分别变化 νy_1 和 νy_2，总的产出变化用 νy 表示：

$$\nu y = \nu y_1 + \nu y_2 \tag{6-26}$$

6.3.1.3 公共经济政策对就业的影响

为了研究财政货币政策与就业的关系，还需要将经济波动与就业联系起来，"奥肯定律"是揭示两者关系的重要经济理论。根据"奥肯定律"，就业率与经济增长关系式：

$$m_{t+1} - m_t = \varphi(y_{t+1} - y_t) \tag{6-27}$$

其中，m_{t+1} 和 m_t 分别代表第 $t+1$ 期和第 t 期的就业率，φ 为就业弹性。将（6-21）、（6-24）、（6-25）式代入（6-26）式，整理得到就业率波动（νm）：

$$\nu m = m_{t+1} - m_t = \varphi(y_{t+1} - y_t) = \varphi \nu y = \varphi[Z(q)\mu_t^d + V(q)\delta_t^d] \tag{6-28}$$

从（6-28）式可以看到，产出波动和就业波动受需求冲击（财政变量和货币变量）影响，且政策变量冲击对就业的影响是通过经济波动传导实现。

6.3.2 公共就业政策、经济波动与就业波动联动效应的实证分析

本部分拟从两个方面进行研究：首先，从总体上度量宏观经济政策变化与就业波动的动态响应过程。具体细化为财政政策（税收政策、财政支出政策、财政赤字政策）和货币政策（货币供应量）分别与就业的相互影响关系的动态分析。其次，从传导途径上阐释宏观经济政策变化、经济波动以及就业波动之间动态联动效应。具体而言，分别考察财政政策变化和货币政策变化、经济波动与就业波动之间的动态联动效应。

6.3.2.1 计量模型的设定

传统的计量分析方法只能提供变量间的静态关系，不能反映变量间的动态联

系。而且内生变量之间可能是互为因果关系，这就给估计和推断带来了麻烦。基于此，Sims（1980）提出利用非结构性方法建立多方程模型，即向量自回归模型（VAR）来解决上述问题。此方法被广泛应用于货币政策、财政政策与经济波动动态关系的宏观经济研究中。本部分将利用 VAR 模型来度量宏观经济政策变动、经济波动以及就业波动三者间的联动效应。VAR 模型的简化式为：

$$y_t = \Phi_1 y_{t-1} + \Phi_2 y_{t-2} + \cdots + \Phi_p p_{t-p} + \varepsilon_t \quad t = 1, 2 \cdots N \qquad (6-29)$$

上式中，N 为样本数，p 为滞后阶数，y_t 是 k 维内生变量列向量（如税收收入、财政支出、货币供给量、就业量、产出等），$\Phi_1 \cdots \Phi_p$ 是待估参数的系数矩阵，ε_t 是随机扰动的列向量。通过模型（6-29）可以得到各内生变量与自身及其他变量滞后项之间的关系，能够更好地解释时间序列系统的联系及各种经济冲击对经济变量的影响。

6.3.2.2　变量选取与数据处理

（1）财政政策与货币政策变量的选择

1994 年我国实行了分税制改革，财政体制发生了重大调整，国家开始有意识地运用财政政策调控宏观经济。据此，我们选取 1994 年第 1 季度至 2015 年第 3 季度作为研究样本（样本容量为 87），实证分析我国财政政策、经济波动以及就业波动的动态关联性。选取的内生变量包括：就业量、税收收入、财政支出、财政赤字、居民消费价格指数、国内生产总值。

为了保持研究的一致性，在分析货币政策、经济波动及就业波动联动效应时，本文同样适用 1994 年第 1 季度到 2015 年第 3 季度作为研究样本（样本容量位 87），选取表示货币供应量的 M1 作为内生变量，以此作为货币政策的实施变量。

（2）数据来源与处理

上述所有变量的季度数据均由中经网统计数据库中的月度数据整理得到。其中，就业量为从业人员数，居民消费价格换算为以 1993 年 1 季度为基期的定基数据。为消除样本时间序列的季度因素影响，使用 X-11 方法对所有变量进行季节调整，以显示序列潜在趋势循环，真实反映序列的客观运动规律；对于季节调整后的各变量，除了就业量外，其他数据均通过居民消费价格进行平减转化为实际值，并作对数处理，以削弱异方差和非平稳性。然后，使用 HP 滤波方法滤除序列趋势项，提取周期性成分，以各变量的周期性序列作为 VAR 模型的实证数据。

（3）就业量的特殊处理

这里值得注意的是，在数据处理过程中我们发现：我国就业量从 1998 年第 4

季度开始急剧下降①，此后就业量一直处于低位。这说明就业量序列在该点存在明显的结构性断点，HP 滤波方法不适用。对此，我们借鉴郭新强、胡永刚②（2012）的处理办法，通过对季节调整后的从业人员数（L_1）进行平滑回归，以回归得到的残差序列作为就业量的周期成分。回归方程如下：

$$L_t = \theta_0 + \theta_1 t + \theta_2 t^2 + \gamma f_t(\varphi) + L_t^c \quad t = 1, 2 \cdots N \qquad (6-30)$$

其中，L_t 为季度调整后的就业量；L_t^c 为残差序列，表示就业量的周期成分；由于结构断点之后的时间序列呈现非线性化趋势，所以我们以指数形式来进行断点平滑。在（6-29）式中，具体的平滑函数为 $f_t(\varphi) = \begin{cases} 0, t < t_A \\ 1 - \exp[-\varphi(t - T_A + 1)], t \geq t_A \end{cases}$，$t_A = 1998$ 年第 4 季度，γ 为结构断点的强度。为了证明平滑后就业数据的可靠性，我们对平滑前后的数据的差异性进行了比较分析，如图 6-4 所示。

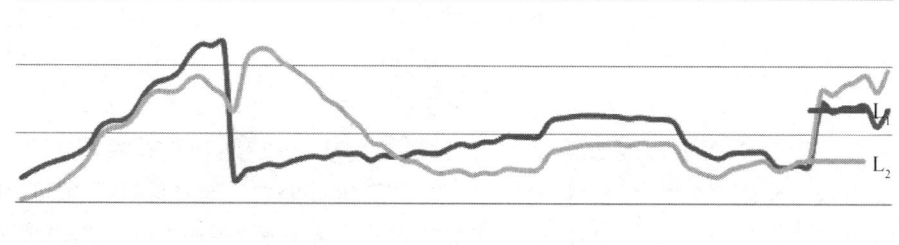

图 6-4 就业量结构断点平滑前后对比

在图 6-4 中，L_1 为滤波处理后的就业量周期成分的趋势线，L_2 表示就业量断点平滑后的周期成分（L_t^c）的趋势线。经对比发现，就业断点平滑后的时间序列 L_2 比原序列 L_1 的波动性明显减弱。这说明我们结构断点的处理效果令人满意，既保持了原有数据的特点，又降低了外生因素突变对序列结构性冲击带来的估计结果的非一致性。

6.3.2.3 变量平稳性检验

为避免"伪回归"现象，在实证检验之前，上述各变量需要进行平稳性检验。我们采用 ADF 和 PP 两种方法对序列的单位根进行检验，检验结果见表 6-6。

---

① 我国从 1998 年开始对国有企业进行"减员增效"改革，大量工人下岗导致就业人数急剧下降。
② 郭新强，胡永刚. 中国财政支出与财政支出结构偏向的就业效应［J］. 经济研究，2012，（增2）：5-17.

表 6-6 各变量稳定性检验

检验变量	L_t^c	T_t^c	G_t^c	$M1_t^c$	GDP_t^c	CZ_t^c	CPI_t^c
检验形式	(0, 0, 0)	(c, t, 0)	(c, t, 0)	(c, t, 0)	(c, 0, 4)	(c, t, 0)	(c, 0, 0)
ADF 检验	-1.794*	-6.733***	-7.240***	-3.295***	-3.454**	-6.890***	-4.873***
PP 检验	-2.101**	-6.476***	-7.185***	-6.459***	-6.669***	-6.879***	-5.047***

注：（c, t, n）表示漂移项、趋势项、滞后阶数；***、**、* 分别表示在 1%、5%、10% 的显著性水平。

由表 6-6 可知，各变量都满足平均序列的标准，而且各变量均有较高的置信度，除了就业指标 L_t^c 之外，其他的指标均在 1% 的显著性水平下通过检验。因此，所有变量均可直接作为 VAR 模型的内生变量，不用进行协整性检验。

6.3.2.4 财政政策变化与经济变量波动的动态联动效应分析

为全面考察财政政策与就业的动态联动效应，我们分别建立了四个 VAR 模型。第一个模型主要研究税收、财政支出与就业的动态效应；第二个模型将经济波动纳入，分析在经济波动作为中介传导变量，税收、财政支出与就业关联性的动态过程；第三个模型以财政赤字政策和就业为内生变量，研究两者的互动关系；为深入考察财政赤字变动和就业波动的内部传导路径，我们将通货膨胀作为中介因子引入，在模型三的基础上构建模型四。下面我们分别针对这四个模型进行回归结果分析和脉冲响应分析。

（1）财政政策与就业波动的相关性分析

①财政收支政策波动与就业波动的脉冲响应分析

在进行脉冲反应分析之前，我们需要先建立向量自回归模型。这里我们使用 Eviews6.0 建立关于税收（T_t^c）、财政支出（G_t^g）、就业（L_t^c）的向量自回归模型。由于变量是季度数据，本文根据经验选取滞后三期进行回归分析。经检验发现，被估计的 VAR（3）模型所有根模的倒数小于 1，即位于单位圆内，说明模型是稳定的。实证结果为：

$$\begin{bmatrix} L_t^c \\ T_T^c \\ G_t^c \end{bmatrix} = \begin{bmatrix} 0.0007 \\ -0.0006 \\ -0.00213 \end{bmatrix} + \begin{bmatrix} 1.105 & -0.002 & 0.014 \\ 0.997 & 0.190 & 0.195 \\ -0.434 & 0.058 & 0.125 \end{bmatrix} \begin{bmatrix} L_{t-1}^c \\ T_{t-1}^c \\ G_{t-1}^c \end{bmatrix}$$

$$+ \begin{bmatrix} 0.095 & 0.001 & 0.013 \\ 1.786 & -0.142 & 0.002 \\ -0.045 & 0.017 & -0.027 \end{bmatrix} \begin{bmatrix} L_{t-2}^c \\ T_{t-2}^c \\ G_{t-2}^c \end{bmatrix} + \begin{bmatrix} -0.268 & -0.011 & -0.007 \\ 0.614 & -0.196 & 0.128 \\ 0.635 & 0.186 & 0.095 \end{bmatrix} \begin{bmatrix} L_{t-3}^c \\ T_{t-3}^c \\ G_{t-3}^c \end{bmatrix} + \begin{bmatrix} e_{1t} \\ e_{2t} \\ e_{3t} \end{bmatrix}$$

(6-31)

三个方程的拟合优度分别为：$R_L^2 = 0.908$　$R_T^2 = 0.211$　$R_G^2 = 0.361$。模型拟合优度较好。从上式的回归方程可以看到，就业量与其自身滞后值以及税收收入、财政支出的滞后值相关。但是，对于 VAR 模型的参数估计的经济解释比较困难，因此我们进一步采用脉冲响应函数来分析税收政策、财政支出政策与就业的动态影响过程。

一是就业对税收和财政支出冲击的脉冲响应分析。

在 VAR 模型估计结果的基础上，建立财政收支变量和就业变量的脉冲响应函数。在脉冲响应图中，横轴为冲击作用下的滞后季度数，纵轴为响应变量的变动幅度。

图 6-5 反映了就业对税收收入的脉冲响应过程。由图 6-5 可知，面对税收增加一个标准差的冲击，就业呈现先短期波动（前 3 个季度），后急剧下滑，最后逐渐平稳的趋势。在税收冲击的当期，就业量下降，随后逐渐回升。到第 3 季度，就业增加到最大值，随后骤然下降，到第 6 季度就业量降低到谷底，此后就业量缓慢回升，逐步回归到初始水平。

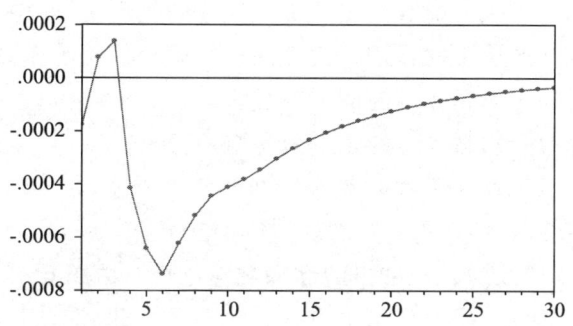

图 6-5　就业对税收冲击的响应轨迹

图 6-6 反映了就业对财政支出的脉冲响应过程。由图 6-6 可知，总体上，财政支出增加对就业具有促进作用，但是期间也出现了小幅驼峰波动。当政府增加 1% 的财政支出后，当期就业并没有立即变化，在 1 个季度之后就业量出现增加，然而在第 4 季度就业量结束增加趋势，出现小幅下降，但是在第 5 季度又有反弹，而且此时的就业量达到峰值。从第 6 季度开始，就业量平稳下滑，并逐渐收敛于初始值。

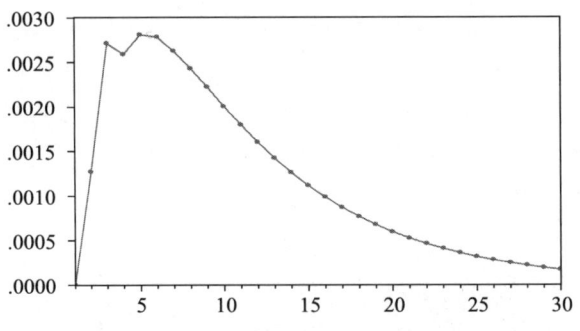

图6-6　就业对财政支出冲击的响应轨迹

通过图6-5和图6-6的比较,可以得到以下结论:第一,税收与财政支出增加的冲击对就业的作用相反。税收增加的冲击具有抑制就业的作用,而财政支出增加的冲击具有促进就业的作用。此结果与经典经济理论(新古典主义和凯恩斯主义)一致。第二,财政支出冲击对就业的影响更大。税收冲击导致就业量下降的极值为-0.00073,而财政支出冲击导致就业增加的峰值为0.00256。就业对财政支出冲击反应强度的极值高于税收的极值。也就是说,财政支出冲击对就业的影响更大。第三,税收与财政支出冲击对就业的作用持续时间不同。税收变化对就业的冲击即期就产生负向作用,且作用时间较短;而就业对财政支出冲击的反映存在一定的时滞,但是作用时间相对较长。

二是税收和财政支出对就业冲击的脉冲响应分析。

上述分析表明,就业对税收政策和财政支出政策波动具有引致效应。反之,就业冲击也会对税收收入和财政支出对产生影响。

图6-7反映了税收对就业冲击的脉冲响应过程。由图6-7可知,税收对就业一个标准差冲击的反应是:在第1季度,税收收入迅速上升至最大值,从第3季度开始税收增长率急速下降,此后慢慢回升,并趋于初始稳态。即面对就业冲击,税收收入先是增加,而后降低最终回归最初的稳定状态。

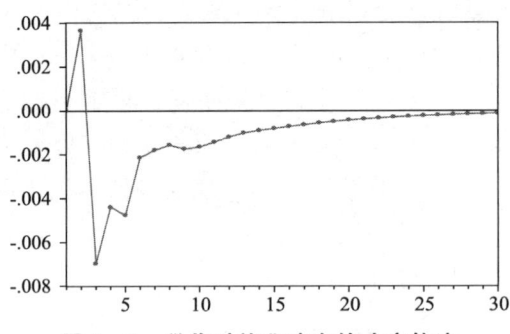

图6-7　税收对就业冲击的响应轨迹

图 6-8 描述了财政支出对就业冲击的响应轨迹。由图 6-8 可知,对于就业的正向冲击,财政支出立即减少,在第二季度降到最低,此后经历了先上升后下降的趋势,在第 9 季度财政支出上升至最大值,随后就业冲击效应逐渐减弱直至趋近于 0。

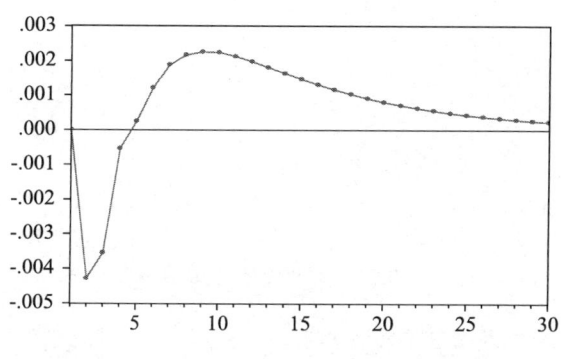

图 6-8 财政支出对就业冲击的响应轨迹

通过图 6-7 和图 6-8 的比较,可以得到以下结论:第一,税收和财政支出受到的影响方向相反。税收对就业的冲击呈现先上升后下降,最后归于初始值的趋势,而且负面影响居多;财政支出对就业冲击的反应是先下降后上升,最终收敛于初始状态,而且受到的正向冲击占主导地位。第二,税收和财政支出受到的冲击程度不同。从冲击强度来看,税收收入对就业波动的动态响应极值出现在第 3 季度,就业增加 1% 将带来税收减少 0.429%,然而同样是 1% 的就业冲击,财政支出的极值为 0.697%。这说明就业对税收的冲击更剧烈。第三,税收和财政支出受到的冲击持续时间不同。从冲击持续期来看,税收在第 20 季度时,税收增长率为 -0.081%,财政支出增长率在第 20 季度时为 0.146%,很明显税收的收敛速度更快。

②财政赤字政策与就业波动的脉冲响应分析

财政赤字政策作为政府的宏观经济政策之一,通过系列经济变量的传导能够对就业会产生一定的影响。反之,就业量的变化也会导致财政收支的变化,进而影响财政平衡。下面我们建立关于财政赤字(CZ_t^c)和就业(L_t^c)的向量自回归模型。根据 AIC 和 SC 标准,最终确定滞后阶数为四阶。经检验,被估计的 VAR(4)模型所有根模的倒数小于 1,即位于单位圆内,表明我们建立的模型是稳定的。而且从拟合优度来看,$R_L^2 = 0.913$ $R_{cz}^2 = 0.169$,模型的拟合效果较好。

一是就业对财政赤字冲击的脉冲响应分析。

图 6-9 反映了财政赤字波动对就业的动态影响轨迹。由图 6-9 可知,对于财政赤字 1% 的冲击,就业当期增加,在第 5 季度达到峰值。前 7 个季度就业呈

现周期性波动，而且前 5 个季度波动剧烈，第 6 和第 7 季度波动幅度降低。从第 8 个季度开始平稳下滑，趋向初始稳态。

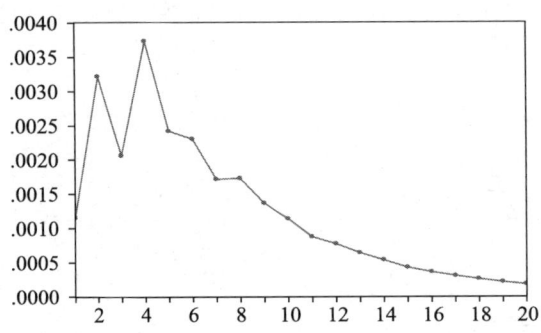

图 6-9　就业对财政赤字冲击的响应轨迹

二是财政赤字对就业冲击的脉冲响应分析。

图 6-10 显示了就业冲击对财政赤字的作用过程。由图 6-10 可知，当就业增加一个百分点时，财政赤字迅速增加到一个定值，此后财政赤字围绕"初始值"呈现小幅周期性波动，而且震荡的幅度逐渐缩减，大约在第 14 季度又回到了稳定的初始状态。

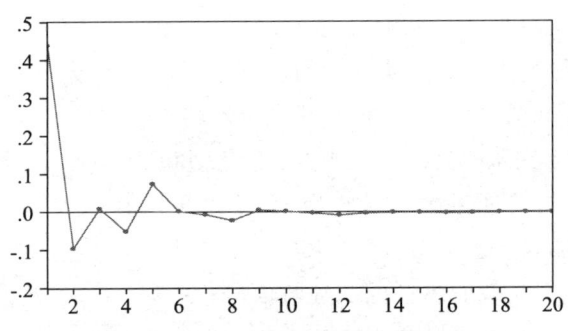

图 6-10　财政赤字对就业冲击的响应轨迹

通过图 6-9 和图 6-10 的比较，可以得到以下结论：第一，财政赤字与就业的相互作用方向不同。财政赤字对就业是正向影响；而就业冲击对财政赤字的影响有正有负。这说明财政赤字的增加有利于就业量的增加，但是反之，就业增加对财政赤字的影响却具有不确定性。第二，财政赤字与就业的相互影响的动态过程都具有周期波动性特点。从图 6-9 和图 6-10 来看，周期性震荡特点都很显著。第三，财政赤字与就业的相互作用的程度及持续时间不同。就业冲击引致的财政赤字变化的极大值为 0.438，而财政赤字冲击引致的就业变化极大值仅为

0.0037，因此财政赤字冲击对就业的作用强度较弱。财政赤字变化对就业影响的持续时间较长，虽然有逐渐衰减的趋势，但是在第30季度仍未衰减至0；而就业冲击对财政赤字的影响在第14季度就降低为0。这表明通过增加财政赤字的方式扩大就业具有较好的持续性，适合于长期的就业刺激计划。但是将图6-9和图6-10结合在一起考察会发现，财政赤字冲击会导致就业增加，就业增加又会带来财政赤字的提高。此后财政赤字的冲击又会助推新一轮的就业和赤字增加。也就是说，财政赤字政策具有累积效应，不适合长期和大规模的使用。

（2）财政政策、经济波动与就业波动的相关性分析

①财政收支政策、经济波动传导与就业波动的联动效应

为了深入分析财政收支政策对就业波动的动态传导路径，我们将经济波动这一中介变量引入，使用Eviews6.0建立税收（T_t^c）、财政支出（G_t^c）、国内生产总值（GDP_t^c）和就业（L_t^c）的向量自回归模型。根据滞后阶数选择标准①选取滞后5期进行回归分析。经检验发现，被估计的VAR（5）模型所有根模的倒数小于1，即位于单位圆内，说明模型是稳定的。回归结果的 $R_L^2 = 0.929$，$R_T^2 = 0.500$，$R_G^2 = 0.352$，$R_{GDP}^2 = 0.674$，AIC = -17.57。表明模型拟合优度和显著性较好。

一是税收变化、经济波动与就业波动的脉冲响应分析。

根据前述分析，税收收入变化导致国家、企业和个人的经济利益发生改变，经市场机制作用后经济发展状况可能有所改变，如"拉弗"曲线描述的税收对经济增长的影响。经济发展状况的改变，由社会总供给和总需求传导将影响下一期的生产要素需求，因此劳动力要素和资本要素将随之调整。这是经济领域中税收影响就业的传导途径，即税收冲击→经济波动→就业波动。图6-11和图6-12描述了上述传导路径的动态过程。

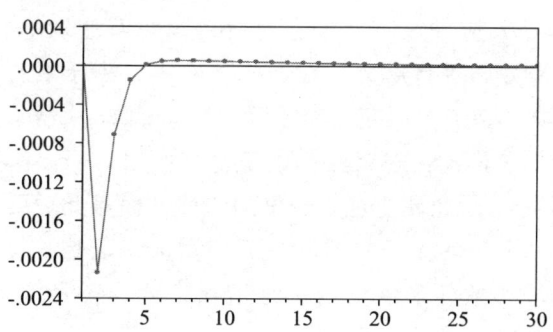

图 6-11 经济波动对税收变化冲击的响应轨迹

---

① 这里我们采用 LR、AIC 和 FPE 标准进行滞后长度的选择。

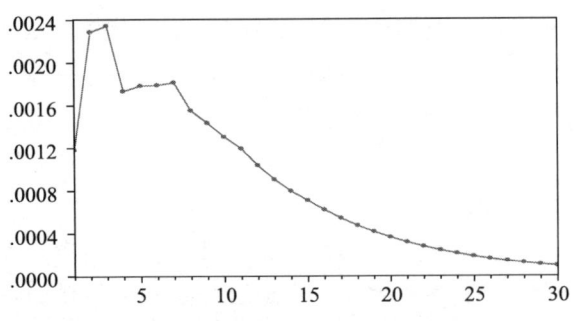

图 6 - 12　就业对经济波动冲击的响应轨迹

图 6 - 11 是经济波动对税收变化冲击的响应轨迹。由图 6 - 11 可知，GDP 对税收冲击的反应有一个季度的滞后期，从第 2 季度开始下降而且降到了最小值，此后连续 3 个季度都是负向影响，但是影响幅度降低，在第 6 个季度冲击反应为零。但是紧接着又越过零刻度线，呈正向影响。然后一直维持着低水平的正向响应直至第 20 季度左右恢复初始状态。这意味着税收冲击对产出主要是负向的短期影响。

图 6 - 12 反映了就业对经济波动冲击的响应轨迹。由图 6 - 12 可知，对于 GDP 增加 1% 的冲击，就业量迅速增加 0.118%。此后维持两个季度的增加趋势后，从第 4 季度后开始下降，经过三期的周期性震荡后。从第 8 季度开始平稳下滑，逐渐趋于初始稳态。这说明产出的冲击对就业是正向的短期影响。

综合图 6 - 11 和图 6 - 12 可以得到的结论是：税收冲击经由经济波动传导对就业的影响具有不确定性。在前 6 个季度，税收冲击导致 GDP 下滑，GDP 的回落引起就业降低。第 7 个季度到第 20 个季度，GDP 处于速率逐渐降低的增加过程，由此引起就业量的回升。第 20 季度之后，税收冲击对 GDP 的影响消失，但是 GDP 对就业的冲击效应并没有消失，此后持续对就业发挥影响。上述变化过程只是对两者的冲击方向进行解释，在经济现实中，由于响应幅度及时间不同，税收冲击对就业影响的最终效果仍具有不确定性。比如，先期的税收冲击对 GDP 是负向影响，GDP 的负向冲击对就业产生了紧缩作用。6 个季度之后，税收冲击对 GDP 变为正向冲击，由此就业也呈现增加趋势，而且此后受 GDP 的持续影响，仍呈现增加的态势。由于就业量先期减少后期增加，但是具体的大小不能确定，所以因税收政策冲击导致的最终就业量是增加、减少还是不变具有一定的不确定性。

二是就业冲击、经济波动与税收波动的脉冲响应分析。

在市场经济中，由于工资或原材料、产品价格波动会导致劳动供需变化及就业量的调整。就业量的改变直接影响社会总供给，而税收收入则来源于社会产品的一部分，因此就业量的变化也会引起税收收入的变化。图 6-13 和图 6-14 反映了这一动态过程。

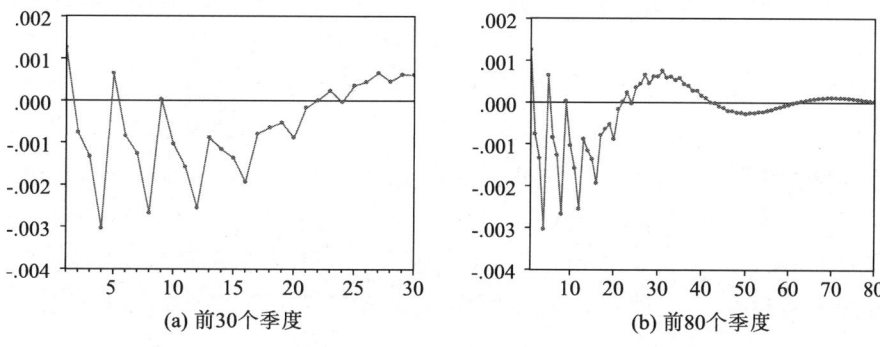

图 6-13 经济波动对就业冲击的响应轨迹

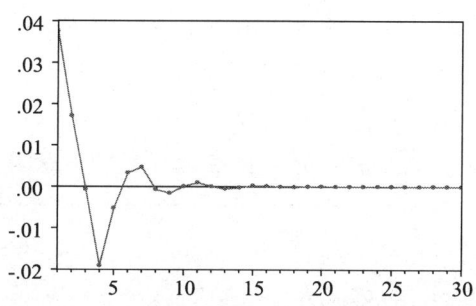

图 6-14 税收对经济波动冲击的响应轨迹

图 6-13 是经济波动对就业冲击的响应轨迹。由图 6-13（a）可知，就业冲击引起 GDP 周期性波动的第 1 季度，GDP 因就业量的增加而迅速上升，但是随后连续 3 个季度持续下降，到第 5 个季度上升到一正值后又急速下滑，继续进行有规律的周期性波动，但是在此过程中，GDP 的反应整体是负向的，直到第 22 季度才变为正值，此后则保持正向波动。在最后的第 30 季度，我们还看不到就业对 GDP 的影响的最终趋势。因此，我们将滞后季度值延长至第 80 期（如图 6-13（b）所示）。在图 6-13（b）中，我们可以看到 GDP 的响应经过早期的剧烈波动之后逐渐平稳，呈现振幅逐渐减小的正弦式波动，直至回归初始稳态。由此，正如古典经济学理论所述，供给冲击具有持续性，就业的一次性冲击虽然不能带来经济增长，但是比需求冲击持续的时间更长。

图 6-14 显示了税收对经济波动冲击的响应轨迹。在第 1 季度，GDP 的冲击导致税收增加 0.0383，从第 2 季度开始冲击效应降低，到第 4 季度降到最低值 -0.0183。随后反弹，经过微弱的周期性波动之后，大约在第 17 季度冲击效应

消失。即 GDP 冲击对税收收入只有 4 年多的短期效应。

我们将图 6-13 和图 6-14 结合分析就业冲击通过经济波动传导对税收的影响过程。结果显示：就业冲击导致 GDP 和税收都处于周期性波动状况，经过若干期之后归于原始稳态。在就业冲击发生的前 4 个季度里，GDP 经历了正向效应到负向效应的过程，而且是极大值到极小值的递减过程。税收对 GDP 的冲击也有类似的反应过程，也是正向影响到负向影响以及波峰到波谷的变化。即前 4 个季度，就业冲击经 GDP 传导，致使税收收入经历了由正效应到负效应的响应过程。从第 5 个季度开始，对于就业的冲击，GDP 响应轨迹有规律的周期性波动。同时税收对 GDP 的冲击也是有规律的围绕零刻度线波动直至与零刻度线重合。即就业冲击导致 GDP 和税收都处于周期性波动状况，经过若干期之后归于原始稳态。

三是财政支出变化、经济波动与就业波动脉冲响应分析。

根据凯恩斯理论，财政支出能够促进社会有效需求从而带动经济增长。著名的"奥肯定律"运用经验数据揭示了经济增长与就业增长之间的关系。但是上述理论只是从静态角度阐释这一影响过程。下面我们拟从动态联动角度演示由财政支出冲击→经济波动→就业波动的传导途径（见图 6-15、图 6-16）。

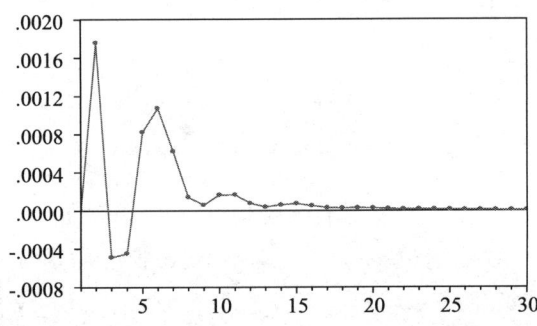

图 6-15　经济波动对财政支出冲击的响应轨迹

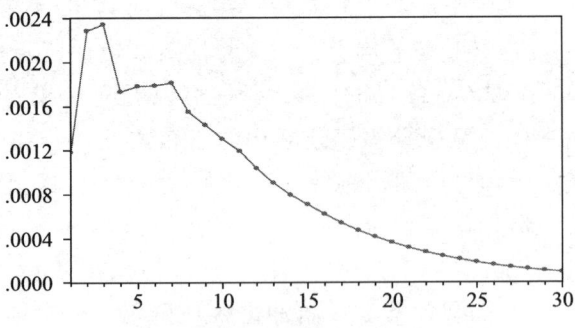

图 6-16　就业对经济波动冲击的响应轨迹

图 6-15 显示了经济波动对财政支出冲击的脉冲响应轨迹。由图 6-15 可知，对于财政支出的冲击，GDP 在前两个季度上升，此后开始有升有降的波动，直至第 23 季度冲击效应消失。总体来看，财政支出冲击对 GDP 是正向影响。图 6-16 反映了就业对经济波动冲击的响应轨迹。整体来看，GDP 对就业量始终是正向冲击，但是冲击力度逐渐降低。综合图 6-15 和图 6-16 可见，财政支出的一次性冲击导致 GDP 增加时，就业量也会相应增加，当财政支出冲击对 GDP 的影响为负向时，就业量受 GDP 冲击也是降低趋势。但是，整体上财政支出对 GDP 以正向效应居多，所以就业量因此也以正向反应为主。

四是就业冲击、经济波动与财政支出波动的脉冲响应分析。

下面我们考虑与上面传导过程相反的逆向路径，即由就业冲击→经济波动→财政支出波动的过程。具体的脉冲响应路径如图 6-17 所示。

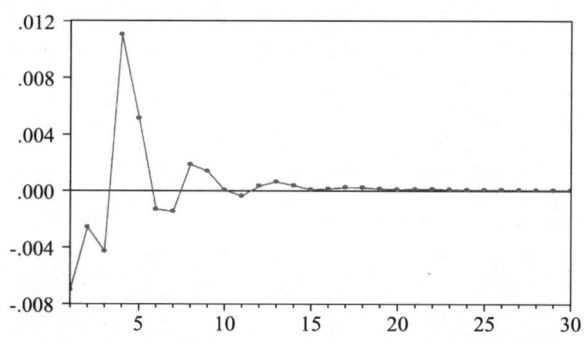

图 6-17 财政支出对经济波动冲击的响应轨迹

图 5-17 显示了经济波动冲击对财政支出的影响。从图中可以看到：先期 GDP 的增加对财政支出的影响是负向的，说明 GDP 的增加暂时会缩减财政支出。但是从第 3 季度到第 4 季度的过程中，影响逐渐变为正向，随后经过几轮波动之后逐渐收敛于零。

综合图 6-13 和图 6-17 可知由就业冲击、经济波动传导到财政支出波动的动态响应过程。在前 4 个季度里，就业冲击导致 GDP 经历了正向到负向的响应过程，而且是极大值到极小值的递减过程。财政支出对 GDP 冲击的反应是刚好相反的过程，经历了由负向影响到正向影响以及极小值到极大值的变化。因此，前 4 个季度，就业冲击经 GDP 的传导致使财政支出处于负向响应。这一结果与图 6-17 所显示的就业冲击对财政支出的影响是一致的。从第 5 个季度开始，就业冲击导致 GDP 响应轨迹有规律的周期性波动。同时财政支出对 GDP 的冲击响应也呈周期性波动直至消失。表明从第 5 季度开始，就业冲击导致 GDP 和财政支出都处于周期性波动状况，而且最终会收敛于初始状态。这与就业冲击经 GDP 传导对税收的影响路径相似。

②财政赤字政策、经济波动传导与就业波动的联动效应

前面我们从整体上分析了财政赤字波动与就业波动的动态关联性，但是两者间并不是直接的影响关系，而是经一系列的经济变量传导发生联系。其中，通货膨胀率或价格水平是重要的传导媒介，因此我们建立关于财政赤字（CZ_t^c）、价格水平（CPI_t^c）和就业（L_t^c）的向量自回归模型。根据滞后阶数、稳定性以及模型的拟合优度检验发现，采用两期滞后模型最好，因此我们在 VAR（2）模型估计的基础上进行变量间的脉冲响应分析。

一是财政赤字变化、价格波动与就业波动的脉冲响应分析。

由经济理论可知，财政赤字的增加可能会带来通货膨胀率提高，通货膨胀率的变化对企业成本和个人消费产生影响，进而涉及就业量的变化。图 6-18 和图 6-19 反映了由财政赤字变化→价格波动→就业波动的传导过程。

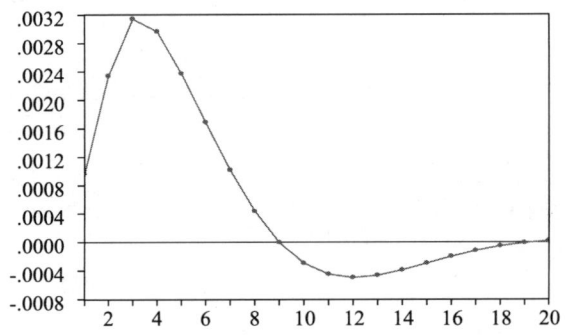

图 6-18　价格水平对财政赤字冲击的响应轨迹

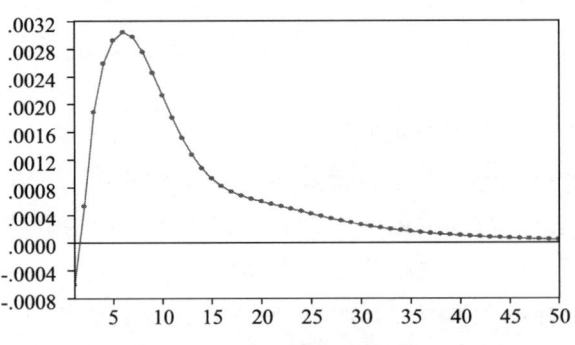

图 6-19　就业对价格冲击的响应轨迹

图 6-18 报告了价格水平对财政赤字冲击的响应轨迹。由图 6-18 可知，面

对财政赤字的冲击,价格水平立即上升,而且在前三个季度一直持续上升势头,从第4个季度开始下降,但是价格水平仍是正向响应,到第9季度之后价格水平开始变为负向响应,直到第20期,财政赤字对价格水平的冲击效应消失。

图6-19显示了就业对价格冲击的响应轨迹。由图6-19可知,价格变化对就业的冲击先是负面的,但是很快即变为正向冲击。而且此后一直保持正向影响,在第6季度达到峰值,之后逐渐趋于初始稳态。这与菲利普斯曲线揭示的通货膨胀率与失业率的关系一致。

综合图6-18和图6-19可以发现,在前9个季度,财政赤字冲击导致价格水平持续上升,经价格水平传导就业也呈上升趋势。9个季度之后,价格水平开始负向响应,由此就业受其影响也是下降的,但是由于财政赤字对价格波动的负效应较小,所以就业的负向响应也很微弱,很可能就业仍维持增加态势。

二是就业变化、价格波动与财政赤字波动的脉冲响应分析。

从理论上讲,就业冲击(如企业劳动需求扩大)可能会引起工资水平上涨,通货膨胀率上升,政府为稳定物价可能会实行紧缩财政政策,进而财政赤字规模变小。反之亦然。下面我们以中国经验数据进行实证检验(见图6-20、图6-21)。

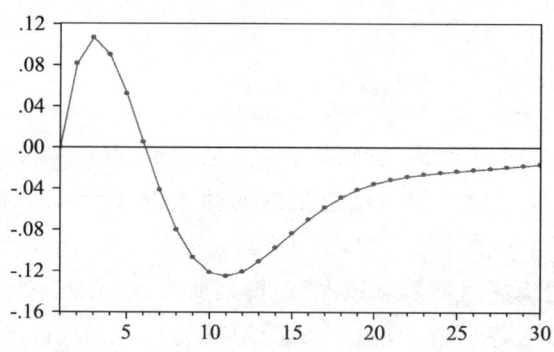

图6-20 价格水平对就业冲击的响应轨迹

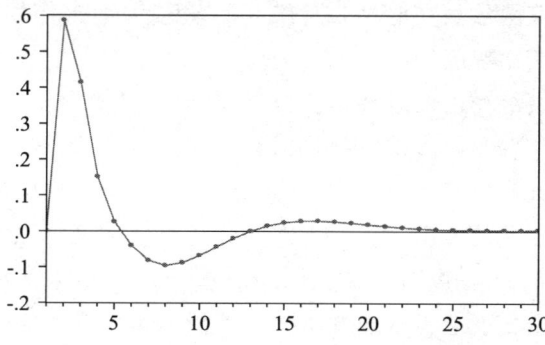

图6-21 财政赤字对价格冲击的响应轨迹

图 6-20 显示的是价格水平对就业冲击的响应路径。由图 6-20 可知,对于就业一个标准差的冲击,价格水平上升,但是在第 6 个季度之后就业的冲击变为负效应,此后作用强度经历了由强到弱的过程,最终归于零。

图 6-21 展示了价格冲击对财政赤字影响的动态过程。由图 6-21 可知,在前 5 个季度,价格冲击导致财政赤字增加,但是从第 6 季度开始变为负值,之后围绕零轴缓慢波动,在第 25 季度冲击效应消失。

综合图 6-20 和图 6-21 可以发现如下规律:在前 5 个季度,就业冲击对价格的正效应导致价格上升,而价格上升对财政的正效应引起赤字增加。第 6 个季度之后因就业冲击引起价格变为负向响应,而价格冲击对就业影响效应则有正有负,因此很难断定最终对就业的影响效果。

6.3.2.5 货币政策变化与经济变量波动的动态联动效应分析

参照上文的研究逻辑,为了全面考察货币政策与就业的动态联动效应,我们构建两个 VAR 模型:第一个模型用于分析货币供给与就业的动态效应;第二个模型将经济波动纳入分析模型,考察在经济波动作为中介传导变量,货币供应与就业关联性的动态过程。我们分别对这两个模型进行回归结果分析和脉冲响应分析。

(1) 货币政策与就业波动的相关性分析

货币政策通过一系列经济变量的传导,也能够对就业产生一定的影响。反之,就业量的变化也会导致货币供应量的变化,进而影响货币政策的执行和调整。下面我们建立货币供应量($M1_t^c$)和就业(L_t^c)的向量自回归模型。根据 AIC 和 SC 标准,得出滞后四阶。该 VAR 模型所有根模的倒数均小于 1,即位于单位圆内,检验结果表明该模型稳定。而且从拟合优度来看,$R_L^2 = 0.913$,$R_{M1}^2 = 0.632$,模型的拟合效果较好。在 VAR 模型估计结果的基础上,建立货币供给和就业变量的脉冲响应函数。在脉冲响应图中,横轴为冲击作用下的滞后季度数,纵轴为响应变量的变动幅度。

①就业对货币供给冲击的脉冲响应分析

图 6-22 揭示了就业对货币供给的脉冲响应过程。从图 6-22 中不难发现,货币供给的冲击对就业呈现短期影响,而不影响就业中长期的波动规律。面对货币供给增加一个标准差的冲击,就业先在前 2 个季度出现短期下降,然后从低点迅速上升,但在第 4—5 季度时增速达到最大值,最后小幅下滑后趋于平稳。在货币供给冲击的当期,就业量有小幅下降,然后迅速回升,在第 8 个季度之后逐渐趋于平稳。这表明从整体上而言,货币供给的冲击对就业呈现短期影响,而不

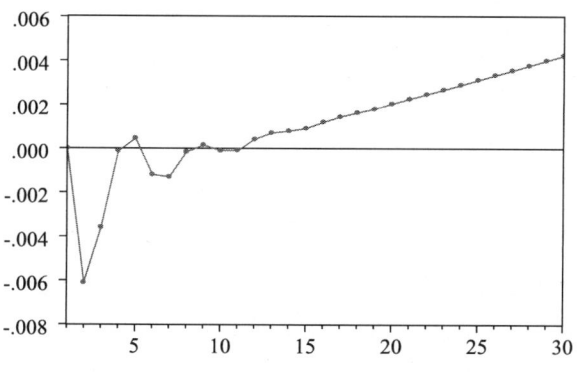

图 6-22 就业对货币供给冲击的响应轨迹

影响就业中长期的波动规律。而且这种冲击还会造成就业短期内的波动加大。这些结果与经典的经济理论基本一致。

②货币供给对就业冲击的脉冲响应分析

图 6-23 揭示了货币供给对就业冲击的脉冲响应过程。

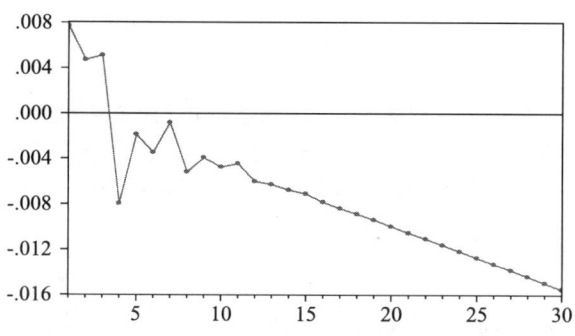

图 6-23 货币供给对就业冲击的响应轨迹

由图 6-23 可以发现：货币供给对就业冲击响应轨迹的波动较大。货币供给对就业一个标准差冲击的反应是：在第 1 季度，货币供给小幅下降，第 2 季度小幅反弹，至第 3 季度达到最大值，之后大幅下滑，大约在第 4 季度之后转入上升趋势，经过几个季度的波动，在第 7 季度后再次转入下滑，并逐渐进入稳态趋势。从整体上而言，货币供给对就业冲击响应轨迹的波动较大。

（2）货币政策、经济波动传导与就业波动的联动效应

为了深入分析货币政策对就业波动的动态传导路径，我们将经济波动这一中介变量引入，使用 Eviews6.0 建立货币供应量（$M1_t^{c}T_t^{c}$）、国内生产总值（GDP_t^{c}）

和就业（L_t^c）的向量自回归模型。根据滞后阶数选择标准①选取滞后 4 期进行回归分析。该 VAR 模型所有根模的倒数均小于 1，即位于单位圆内，检验结果表明该模型稳定。回归结果的 $R_L^2 = 0.917$，$R_{M1}^2 = 0.614$，$R_{GDP}^2 = 0.734$，AIC = -9.39，表明模型拟合优度和显著性较好。

①货币供给变化、经济波动与就业波动的脉冲响应分析

根据前文的分析，货币政策冲击导致各经济主体利益发生变化，由此导致其行为的变化，经市场机制作用后，经济发展状况可能有所改变，进而由社会总供求传导影响下一期的生产要素需求，因此劳动力要素和资本要素的需求和价格将随之调整。图 6-24 和图 6-16 揭示了上述动态变化的过程。

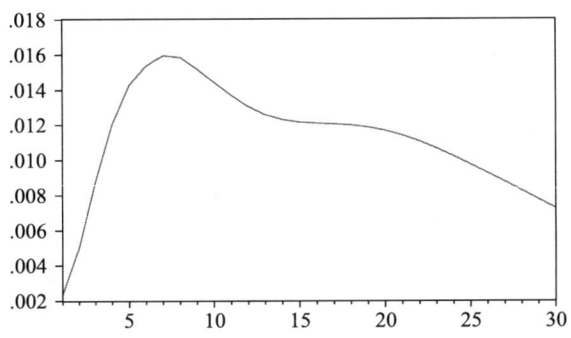

图 6-24　经济波动对货币供给冲击的响应轨迹

图 6-24 揭示了经济波动对货币供给冲击的响应轨迹。从图 6-24 中不难发现，GDP 对货币供给的冲击存在非常短期的滞后现象，从第 2 季度开始上升，并在第 6 季度达到最大值后趋于下降，且影响幅度也有下降趋势。从整体上而言，货币供给冲击对 GDP 的影响在短期内效果较好，但从中长期来看，其效果的边际贡献呈下降趋势。对图 6-16 的分析在上文已经做了阐释，在此不再赘述。

②就业冲击、经济波动与货币供给波动的脉冲响应分析

下面我们考虑与上面传导过程相反的逆向路径，即由就业冲击→经济波动→货币供给波动的过程。具体的脉冲响应路径如图 6-13 和图 6-25 所示。

关于经济波动对就业冲击的响应轨迹（见图 6-13）在前面已具体阐述过，在此不再累述。图 6-25 显示了经济波动冲击对货币供给的影响。从图中可以看到：先期 GDP 的增加对货币供给的影响是负向的，说明 GDP 的增加暂时会压缩社会中的货币流通量，这种负向作用一致持续到底 7 季度。但是从第 8 季度开

---

① 这里我们采用 LR、AIC 和 FPE 标准进行滞后长度的选择。

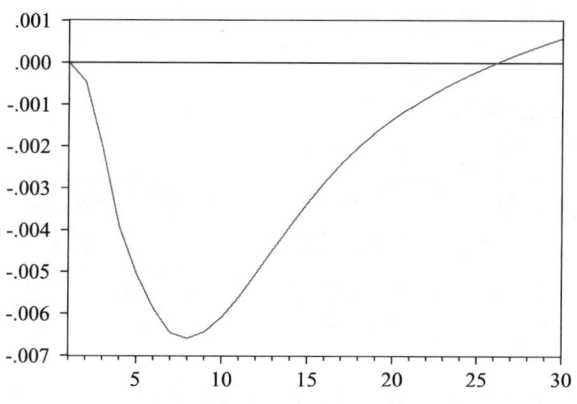

图 6-25 货币供给波动对经济波动的响应轨迹

始，影响逐渐变为正向，随后逐渐趋于消失。

将图 6-13 和图 6-25 结合起来，我们可以看到由就业冲击、经济波动传导到货币供给波动的动态响应过程。前 4 个季度里，就业冲击导致 GDP 经历了正向到负向的响应过程，而且是极大值到极小值的递减过程。货币供给对 GDP 的冲击的反应确是刚好相反的过程，经历了由负向影响到正向影响以及极小值到极大值的变化。因此，在前期就业冲击经 GDP 传导，对货币供给产生负向响应。

6.3.3 公共就业政策、经济波动与就业波动联动效应的实证结论

6.3.3.1 财政政策、货币政策与就业波动的动态相关性

（1）税收、财政支出与就业波动的联动效应分析结果。第一，就业对税收和财政支出冲击的脉冲反应。税收增加的冲击具有抑制就业的作用，而财政支出增加具有促进就业的作用，而且财政支出冲击对就业的影响更大；税收变化对就业冲击立即见效，但影响时间短，而财政支出变化对就业冲击的反映存在一定的时滞，但持续时间相对较长。第二，税收和财政支出对就业冲击的脉冲响应。从反应方向来看，税收呈现先上升后下降的趋势，且以负效应为主，财政支出的反应正好相反；从冲击强度和持续期来看，就业对税收的冲击更剧烈，但是持续的时间较之对财政支出的冲击更短。

（2）财政赤字与就业波动的联动效应分析结果。第一，就业对财政赤字冲击的脉冲反应。财政赤字变化对就业是正向影响，且具有短期震荡特点；而财政赤字冲击对就业的作用持续时间长，但强度较弱。第二，财政赤字对就业冲击的脉冲反应。就业冲击对财政赤字的影响有正有负，且围绕零轴上下波动；而财政

赤字受就业变化影响的时间较短，大概在3.5年即消失。而且实证结果表明通过增加财政赤字的方式可以扩大就业，但是由于财政赤字政策具有累积效应，因而不适合长期和大规模的使用。

(3) 货币政策与就业波动的联动效应分析结果。第一，就业对货币供给冲击的脉冲响应。受到货币供给变化的冲击，就业量有小幅下降，然后迅速回升，且具有短期波动较大的特征。第二，货币供给对就业冲击的脉冲响应。受到就业冲击，货币供给先小幅下降之后迅速反弹，之后经过几个季度的波动后逐渐趋于下降。从整体上而言，货币供给对就业冲击响应轨迹的波动较大。

6.3.3.2 以经济波动为传导媒介，财政和货币政策与就业波动的动态相关性

(1) 财政收支政策、经济波动传导与就业波动的联动效应。第一，财政收支变化、经济波动与就业波动的脉冲响应分析。税收冲击对经济波动影响为先负向后正向，而GDP对就业具有正向促进作用，导致税收变化对就业的影响具有不确定性；财政支出对GDP以正向效应居多，而GDP对就业具有促进作用，由此就业量也以正向反应为主。第二，就业冲击、经济波动与财政收支波动的脉冲响应分析。就业冲击导致GDP周期性波动，而GDP的波动导致税收和财政支出周期性波动，经过若干期之后收敛于初始状态。就业冲击对财政收支的影响呈周期震荡式，且最终回归初始稳态。

(2) 财政赤字政策、价格波动传导与就业波动的联动效应。第一，财政赤字变化、价格波动与就业波动的脉冲响应分析。前9个季度，财政赤字增加带来价格水平持续上升，上升的价格水平导致就业也呈上升趋势。9个季度之后，价格水平开始负向响应，但负向影响程度较小，对就业的负向影响不明显。第二，就业变化、价格波动与财政赤字波动的脉冲响应分析。前5个季度，就业冲击对价格是正效应，价格上升引起赤字增加。从第6个季度开始就业冲击经价格传导对就业的影响效果具有不确定性。

(3) 货币政策、经济波动与就业波动的联动效应。第一，货币供给变化、经济波动与就业波动的脉冲响应。经济波动对货币供给冲击的反应具有非常短暂的滞后效应。从整体上而言，货币冲击经由经济波动对就业波动影响的短期效果较好，但其效果的边际贡献中长期呈下降趋势。第二，就业冲击、经济波动与货币供给波动的脉冲响应。前4个季度里，就业冲击导致GDP经历了正向到负向的响应过程，而且是极大值到极小值的递减过程。货币供给对GDP的冲击的反应却是相反的过程，经历了由负向影响到正向影响以及极小值到极大值的变化。因此，在前期就业冲击经GDP传导，对货币供给产生负向响应。

6.4 结语

经济增长与经济周期波动是决定一国就业水平的关键因素。本章从宏观视角实证检验了我国公共就业政策通过左右经济增长与经济波动,进而对就业增长及就业波动的影响效果。通过实证分析,得到以下实证结论。

6.4.1 公共就业政策、经济增长与就业增长

通过"财政政策—经济增长—就业增长"联立方程模型估计发现,从我国财政政策对经济增长的影响来考察,税收政策与经济增长负相关,而财政支出政策与经济增长正相关,两者的综合效应为正。再从经济增长对就业量的影响来考察,经济增长能够促进就业量增加,但是经济增长对就业的促进程度较小。说明我国经济增长和就业增长具有非一致性(即奥肯定律失效)。综合而言,财政政策通过经济增长传导作用于就业的过程是一个相互作用的循环系统。因此,应进一步落实结构性减税政策,优化财政支出结构和效率,提高财政政策对经济和就业的促进作用。

实证研究结论表明我国货币政策对就业具有正向影响。增加货币供给量能够降低企业融资成本,有利于购房等信贷消费增加,带动投资、消费等经济活动,进而促进经济增长,拉动就业。但随着时间的推移,货币供给对就业的拉动效应逐渐减弱。因此,从长期来看,采用大规模扩张性货币政策来刺激就业的措施将难以为继,而且将对经济发展造成重大伤害。

6.4.2 公共就业政策、经济波动与就业波动

为深入分析公共经济政策与就业的动态关系,本书从总体度量与传导途径两个角度实证检验了公共就业政策、经济波动与就业波动的关系。

首先,从总体上度量公共经济政策变化与就业波动的动态响应过程,侧重于对财政政策和货币政策变化对就业动态冲击的最终结果的反映。研究结果显示:第一,财政收支政策与就业波动的联动效应分析结果。从就业对税收和财政支出冲击的脉冲反应来考察,税收增加的冲击具有抑制就业的作用,而财政支出增加具有促进就业的作用,而且财政支出冲击对就业的影响更大;税收变化对就业冲

击立即见效，但影响时间短，而财政支出变化对就业冲击的反映存在一定的时滞，但持续时间相对较长。再从税收和财政支出对就业冲击的脉冲响应来考察，从反应方向来看，税收呈现先上升后下降的趋势，且以负效应为主，财政支出的反应正好相反；从冲击强度和持续期来看，就业对税收的冲击更剧烈，但是持续的时间较之对财政支出的冲击更短。第二，财政赤字与就业波动的联动效应分析结果。从就业对财政赤字冲击的脉冲反应来考察，财政赤字变化对就业是正向影响，且具有短期震荡特点；而财政赤字冲击对就业的作用持续时间长，但强度较弱。再从财政赤字对就业冲击的脉冲反应来考察，就业冲击对财政赤字的影响有正有负，且围绕零轴上下波动；而财政赤字受就业变化影响的时间较短，大概在3.5年即消失。而且实证结果表明通过增加财政赤字的方式可以扩大就业，但是由于财政赤字政策具有累积效应，因而不适合长期和大规模的使用。第三，货币政策与就业波动的联动效应分析结果。从就业对货币供给冲击的脉冲响应来考察，受到货币供给变化的冲击，就业量有小幅下降，然后迅速回升，且具有短期波动较大的特征。再从货币供给对就业冲击的脉冲响应来考察，受到就业冲击，货币供给先小幅下降之后迅速反弹，之后经过几个季度的波动后逐渐趋于下降。从整体上而言，货币供给对就业冲击响应轨迹的波动较大。

其次，从传导途径上阐释宏观经济政策变化、经济波动以及就业波动之间动态联动效应，侧重衡量财政货币政策变化通过经济波动传导对就业的影响效果。研究结果显示：第一，财政政策、经济波动传导与就业波动的联动效应。从财政收支变化、经济波动与就业波动的脉冲响应过程来考察，税收冲击对经济波动影响为先负向后正向，而 GDP 对就业具有正向促进作用，导致税收变化对就业的影响具有不确定性；财政支出对 GDP 以正向效应居多，而 GDP 对就业具有促进作用，由此就业量也以正向反应为主。再从就业冲击、经济波动与财政收支波动的脉冲响应过程来考察，就业冲击导致 GDP 周期性波动，而 GDP 的波动导致税收和财政支出周期性波动，经过若干期之后收敛于初始状态。就业冲击对财政收支的影响呈周期震荡式，且最终回归初始稳态。第二，财政赤字政策、价格波动传导与就业波动的联动效应。从财政赤字变化、价格波动与就业波动的脉冲响应过程来考察，前9个季度，财政赤字增加带来价格水平持续上升，上升的价格水平导致就业也呈上升趋势。9个季度之后，价格水平开始负向响应，但负向影响程度较小，对就业的负向影响不明显。再从就业变化、价格波动与财政赤字波动的脉冲响应过程来考察，前5个季度，就业冲击对价格是正效应，价格上升引起赤字增加。从第6个季度开始就业冲击经价格传导对就业的影响效果具有不确定性。第三，货币政策、经济波动与就业波动的联动效应。从货币供给变化、经济波动与就业波动的脉冲响应过程来考察，经济波动对货币供给冲击的反应具有非常短暂的滞后效应。整体而言，货币冲击经由经济波动对就业波动影响的短期效果较好，但其效果的边际贡献中长期呈下降趋势。再从就业冲击、经济波动与货币供给波动的脉冲响应过程来考察，前 4 个季度里，就业冲击导致 GDP 经历了正向到负向的响应过程，而且是极大值到极小值的递减过程。货币供给对 GDP 冲击的反应却是相反的过程，经历了由负向影响到正向影响以及极小值到极大值的变化。因此，在前期就业冲击经 GDP 传导，对货币供给产生负向响应。

7

中国公共就业政策重构探析

"十三五"将是我国全面建成小康社会的决胜期。而这一时期又将直面经济发展新常态,就业格局将面临总量矛盾与结构矛盾的挑战。为此,必须坚持就业优先的战略地位,健全个人、市场、政府三方结合的就业促进机制,缓解就业压力、提高就业质量、改善就业结构,努力实现充分就业。

7.1 引言

失业与就业是一个问题的两个方面,是市场经济的伴生现象。自失业问题产生以来,西方经济学家就对其进行了深入研究,形成了各具特色的理论。同时,各国政府将"降低失业率,实现充分就业"列为重要的宏观调控目标,采用各种公共政策工具对其进行综合治理。从实践来看,国际社会治理失业的公共就业政策重大演变大致经历了四个阶段:(1) 20 世纪 30 年代前的市场自动调节阶段。(2) 30 年代后的政府应用宏观政策干预阶段。(3) 70 年代后的实施积极的劳动力市场政策阶段。具体而言,各国选择了多样性的公共就业政策。主要有:①新自由主义的公共就业政策。它是以非凯恩斯主义就业理论为基础,以微观供给管理政策、减税政策、劳动力市场灵活化与激活化政策为核心的政策体系。②合作主义的公共就业政策。它是以福利国家理论为基础,以维持充分就业政策,积极劳动力市场政策,充分发挥三方合作机制作用为核心的政策体系。③保守主义的公共就业政策。它是以劳动力市场分割理论为基础,以缩减劳动供给,推进劳动力市场边缘灵活化改革为核心的政策体系。(4) 90 年代后的就业优先战略阶段。国际劳工组织《全球就业议程》提出:"各国要制定综合性的社会经济政策,使充分的、生产性的和自由选择的就业成为宏观经济战略和国家政策的总目标，并将其放在经济和社会政策的核心位置。"① 2008 年后为了缓解全球金融危机的冲击，西方国家进一步调整公共就业政策：实施增大公共投资、减税、激活创业精神等积极的财政政策，实施加强就业指导和培训、重视就业保障等积极的劳动力市场政策。

国内的相关研究主要集中在治理总量失业、结构性失业以及特定群体就业的公共政策三个方面。

（1）治理失业的综合性公共政策

杨伟国（2007）② 以"就业政策矩阵模型"为分析框架，在对我国宏观经济环境分析的基础上，剖析了我国功能性就业政策与对象性就业政策的转变和转型过程，为决策部门提供了一种结构化视角。莫荣（2012）③ 从政治学与经济学的双维视角阐释了实施就业优先发展战略的必要性，并提出了实现该战略的措施。

蔡昉等学者（2015）④ 认为，随着中国经济发展进入新常态，劳动力市场在经历了刘易斯转折点后，也将面临重要的结构转换，人口与就业政策面临着更多新的挑战。中国政府应该尽早从依赖"人口红利"转向挖掘"制度红利"，通过改革制度改革，提高生产要素供给和生产效率。这将是保障中国经济可持续发展的唯一路径。胡鞍钢等学者（2015）⑤ 提出"十三五"期间我国应以实现更加充分的、更高质量的就业作为就业发展的总体目标，坚持就业优先，以创业带动就业，继续实施积极就业政策，使就业发展与经济增长、结构升级协调推进的基本思路。

（2）治理结构性失业的公共政策

郑程（2011）⑥ 针对我国劳动力市场中的结构性矛盾，提出了"教育—就业结构与就业—产业结构双联动"的观点，并阐释了政府政策在"双联动"中的作用机理。辜胜阻等（2013）⑦ 认为我国就业结构性矛盾的本质是教育体系与产业体系长期不匹配所造成的劳动力供给与市场需求结构的错位。化解就业结构性

---

① 小志编辑：世界就业政策和就业服务的沿革与发展 [J]．中国就业，2012，(9)：14．
② 杨伟国．转型中的中国就业政策 [M]．北京：中国劳动社会保障出版社，2007．
③ 莫荣．贯彻落实就业优先的发展战略 [J]．中国就业，2012，(10)：6-8．
④ 蔡昉主编．中国人口与劳动问题报告（2014）：面向全面建成小康社会的政策调整 [M]．北京：社会科学文献出版社，2015：6-15．
⑤ 胡鞍钢，杨竺松，鄢一龙．就业发展"十三五"基本思路与目标——构建更高质量的充分就业型社会 [J]．北京交通大学学报（社会科学版），2015，(1)：1-6．
⑥ 郑程．教育—就业结构与就业—产业结构双联动：缓解劳动力市场结构性矛盾的新视角 [D]．杭州：浙江大学，2011：36-56．
⑦ 辜胜阻，王敏，李睿．就业结构性矛盾下的教育改革与调整 [J]．教育研究，2013，(5)：12-18．

矛盾需要加快教育结构调整与改革。并提出了构建支持产业转型升级的多层次教育体系的战略构想。中国就业促进会课题组（2014）① 认为，应该实施妥善安置下岗失业人员、发展适合产业升级的教育培训、充实积极就业政策、推动自主创业、统一人力资源市场、完善社会保障等政策措施，以缓解我国就业结构性矛盾。

（3）治理特定群体失业的公共政策

叶志明（2009）②、陈美等（2012）③、中国就业促进会课题组（2013）④ 等学者分别探析了大学生就业难、农村劳动力就业问题以及网络创业等问题，并提出了解决问题，扩大就业的特定性公共政策。

综上所述，现有研究成果为进一步探析中国公共就业政策重构提供了基础。然而，两个关键问题仍需深入研究：（1）在"十三五"的经济新常态下，如何推进就业优先发展战略？这一问题的本质涉及如何解决转变经济发展方式与实现充分就业的矛盾，如何解决就业优先战略与创新驱动发展战略之间的矛盾。（2）在"十三五"经济新常态下，如何缓解结构性就业矛盾？为此，本章力图沿着构建保障中国充分就业长效机制的思路，依据公共政策就业效应实证分析结果与评价，阐释中国公共就业政策的重构框架，即重构公共就业政策的决策模型，进而探寻新时期优化中国公共就业政策的路径。

7.2 中国公共就业政策评价

依据中国公共就业政策实践，总结政策实施效果，评判其优劣，进而为重构公共就业政策指明方向。

7.2.1 中国公共就业政策的实施成效

7.2.1.1 构建了促进就业的公共政策体系

就业是民生之本，中国政府一直高度重视并积极解决就业问题。新中国成立

---

① 中国就业促进会. 积极有效地应对就业结构性矛盾——关于就业结构性问题的研究 [DB/OL]. [2014-03-19]. http://www.clssn.com: 80/html/node/95864-1htm.
② 叶志明. 探究大学生就业难的治本之策 [J]. 中国高等教育, 2009, (20): 46-47.
③ 陈美, 张福明, 孙鹏飞. 劳动力有限供给条件下我国农村劳动力就业问题研究——基于刘易斯模型的分析 [J]. 农业现代化研究, 2012, (5): 580-584.
④ 中国就业促进会课题组. 开动网络创业就业"引擎"——网络创业促进就业研究取得重大成果 [J]. 中国就业, 2013, (4): 8-11.

以来，伴随着社会经济制度的变革，我国的就业制度经历了"统包统配"阶段、"转轨制"阶段、"市场就业"阶段。就业政策的演进也历经了从被动解决失业到主动统筹就业的历程。随着社会经济的发展，政府越来越重视就业问题，逐步构建了促进就业的公共政策体系：2000年中国政府正式提出建立统筹城乡就业制度→2002年首次提出实施积极就业政策→十六大提出实行促进就业的长期战略和政策→2007年颁布《就业促进法》→十七大提出实施扩大就业的发展战略，促进以创业带动就业→十八大提出实施就业优先战略和更加积极的就业政策，推动实现更高质量的就业。总之，随着经济社会的发展，政府逐渐拓展就业理念的广度和深度，扩大并强化了公共就业政策的范围与支持力度，构建了促进就业的公共政策体系，扩大就业的积极作用日渐突显。

7.2.1.2 公共就业政策的正向效果逐渐显现

本书第4—6章实证检验了我国公共政策的就业效应，研究结果表明公共政策在一定程度上发挥了就业促进效应。

（1）公共就业政策促进了劳动力市场均衡的形成。第4章的实证结果显示，1990—2013年，就业量与工资水平波动平缓，没有出现较大幅度的震荡。尤其是2002年实施积极的就业政策以来，政府更加灵活地运用公共政策工具鼓励企业吸纳就业、创业带动就业、经济增长拉动就业以及政府投资引致就业。尽管2008年金融危机导致失业人数急剧攀升，劳动力市场出现大幅震荡，但是中国政府审时度势，及时采取了大规模的减税政策和财政支出政策迅速稳定了就业，促使就业量和工资的波动逐渐走向平缓，劳动力市场逐步回归到稳定均衡的路径。因此，公共就业政策对劳动力市场均衡发挥了重要的推动作用。

（2）公共就业政策在一定程度上促进了经济增长和就业增长。尽管实证分析表明税收政策对社会资源配置产生了扭曲效应，对经济增长具有负向作用，但是财政支出对经济增长的正向效应显著大于税收的负向效应，因而财政政策对经济增长和就业增长的净效应为正。货币政策在短期内对就业增长也具有正向影响。增加货币供给量能够降低企业融资成本，有利于购房等信贷消费增加，带动了投资、消费、进出口等经济活动，进而促进了经济增长与拉动就业。

7.2.2 公共就业政策的实施缺陷

7.2.2.1 公共就业政策之间的冲突性

由第2章的理论分析而知，广义的公共就业政策是指政府所实施的直接干预与间接影响劳动力市场，治理失业的政策体系，包括直接就业政策与间接就业政策（宏观经济政策）。从我国的现实情况来考察，改革开放以来，这两大政策子系统之间虽然也产生了叠加正效应，但更多的时候产生了冲突的互损效应，从而影响了公共就业政策的实施效果（见表7-1）。

表7-1　　我国直接就业政策与间接就业政策之间的关系

时期（年）	经济态势与经济政策		就业态势与就业政策		两大政策子系统的关系
	经济态势	财政货币政策	就业态势	直接就业政策	
1979—1984	经济过热	因双松政策导致经济过热	国企隐性失业	双轨就业制度	冲突期
1985—1996	经济过热与经济衰退交替	双紧与双松政策交替	1992年国企改革，引致大规模失业下岗	消极就业政策：实施再就业工程	
1997—2003	亚洲金融危机冲击，经济衰退	积极财政政策+稳健货币政策	就业形势严峻	2002年提出实施积极就业政策	冲突与融合并存期
2004—2007	经济较平稳	双稳健政策	就业形势较平稳		
2008—2011	美国金融危机冲击，经济衰退	双松政策	就业形势严峻	2009年实施更加积极就业政策	
2012年至今	经济步入减速通道	积极财政政策+稳健货币政策	就业形势严峻	2015年实施全面促进创业与就业的积极就业政策	进入融合期

由表7-1可见，改革开放以来，伴随着经济的发展，我国所实施的宏观经济政策（间接就业政策）与直接就业政策两大子系统大致经历了冲突期、冲突与融合并存期、进入融合期三个阶段。（1）冲突期。在这一时期，针对经济过热与经济过冷的交替运行状况，宏观经济政策的主要目标是维持经济稳定与物价稳定，几乎没有考虑充分就业目标；而面对大规模国有企业员工失业下岗潮的冲击，才实施了事后性的、特惠性的消极就业政策。两大政策体系之间呈现出较严重的冲突性。（2）冲突与融合并存期。在这一时期，历经了两次全球金融危机，面对经济衰退与失业严峻的状况，宏观经济政策的主要目标是维持经济稳定与反周期性失业；直接就业政策也开始由消极性政策转向积极性政策。从融合性来看，反金融危机的财政货币政策在一定程度上抑制了经济衰退，与积极就业政

一起发挥了叠加正效应，起到了稳定就业的重要作用。但是，两类政策之间也存在一定的冲突性。宽松的宏观经济政策所导致的主要弊端是：财政生产性投资过大与货币政策引致的流动性过剩强化了不合理的产业结构；而财政性教育支出过小强化了教育的滞后发展，最终加剧了结构性失业态势。（3）进入融合期。2012年以来，外延扩张型的经济增长模式终将难以维系，经济增长由高速增长步入了下降通道。为此，今后我国必须坚持"就业优先"原则，协调宏观经济政策与直接就业政策两大系统的关系，才能促使其发挥更佳的叠加正效应。

7.2.2.2 公共就业政策负向效果的制约性

我国公共就业政策体系内在的冲突性产生了叠加负效应或互损效应，在一定程度上加剧了就业总量及就业结构失衡的矛盾。

（1）就业总量失衡的公共就业政策诱因

较长一段时间以来，我国劳动力市场上供求总量缺口较大，真实失业率较高，其深层次原因是经济增长与就业增长的非一致性。这一结果与公共经济政策（尤其是财政货币政策）的缺陷有关。

①财政政策的缺陷

在税收政策方面，近年来我国税收增长速度快于 GDP 的增长速度，国民财富更多地流向政府部门，降低了居民的可支配收入，挤占了企业的利润空间。这种不合理的国民收入分配格局制约了内需扩大和就业创造。实证结果显示，在 2009—2013 年所实施的新一轮积极财政政策中，税收政策对就业的推动作用弱于前两个时期，说明税收政策对就业的促进作用呈递减趋势。

在财政支出政策方面，政府投资驱动型增长、财政就业支出不足以及其他"民生"性支出不足，制约了内需扩大和就业创造。

第一，政府投资驱动型增长方式对就业造成了挤出效应。我国"七五"期间固定资产投资增长率与就业增长率几乎呈同步变动态势。但进入 20 世纪 90 年代后，我国却出现了投资增长与就业增长非一致性的现象，进一步造成了经济增长与就业增长的非一致性。究其原因是政府投资与民间资本纷纷投入交通、钢铁等资本密集型产业，资本排挤劳动，就业增长必然减缓。第 5 章的经验分析表明：20 世纪 80 年代以来，政府生产性支出对经济增长的贡献率逐渐增强。政府投资驱动型增长方式虽然带来了经济的快速提升，但资本深化过程所引致的就业挤出效应也愈发明显，导致经济增长对就业的吸纳能力不断下降。可见，政府的投资方向与力度是造成"奥肯定律"失效的重要财政因素。同时，分时期的实证检验进一步发现，与 2005—2008 年相比，目前政府投资的就业推动效果明显降低。这说明大规模、高密度的政府投资对就业的正向效应正逐渐减弱。

第二，财政就业支出不足导致其就业拉动效应较弱。虽然，近年来政府不断加大了财政就业支出的规模，由 1999 年的 223.62 亿元增长到 2012 年的 1047.33 亿元，增长了 4.7 倍。但是，财政就业支出的总量与比重仍然较小（见图 7－1 和图 7－2）。

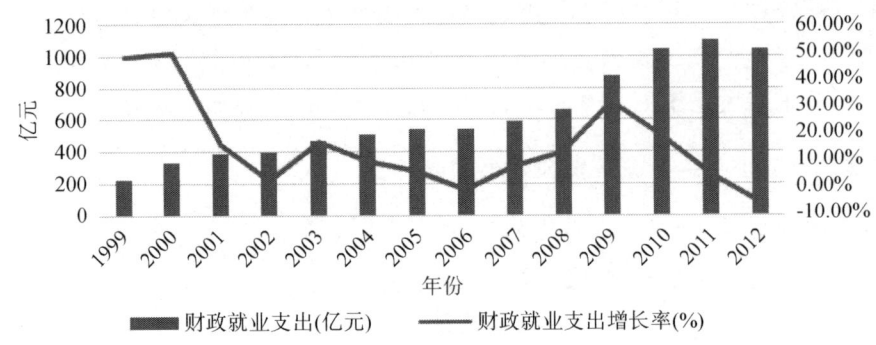

图 7－1　1999—2012 年财政就业支出规模及增长率

资料来源：财政部. 中国财政年鉴 [M]. 北京：中国财政经济出版社，1998—2013 年。

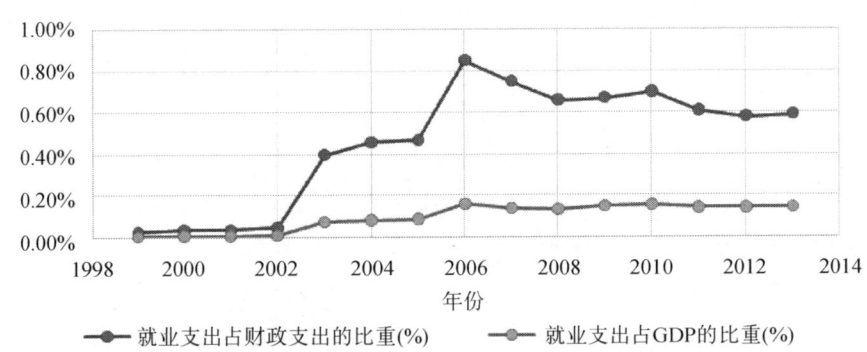

图 7－2　1999—2012 年财政就业支出占财政支出的比重和就业支出占 GDP 的比重

资料来源：财政部. 中国财政年鉴 [M]. 北京：中国财政经济出版社，1998—2014 年；国家统计局. 中国统计年鉴 [M]. 北京：中国统计出版社，1998—2014 年。

财政就业支出占财政总支出和占 GDP 的比重指标能够反映就业政策在宏观经济政策中的重要性。从 1999 年至 2012 年，财政就业支出占财政总支出的比重虽然有所增加，但比重一直小于 1%；而财政就业支出占 GDP 比重的变化幅度很小，比重相对较低。从国外发达国家的情况来看，用于就业财政专项支出一般可占到 GDP 的 1% 左右；而我国财政就业支出占 GDP 的比重一直处于 0.2% 以下，最低的年份只占 GDP 的 0.005%。因此，总规模较小的财政就业支出难以发挥其应有的作用。

第三，财政"民生"性支出不足与制度缺陷降低了就业促进效应。财政"民生"性支出过低会影响社会经济制度的改革与发展，制约劳动力市场的统一与均衡，降低就业促进效应。本书的实证结果表明经济增长对就业的促进作用越来越依赖于科教文卫支出转化为就业的能力。然而长期以来，我国科教文卫支出的投入不足、教育培训未能及时跟进，导致劳动者的素质与技能不能适应市场要求，结构性失业问题突出。同时，本书的实证分析也表明，在老龄化程度加深的社会背景下，由于居民收入较低，尤其是低收入群体众多，随着社会保障支出的增加，低收入群体的劳动收入与不工作享受社会保障的收入相当，导致社会保障支出不利于劳动需求的增加，社会保障支出失去了鼓励就业的作用。

②金融政策的缺陷

本书第 4 章与第 5 章的实证分析表明货币政策对劳动力市场均衡的影响微弱，而且第二次金融危机中货币政策的效果弱于第一次金融危机。同时，货币政策仅在短期内具有促进经济增长的效应。再从信贷政策来看，虽然各级政府出台了系列金融政策，以促进高校毕业生、农村剩余劳动力、城镇下岗职工等重点群体就业，但是，这些群体与中小企业很难获得商业银行的贷款支持。因此金融信贷政策在激励创业与就业方面的作用较弱。

（2）就业结构失衡的公共就业政策诱因

①"产业—教育—就业"结构失衡：公共政策缺陷

由第 1 章的理论分析可知，公共政策能够影响"教育—就业结构与就业—产业结构"的形成与运行。然而，我国公共政策的缺陷却加剧了这一结构的失衡，进而加剧了结构性失业的矛盾。

一是"教育—就业结构"失衡：公共政策缺陷。

随着经济社会的发展，我国的财政性教育支出也随之增长，但是相对水平仍然很低（见表 7-2、图 7-3）。

表 7-2　　　　　　　　财政性教育经费投入规模　　　　　　　　单位：亿元

年份	国家财政性教育经费支出	GDP	占 GDP 比例（%）	全国财政支出	占全国财政支出比例（%）
1995	1411.52	57277.00	2.46	8794.52	16.05
2000	2562.61	89404.00	2.87	15887.00	16.13
2001	3057.01	95933.00	3.19	18903.00	16.17
2002	3491.40	102398.00	3.41	22053.00	15.83

续表

年份	国家财政性教育经费支出	GDP	占GDP比例（%）	全国财政支出	占全国财政支出比例（%）
2003	3850.62	117252.00	3.28	24650.00	15.62
2004	4465.86	159878.00	2.79	28486.89	15.68
2005	5161.08	183084.80	2.82	33930.28	15.21
2006	6348.36	210871.00	3.01	40422.73	15.70
2007	8280.21	249529.90	3.32	49781.35	16.63
2008	10449.63	300670.00	3.48	62592.66	16.69
2009	12231.09	340507.00	3.59	76299.93	16.03
2010	18586.70	473104.00	3.93	109247.79	17.01
2011	22236.23	519470.10	4.28	125952.97	17.65
2012	24488.22	568845.20	4.30	140212.10	17.47
2013	18586.70	473104.00	3.93	109247.79	17.01

资料来源：国家统计局．中国统计年鉴［M］．北京：中国统计出版社，2014；教育部发展规划司．中国教育统计年鉴［M］．北京：人民教育出版社，2014。

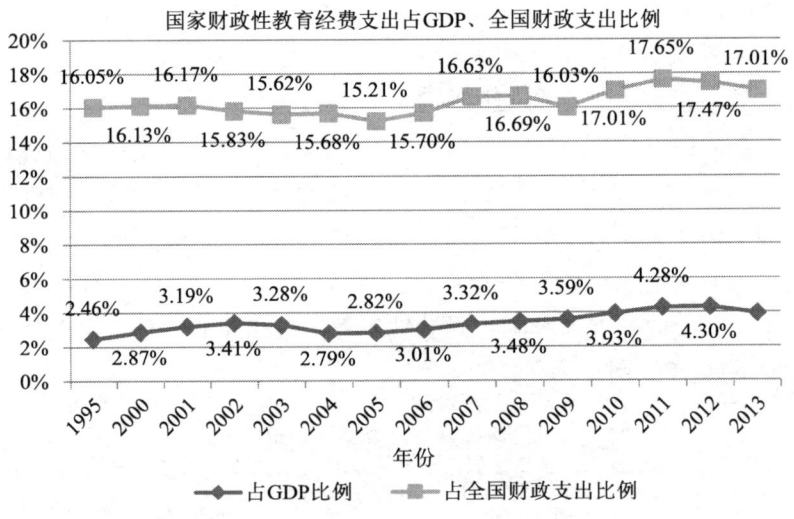

图7-3 财政性教育投入的变化趋势

由表7-2、图7-3可知，尽管近年来我国财政性教育支出增长速度较快，而且在2012年财政教育支出占GDP比重首次达到4%。然而这一水平仅仅是最基本的保证，与其他国家相比，甚至与经济发展水平低于我国的国家相比，我国的教育投入相差甚远。以 2007 年为例，我国财政教育投入占 GDP 的比重为 3.32%，只相当于法国的 59%，德国的 79%，英国的 66% 和美国的 69%[①]。本书的实证分析表明教育支出对就业具有正效应，但是由于财政性教育投入规模不足，而且教育结构不合理，导致其正向效应并难以显著发挥，进而从"教育—就业结构"方面加剧了结构性失业的矛盾。

二是"产业—就业结构"失衡：公共政策缺陷。

公共政策对"产业—就业结构"的负面影响主要表现在两方面：第一，公共经济政策强化了"重工业重，服务业轻"的不合理产业结构。本书的实证分析显示，税收规模提高不利于第二、三产业就业规模扩大，而且对第三产业就业的抑制作用最大；财政支出与第一产业就业负相关、与第二产业就业正相关、对第三产业就业影响不显著；货币供给增长对第一、三产业就业具有正向效应，对第二产业就业具有负向效应。这主要是因为在长期发展重工业的取向下，政府对第一、三产业财政支持有限。这种不合理的产业发展政策和财政导向导致第一产业生产效率较低、第三产业就业扩张受限，强化了"工业重，服务业轻"的不合理产业结构。第二，公共经济政策促进产业升级的激励作用较弱。虽然，财政支出政策促进了第二产业的发展，但基本上是在原低端产业结构上的规模扩张，产业升级缓慢，进而从"产业—就业结构"方面加剧了结构性失业的矛盾。

②城乡就业结构失衡：公共政策缺陷

在财政政策方面，第一，城乡财政支出偏倚不利于整体就业水平的提升。实证结果显示：财政投资性支出和社会保障与就业支出对城镇就业具有促进作用，而对农村就业具有抑制作用。表面上看这一结果能够促进农村劳动力向城市转移，符合产业发展规律，但是这种"重城市、轻农村"的发展思路导致城乡经济发展水平和社会保障水平悬殊较大，进而限制了整个社会消费需求增加，不利于经济发展和就业规模扩大。第二，财政支农支出对城乡就业并未发挥应有的作用。虽然近年来我国财政支农支出绝对额和相对额都有较快的提升，但是对于相对弱势的农业来说，支出额度仍显不足。而且，财政管理体制的不完善等原因，造成了财政支农支出实际运行效果欠佳，未能充分发挥优化城乡就业结构的作用。

在货币政策方面，货币供给增长相对有利于农村就业扩大。由于城乡间资本回报的差异，导致资本更倾向于流向风险较低、回报率较高的城市，由此导致农村劳动力并未受到资本流入的巨大冲击，资本对劳动的替代效应较弱。而且如果

---

① 蔡昉，王广州，王美艳. 依靠深化教育缓解就业压力 [J]. 理论视野，2009，(5)：31.

资本投入城市带来的劳动替代严重，可能会导致进城农民工返流，进而扩大农村从业人员比重。目前，全国劳动力市场出现的"民工荒"和农民工回流，与此也有千丝万缕的联系。

综合而言，我国城乡就业结构仍不合理。比较公共就业政策对城镇和农村就业的影响效果，我们发现财政政策和货币政策对城乡就业的影响方向相反，而且对城镇就业比重的影响较大。由于城镇就业的吸纳力是决定农村剩余劳动力转移速度以及城镇化建设进程的关键因素。因此，政府还须进一步优化财政支出结构和方向，推进基本公共服务均等化，缩小城乡收入差距，以打破城乡就业隔离，优化城乡就业结构。

7.3 中国公共就业政策的重构框架

我国公共就业政策的实施效果显示：公共就业政策虽然取得了一定的成效，但也存在系列缺陷。为此，在"十三五"的新时期，重构公共就业政策体系势在必行。

7.3.1 重构公共就业政策系统的必要性

7.3.1.1 适应社会经济环境变化的需要

公共政策是社会总系统中的一个子系统，它与社会经济环境系统相互作用。公共政策问题是来源于社会经济环境，政策运行的条件和资源也都是由社会经济环境提供的。如果社会经济环境发生的变化已经对公共政策运行的条件和资源产生影响，则公共政策必须适应社会经济环境而做出调整。

从我国社会经济环境来考察，在2010年之前，我国成功地维持了30年10%以上的平均增长率。但自2012年以来，高速的经济增长率开始进入下行通道。2012年和2013年经济增长速度均为7.7%，2014年降为7.4%，2015年经济增长率仅为6.9%。经济增长放缓甚至下行，可能会带来就业恶化的连锁反应。因此，在中高速经济增长的新常态下，必须调整公共就业政策体系，才能实现充分就业。

7.3.1.2 实现与协调多重发展战略的需要

就业优先战略与创新驱动发展战略是我国必须推进的两大中长期社会经济发

展战略。由于这两大战略的目标与政策措施不同，孤立实施之后，可能会产生互损效应。因此，需要公共政策构架的顶层设计，尽量减弱两大战略实施效果之间的互损效应，而增强其互补性，以达到最佳战略效果。

7.3.1.3 提高公共就业政策正效应的需要

改革开放以来，我国的公共就业政策起到了扩大就业的积极作用，但是也产生了总量与结构方面的负效应。在经济发展的新常态下，只有重构公共就业政策体系，才能降低其负效应，提高其正效应，发挥其协同效应。

7.3.2 重构公共就业政策系统的理念与原则

7.3.2.1 重构公共就业政策系统的理念

实现充分就业是世界各国政府的主要目标，也是中国政府的重要目标。党的十八大报告首次提出"就业优先"发展战略，将"就业更加充分"作为全面建成小康社会的重要目标，并且对中国"充分就业"的内涵进行了新的阐释。

（1）确立"推动实现更高质量的就业"的新目标

高质量就业的内涵主要包括公平的就业环境、充分的就业机会、良好的就业能力、合理的就业结构、和谐的劳动关系等。实现更高质量的就业就是要提升就业质量，增强就业的稳定性[①]。"充分就业"既要实现规模目标，又要达到质量标准。

（2）提出"劳动者自主就业、市场调节就业、政府促进就业和鼓励创业"的新方针[②]

"充分就业"的新方针有两点核心变化：一是将原就业方针中的"劳动者自主择业"完善为"劳动者自主就业"。这更体现了就业是民生之本的地位。二是首次将鼓励创业纳入就业方针。创业是就业之源。将鼓励创业与促进就业放在同等重要的位置，有利于激发市场主体活力，从源头上创造就业机会。

（3）实施"就业优先"发展战略

以"就业优先"取代"增长优先"是中国实现可持续发展的必然选择。在过去实施"增长优先"的战略下，财政、金融政策的重点是刺激经济增长或稳

[①] 小志. 就业质量的内涵[J]. 中国就业, 2013, (10): 13; 2013, (11): 14.
[②] 《中国共产党第十八次全国代表大会报告：坚定不移沿着中国特色社会主义道路前进 为全面建成小康社会而奋斗》, 2012 年 11 月 8 日。

定物价，而仅是单一就业政策发挥应急调控作用，难以从源解决失业问题。就业优先战略要求必须把促进就业放在经济社会发展的优先位置，建立经济发展与扩大就业良性互动的长效机制。将保证充分就业作为宏观经济政策制定、调整和实施的优先目标，实施更加积极的就业政策，与财政、金融、产业等宏观经济政策相协调，形成促进充分就业的综合性经济社会政策体系①。

7.3.2.2 重构公共就业政策系统的原则

实现高质量的充分就业是重构我国公共就业政策体系的核心目标。为此，应该坚持以下原则：

（1）坚持发挥市场机制作用与政府促进相结合的原则

要实现高质量的充分就业必须正确处理市场与政府作用的关系。充分发挥市场机制在劳动力市场中的基础性作用；并且通过强化政府的职责，弥补市场缺陷，保证充分就业，促进社会经济和谐发展。

（2）构造经济发展与扩大就业互动机制的本源性原则

经济发展决定就业，就业状况会制约经济发展。虽然就业优先战略要求把促进就业放在经济社会发展的优先位置，但并不是抛开经济社会发展来保障就业。过去那种治标不治本的公共就业政策思路②最终只能带来延误经济发展与就业增长的负面影响。为此，重构公共就业政策的基点必须是以促进经济发展方式转变为主导，以解决周期性失业为辅的政策构架，在经济增长方式转变过程中坚持就业优先战略。

（3）坚持公共就业政策系统的协调性原则

公共就业政策体系是直接的就业政策与间接的宏观经济政策的综合性政策体系。公共就业政策系统协调原则的基本要求是：①政策目标的统一。将实现高质量的充分就业作为公共就业政策系统的统一目标，加强直接就业政策与间接宏观经济政策的有机结合，形成以充分就业为导向的综合政策体系。②兼顾短期政策目标与长期政策目标的统一。就我国当前经济形势来看，短期内政策目标的着力点是维持经济的平稳增长，在推进结构性改革的过程中保证就业稳定增长，加强对重点群体就业的扶持，降低失业率。从长期来看，经济繁荣、就业结构优化、就业质量提高、实现充分就业是公共政策的最终目标。实现短期目标需要大力发展劳动密集型产业；而实现长期目标则需要发展智力和技术密集型产业。两者之

---

① 中国就业促进会课题组．"十二五"就业优先势在必行——关于"就业优先发展战略"的若干思考［J］．人才资源开发，2011，（2）：6-9．

② 治标不治本的决策思路是指主要采用直接就业政策，就失业而治理失业的政策基点。

间既有矛盾，也有共通之处。因而，在制定公共经济政策时，必须将短期目标和长期目标有机衔接起来，进行宏观调控时必须防止失业风险，促进经济社会的可持续发展。③人力资源储备与经济发展相统一与匹配。百年树人，人才培养具有长周期性与超前性。20世纪80年代，日本的人力资源与制造业相匹配，创造了"日本造"电器的辉煌时代。但之后政府迫于社会压力，降低了高校发展速度，以致在互联网时代来临之际，由于缺乏相匹配的人力资源，结果错失了发展良机。日本的发展经历具有启迪意义，因此我国必须依据科技与经济的未来发展趋势，超前培养相匹配的人才与储备人力资源，才能占领经济发展的制高点。形成促进就业的长效动力。

7.3.3 重构公共就业政策的决策模型

7.3.3.1 促进充分就业的双元公共政策构架的选择模型

正如3.4节所分析，我国长期所依赖的粗放型经济发展方式引致了多重负面效应，以致我国经济发展面临"中等收入陷阱"的困境，由粗放型转向集约型的经济发展方式是历史的必然。只有突破现有社会经济结构的锁定，进入新型经济发展路径，形成引领新型经济发展的体制，才能形成保障充分就业的长效机制。为此，中国公共就业政策的重构基点是：屏弃治标不治本的决策思路，通过制度创新，促进经济发展方式转变，形成保障充分就业长效机制，实现可持续的充分就业。

实施就业优先战略与创新驱动发展战略是构建经济发展与扩大就业良性互动的长效机制的两大核心战略。"十二五"规划提出了就业优先战略。它要求把促进就业放在经济社会发展的优先位置，将保证充分就业作为宏观经济政策制定、调整和实施的优先目标。"十八大"提出了创新驱动发展战略。它要求以全球视野谋划和推动自主创新，着力增强创新驱动发展新动力，加快形成经济发展新方式，从要素投入驱动转向全要素生产率驱动，推动经济社会科学的发展。"十三五"规划更是将创新驱动发展战略放在国家发展全局的核心位置，要求科技进步的贡献率将由目前55.3%的提高至60%。然而两大经济发展战略是具有冲突性与一致性的一对矛盾，如图7-4所示。

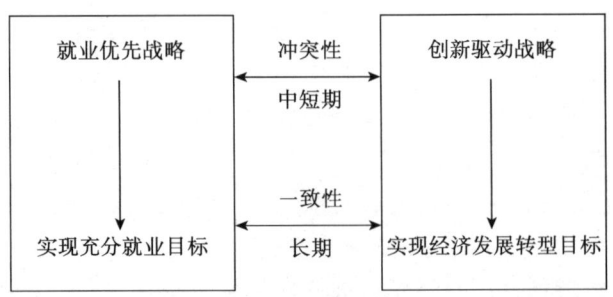

图 7-4 就业优先战略与创新驱动发展战略的关系

从中短期来看，两大经济发展战略之间具有冲突性。推进创新驱动战略以及转变经济增长方式在一定程度上会阻碍就业人口的增加，而解决就业问题增加就业人口又会对转变经济增长方式产生不利的影响。一方面，转变经济发展方式有可能造成失业率的提高。集约型经济发展方式将通过技术进步的作用排挤对劳动力的需求，特别是淘汰低素质的劳动力，造成部分在岗劳动力的失业。尤其是在我国经济增长率逐步下降的态势下，如果单边推进创新驱动战略，必然会对充分就业造成更大的压力。另一方面，增加就业人口又可能不利于推进创新驱动战略。由于劳动力的价格相对于资本更为便宜，如果政府通过实施公共政策促使困难就业群体实现就业或再就业，那么追求利润最大化的企业就会多用劳动力而少用资本与技术，减少技术改造和更新设备的投资，从而妨碍全要素生产率的提高，不利于转变经济增长方式。因此，在中短期内，推进创新驱动战略与就业优先战略之间存在冲突性。但从长期来看，两大经济发展战略之间具有一致性。推进创新驱动战略是培育我国未来经济增长新动力的唯一路径。只有推进创新驱动战略以及转变经济增长方式，才能彻底摆脱我国在国际竞争和国际分工中处于产业链的下端，才能避免"中等收入陷阱"，以及经济增长下滑甚至停滞、恶性失业率不断攀升的困境。而且，只有推进创新驱动战略，才能转变经济增长方式，而集约型经济发展方式将通过其乘数效应的持续经济增长创造开发新产业与新岗位，释放倍增的就业及创业效应，成为保障充分就业的持续性源泉。

为此，我们认为，在我国步入中高速经济增长的新常态下，我国劳动力的供求现状、创新驱动发展需较长时间周期等约束因素决定了我们应该走渐近式转变经济发展方式的路径，即由双元型经济增长模式逐步过渡到集约型经济增长的路径，并由此作为中短期重构公共就业政策体系的基础，如图 7-5 所示。

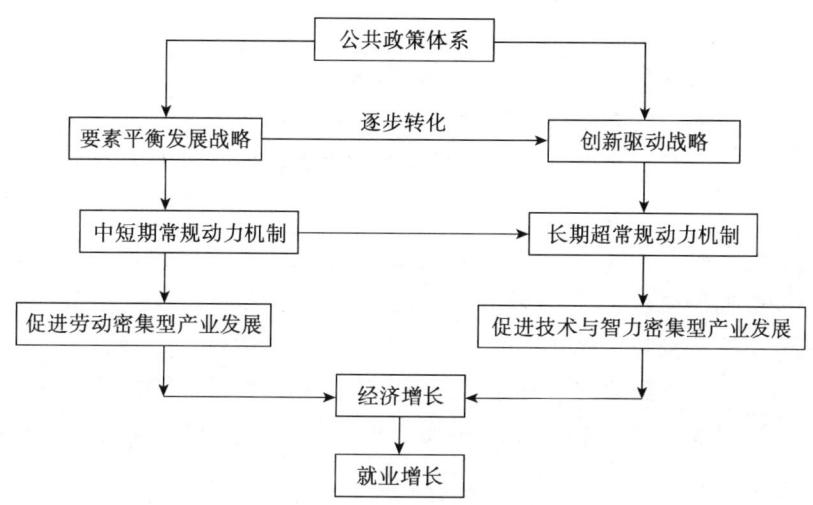

图 7-5 促进充分就业的双元公共政策体系构架

从图 7-5 可看出，在中短期内，构建保障我国充分就业机制的重要路径是：引致就业同步增长的经济持续增长、劳动密集与技术密集并存的双元产业结构、培养与双元产业结构相匹配的人力资源。与之相适应，应该构建双元公共政策体系构架："双元公共政策→双元产业结构→持续性的经济增长→长效充分就业"。具体包含两层含义：一是激励技术与智力密集型先导产业发展的公共政策。通过财税金融政策激励高科技产业发展，提升国家创新能力与竞争能力，改变中国在世界经济分工中的低端格局，以培育能够刺激长期经济增长与就业增长的超常规动力机制。二是扶植劳动密集型产业及创业平衡发展的公共政策。通过财税金融政策扶植劳动密集型产业及创业的平衡发展，以形成刺激经济增长与吸纳就业同步增长的常规动力机制。随着双元经济增长模式逐步过渡到集约型经济增长模式，最终集约型经济增长模式将成为保障我国可持续充分就业的长效动力机制。

7.3.3.2 促进充分就业的双元公共政策构架实施模型

依据促进充分就业双元公共政策体系构架，我们将构造双元公共政策的实施模型。设以下变量的含义为：

x_i：推进经济发展战略的系统。其中，x_1：要素平衡发展的战略；x_2：创新驱动发展的战略。

g_i：推进经济发展战略的公共政策系统。其中，g_1：推进要素平衡发展战略的公共政策系统；g_2：推进创新驱动发展战略的公共政策系统。

$$\begin{cases} E = F[f_1(g), f_2(g)] \\ x_1 = f_1(g); x_2 = f_2(g) \end{cases} \qquad (7-1)$$

双元公共政策构架的实施模型（(7-1)式）表明：通过实施推进要素平衡发展战略与推进创新驱动发展战略的双元公共政策体系，实现充分就业的目标。

(1) 推进要素平衡发展战略的公共政策实施模型

我们认为，要素平衡发展战略是指在推进创新驱动战略的过程中，政府应根据当年经济增长与就业增长的态势，以及后五年经济增长与就业增长趋势的预判，实施劳动密集型与定向投资驱动的经济发展战略。这一发展战略具有应急性与动态性的特征，它的战略目标是反经济周期波动，保障合理的经济增长率，防控恶性失业态势的发生。推进要素平衡发展战略的公共政策实施方案如表7-3所示。

表7-3　　　　推进要素平衡发展战略的公共政策实施方案

政策属性	政策目标	政策对象	政策工具
中短期 应急性 动态性	总体目标 治理周期性失业	劳动力需求方 服务业、中小企业	松的、中性的、紧的财政货币政策选择；
	具体目标 保障稳定的经济增长率 实现每年的目标就业率 促进经济发展方式转变	劳动力供给方 重点就业群体、 创业群体	扶植劳动密集型产业与中小企业发展的产业政策

在经济发展过程中，以创新驱动发展为核心的发达国家政府也会根据经济周期冲击状态，实施要素平衡发展战略。例如，面对2008年的国际金融危机冲击，美国政府推行积极的财政政策与劳动力市场政策，实施了总额为7870亿美元的大规模经济刺激计划，计划支出中包括对就业培训支出、失业救济、发放食品券等项目，同时，对中小企业与创业者减免税收，通过财税政策工具刺激经济走出低谷，实现就业形势的回暖。自2012年以来，我国高速的经济增长开始步入下行通道。为了实现"稳增长保就业"的目标，政府实施了增加财政定向投资、对中小企业与创业者减免税收、降低商业银行准备金与利率等积极的财政政策与稳健的货币政策。因此，依据经济周期波动态势，适时实施要素平衡发展战略及公共政策是完全必要的。

(2) 推进创新驱动发展战略的公共政策实施模型

创新是引领发展的第一动力。实施创新驱动发展战略，就是要使市场在资源配置中起决定性作用和更好地发挥政府作用，破除一切制约创新的思想障碍和制度藩篱，激发全社会创新活力和创造潜能，提升劳动、信息、知识、技术、管理、资本的效率和效益，增强科技进步对经济发展的贡献度，进而打造促进经济增长和就业创业的新引擎，迈进创新型国家和人才强国行列，构筑参与国际竞争合作的新优势，促进经济发展方式的转变[①]。科技创新的周期长、风险大，需大量资金与人才的支持，为此必须实施推进创新驱动发展战略的公共政策，如表7-4所示。

表7-4　　　　推进创新驱动发展战略的公共政策实施方案

政策属性	政策目标	政策导向
超前性 持续性 稳定性	总体目标 进入创新型国家行列；转向集约型经济发展方式；打造促进经济增长和就业创业的新引擎	构建普惠性创新支持政策体系，推进创新驱动发展战略的实现
	具体目标 1. 形成自主创新能力 2. 形成创新成果转化应用能力 3. 培育创新要素，促进产业与就业结构优化 4. 形成具有国际竞争力的新兴产业体系 5. 以新兴产业发展带动和改造传统产业	1. 激励提高自主创新能力 2. 支持提高转化应用能力 3. 推进产业与就业结构的优化 4. 推进新兴产业体系的发展 5. 推进传统产业的升级

综上所述，在双元公共政策构架中，推进创新驱动发展战略是长期的主导任务，而推进要素平衡发展战略是动态性的辅助任务。推进要素平衡发展战略不能强化对粗放型经济增长模式的路径依赖，而是最终达到将粗放型经济增长模式转变为集约型经济发展方式的目的。

7.4　新时期的公共就业政策取向

"十三五"将是我国全面建成小康社会决胜时期，而实现更加充分的就业是建设小康社全的重要目标。因此，就业是新时期的民生之本。在经济发展的新常态环境下，我们必须从总量与结构两方面入手，治理失业。而且据测算，我国自

---

① 《国民经济和社会发展第十三个五年规划纲要》；国务院．《关于深化体制机制改革加快实施创新驱动发展战略的若干意见》，2015年3月13日。

然失业率构成了总失业率的 2/3①。换言之，如果降低了自然失业率，则就业总量矛盾就能基本得到解决。因此，解决就业结构性矛盾将是我国新时期公共就业政策重中之重的目标。

7.4.1　总量视角：保障充分就业的公共政策选择

面对世界经济深度调整的不确定性与国内面临经济增速换挡、结构调整阵痛、新旧动能转换相互交织，经济下行压力加大的态势，"保增长、转方式、调结构、促创新"将是政府未来的工作重心②。为此，我们应该根据宏观经济运行状况，实施相机抉择的宏观经济政策，保证实现充分就业的目标。

7.4.1.1　实施"稳增长，保就业、促创业"的积极就业政策

李克强总理指出，必须继续从供需两端加大结构性改革力度，以创新供给带动需求扩展，以扩大有效需求倒逼供给升级，实现稳增长和调结构互为支撑、互促共进③。为此，我们认为，在经济增速放缓的背景下，必须启动"要素平衡发展战略"，从供需两端发力，实施"稳增长，保就业、促创业"的宏观经济政策，以确保实现 6.5%—7% 的经济增长预期目标，并实现城镇新增就业 1000 万人以上，城镇登记失业率 4.5% 以内的就业目标。

（1）推进供给侧结构性改革的宏观经济政策

2016 年将是我国推进供给侧结构性改革的攻坚年，为此中央提出了实施相互配合的五大政策支柱：宏观政策要稳、产业政策要准、微观政策要活、社会政策要托底。通过这些政策"组合拳"，促进完成供给侧结构性改革——"去产能、去库存、去杠杆、降成本、补短板"五大任务的完成④。

（2）适度扩大总需求的宏观经济政策

实施减税与财政资金引导政策，扩大社会有效需求：①提高企业投资需求。精简归并"五险一金"，适当降低缴费比例，降低企业人工成本；降低流转税负，清理规范涉企基金与收费，降低企业税费负担，进而提高企业投资需求⑤。

---

① 蔡昉主编. 中国人口与劳动问题报告 2008 年：刘易斯转折点及其政策挑战 [M]. 北京：社会科学文献出版社，2007：303.

② 提法排序均有变　习近平讲话透露"十三五"哪些重大改变？[DB/OL]. [2015-7-25]. http://www.ce.cn

③ 李克强：供需两端发力兼顾远近目标 [DB/OL]. [2015-12-7]. http://www.gov.cn.

④ 《2015 年中央经济工作会议公报》，2015 年 12 月 22 日。

⑤ 《国民经济和社会发展第十三个五年规划纲要》。

②通过财政资金引导，扩大民间投资需求。通过设立 PPP 专项引导基金、调整固定资产投资项目资本金比例等措施，解决社会资本观望不前的困境，以增加社会有效投资需求。③提高居民消费需求。通过增加抚养人口、房贷等税前扣除项目等个人所得税改革，降低居民税收负担，提高居民消费需求。总之，多管齐下扩大社会有效需求，促进经济与就业增长。

（3）深化推进积极就业政策

①实施促进中小企业和劳动密集型产业发展的公共政策。加大财税、金融、土地、价格等方面的政策扶持力度，推进符合国家产业政策导向的中小企业和劳动密集型产业与智力密集型产业的发展，广开就业渠道，着力提高服务业就业比重。

②实行更加有利于促进就业的财政保障政策。首先，增加财政就业支出规模。从狭义的财政就业支出来考察，近年来我国就业支出增长率呈降低趋势，2011 年和 2012 年增长率仅为 7.27% 和 9.87%，远低于公共财政支出增长速度。而且就业支出占 GDP 的比重一直处于较低水平，2008 年至 2011 年四年间均维持在 0.13%—0.15% 之间，与世界发达国家还有很大差距[①]。为此，政府应该进一步加大财政就业支出规模，稳步提升就业支出占 GDP 的比重，力争公共就业支出占财政支出和 GDP 的比重达到 3% 和 1% 的目标[②]。再从广义的财政就业支出来考察，还应增加科教文卫支出投入，促进就业效应的显性化。其次，调整财政就业支出结构。一般来说，消极就业支出主要用于为就业困难者提供基本的生活保障和补贴，不能直接产生新的就业，体现社会公平。而积极就业支出包括创业与培训就业支出，能够创造新的就业和提升就业质量和就业层次，是提高就业率最有效的方式。因此，财政就业支出应遵循保证消极就业支出为前提，根据项目绩效评估为依据，增加就业促进效果好、质量高的就业项目的投入。

7.4.1.2 推进激励创业的公共政策促进以创业带动就业

就业是民生之本，而创业则是更积极、更主动的就业。创业是就业之源，它不仅能解决劳动者的自身就业，还能通过带动就业产生倍增效应。创业公共政策能够在创业的潜在意识阶段、初创阶段、启动阶段和启动后早期阶段，通过在创业动机、创业机会、创业技能方面发挥作用，来实现刺激更多人选择创业的公共

---

① 多数经合组织国家的就业支出占 GDP 的比重在 1% 以上。
② 刘燕斌，马永堂. 公共财政对就业经费投入比较研究（下）[J]. 中国劳动，2007，(7): 110-124.

目标（Luhdstrom and Stevenson, 2005）①。具体而言，政府能够通过改变社会环境，影响人们的创业动机；通过取消行业规制壁垒与缓解资本约束，开拓创业机会；通过教育与培训，提升创业者的创业技能。因此公共政策对于激励全社会创业具有重要作用。

为了形成"大众创新"与"万众创业"的态势，国务院颁布了《关于进一步做好新形势下就业创业工作的意见》的规章，着力培育大众创业、万众创新的新引擎，实施更加积极的就业政策，把创业和就业结合起来，以创业创新带动就业，催生经济社会发展新动力。

由表7－5可见，现行的创业公共政策体系着力取消准入规制壁垒与缓解资本约束，开拓创业机会，激励了创业潮的兴起。近年来，我国新登记企业出现"井喷式"增长，2015年上半年新登记企业200万户，同比增长19.4%②。为此，还需进一步完善相关政策与制度：（1）强化缓解创业资本约束的政策力度。一是提高创业担保贷款的额度。创业担保贷款最高额度可调高至20万元。二是提高小微企业税收优惠力度。对小微企业实行"两免三减半"企业所得税的优惠政策。（2）健全创业培训体系。增加教育与培训支出，优化培训内容，提升创业者的创业技能。（3）健全创业服务体系。为创业者提供项目信息、政策咨询、融资服务、跟踪扶持等全方位服务，促进创业的可持续发展。

6.4.1.3 提升重点群体就业率的公共就业政策

高校毕业生、城镇下岗员工等是我国困难就业群体，提升这些重点群体就业率的就业率，就能缓解就业总量的压力，提升全社会的就业率。

（1）推进高校毕业生就业创业的公共政策

高校毕业生是国家宝贵的人才资源。为此，国家把高校毕业生就业摆在就业工作的首位，国务院办公厅颁布了《关于做好2014年全国普通高等学校毕业生就业创业工作的通知》等系列规章，在引导毕业生多渠道就业、鼓励创业、强化毕业生就业服务和困难毕业生就业帮扶等方面采取了一系列政策措施。力图通过全方位的扶持政策，畅通高校毕业生自由流动和职业发展通道，使更多毕业生能够立足基层、立足一线、立足岗位成长成才。

由表7－6可见，现行的高校毕业生就业及创业推进计划全面系统，从岗位

---

① Lundstrom, A., and Stevenson, L. Entrepreneurship Policy: Theory and Practice [M]. New York: Springer Science Business Media, Inc., 2005: 26.
② 就业稳定"双创"迅猛 社保改革取得重大进展——人社部部长尹蔚民答记者问 [N]. 中国劳动保障报, 2015 - 10 - 16 (1).

表 7-5　　　　　　　　　新时期促进就业创业的公共政策一览表

政策基点	政策措施
积极推进创业带动就业	① 深化商事制度改革，营造宽松便捷的准入环境。 ② 培育创业创新公共平台。一是落实科技企业孵化器、大学科技园的税收优惠政策，对符合条件的众创空间等新型孵化机构适用科技企业孵化器税收优惠政策。二是有条件的地方可对众创空间的房租、宽带网络、公共软件等给予适当补贴。 ③ 拓宽创业投融资渠道。一是加快设立国家中小企业发展基金和国家新兴产业创业投资引导基金。二是支持创业担保贷款发展。将小额担保贷款调整为创业担保贷款，最高额度统一调为 10 万元，个人贷款比基础利率上浮 3% 以内的部分由财政贴息并简化手续。 ④ 加大企业减税降费力度。一是降低企业税负。提高小微企业免征增值税和营业税的月销售额度，由 2 万元提至 3 万元；将享受减半征收企业所得税优惠政策的小微企业范围，由年应纳税所得额 10 万元扩大到 20 万元；取消、停征和免征一批行政事业性收费。将失业保险费率由 3% 统一降至 2%。二是鼓励就业困难的重点群体从事个体经营活动。高校毕业生、登记失业人员等重点群体创办个体工商户、个人独资企业的，可依法享受税收减免政策。即在 3 年内按每户每年 8000 元为限额依次扣减其当年实际应缴纳的营业税及附加和个人所得税，限额标准最高可上浮 20%。 ⑤ 鼓励高校毕业生创业的政策（见表 7-6）。 ⑥ 鼓励科技人员创业的政策。一是将中关村国家自主创新示范区税收试点政策推广至全国范围。即将扩大税前加计扣除的研发费用范围政策、职工教育经费税前扣除试点政策、企业转增股本分期缴纳个人所得税试点政策、股权奖励分期缴纳个人所得税的政策推广至全国范围。二是在所有国家自主创新示范区推广实施 4 项先行先试政策，包括：给予技术人员和管理人员的股权奖励可在 5 年内分期缴纳个人所得税；有限合伙制创投企业投资于未上市中小高新技术企业 2 年以上的，可享受企业所得税优惠，即法人合伙人投资额的 70% 抵扣从该创业投资企业分得的应纳税所得额；对 5 年以上非独占许可使用权转让，参照技术转让给予所得税减免优惠；对中小高新技术企业向个人股东转增股本应缴纳的个人所得税，允许在 5 年内分期缴纳。 ⑦ 鼓励农村劳动力创业。支持农民工返乡创业，发展农民合作社、家庭农场等新型农业经营主体，落实定向减税和普遍性降费政策。即享受减征企业所得税、免征增值税、营业税及附加、水利建设基金、文化事业建设费、残疾人就业保障金等税费减免和降低失业保险费率等政策。
加强就业创业服务和职业培训	加强职业培训和创业培训；建立健全失业保险、社会救助与就业的联动机制。

资料来源：根据《关于进一步做好新形势下就业创业工作的意见》（国发〔2015〕23 号）、《关于支持农民工等人员返乡创业的意见》（国办发〔2015〕47 号）、《关于继续实施支持和促进重点群体创业就业有关税收政策的通知》（财税〔2014〕39 号）、《关于扩大企业吸纳就业税收优惠适用人员范围的通知》（财税〔2015〕77 号）等法规整理。

拓展、创业引领、基层就业、就业服务与援助等各方面构建了全方位的扶持性政策体系，在一定程度上发挥了促进高校毕业生就业创业的积极作用。这几年，高校毕业生每年离校时的就业率都稳定在70%左右，年底总体就业率超过90%[①]。然而，劳动力供需不匹配是造成高校毕业生就业难的根本因素。因此，除了实施上述高校毕业生就业及创业推进计划的事后解决措施之外，还必须将行动计划及公共政策深入到事前培养阶段，提高高校毕业生的供需匹配度，才能从源头上解决高校毕业生的就业难题。

表7-6　　　　　　　　高校毕业生就业及创业推进计划

行动计划	政策措施
01 岗位拓展计划 拓宽就业渠道，引导高校毕业生到中小企业、非公有制企业和城乡基层就业。	鼓励中小企业吸纳大学生就业 　　一是小微企业新招用毕业年度高校毕业生，签订1年以上劳动合同并按时足额缴纳社会保险的，给予1年的社会保险补贴。招收毕业年度高校毕业生，在6个月之内开展岗前培训的，可按规定享受职业培训补贴。 　　二是劳动密集型小企业和科技型小微企业招收毕业年度高校毕业生达到一定比例的，可申请最高不超过200万元的小额担保贷款，并享受财政贴息。 　　三是商贸企业、服务型企业和街道社区具有加工性质的小型企业实体，当年新招用登记失业一年以上且持《就业创业证》的高校毕业生，可按规定在3年内按实际招用人数予以定额依次扣减营业税及附加和企业所得税优惠，定额标准为每人每年4000元，最高可上浮30%。 　　四是高校毕业生到小微企业就业，在专业技术职称评定、科研项目经费申请、科研成果或荣誉称号申报等方面，享受与国有企事业单位同类人员同等待遇。
02 创业引领计划 加强对高校毕业生的创业教育和培训，强化创业服务，完善创业扶持政策，促进帮扶高校毕业生自主创业。	鼓励高校毕业生创业 　　一是营造宽松便捷的准入环境。落实和完善工商登记、场地支持、税费减免等各项创业扶持政策。拓宽高校毕业生创办企业出资方式，简化工商注册登记手续。 　　二是税收优惠政策。高校毕业生创办的小型微型企业，按规定落实好减半征收企业所得税、月销售额不超过3万元的暂免征收增值税和营业税等税收优惠政策；高校毕业生创办个体工商户、个人独资企业的，可依法享受税收减免政策。 　　三是金融优惠政策。完善抵押、质押、联保、保证和信用贷款等多种方式，多途径为高校毕业生解决反担保难问题，切实落实银行贷款和财政贴息政策。在电子商务网络平台开办"网店"的高校毕业生，可享受创业担保贷款和贴息政策。设立重点面向扶持高校毕业生创业的天使投资和创业投资基金，符合条件的，可享受创业投资企业相关企业所得税优惠政策。

① 就业稳定"双创"迅猛　社保改革取得重大进展——人社部部长尹蔚民答记者问 [N]. 中国劳动保障报, 2015-10-16 (1).

续表

行动计划	政策措施
03 基层就业项目 统筹实施"选聘高校毕业生到村任职"、"三支一扶（支教、支农、支医和扶贫）"、"大学生志愿服务西部计划"、"农村义务教育阶段学校教师特设岗位计划"等基层就业项目。	鼓励到基层就业 一是补偿学费和助学贷款；二是高定工资；三是放宽职称要求；四是提供公益性岗位补贴；五是考研加分；六是定向招录。
04 就业服务与援助计划 加强对高校毕业生的就业服务与就业指导，做好高校毕业生就业见习、职业培训和困难高校毕业生就业援助。	一是深入实施离校未就业高校毕业生就业促进计划。采取有效措施，力争使每一名有就业意愿的未就业高校毕业生在毕业半年内都能实现就业或参加到就业准备活动中；根据当地物价水平，适当提高见习人员见习期间基本生活补助标准。高校毕业生见习期间参加职业培训的，按现行政策享受职业培训补贴。 二是深入实施困难高校毕业生就业援助计划。将零就业家庭、经济困难家庭、残疾等就业困难的未就业高校毕业生列为重点工作对象，提供"一对一"个性化就业帮扶，确保实现就业。对残疾高校毕业生，落实企业按比例吸纳残疾人就业的政策。对接受各项就业创业服务后仍难以实现就业的，可开发临时性就业岗位，保障其基本生活有着落。对城乡低保家庭毕业年度内高校毕业生求职补贴政策。

资料来源：根据《关于做好 2014 年全国普通高等学校毕业生就业创业工作的通知》（国办发〔2014〕22 号）、《关于继续实施支持和促进重点群体创业就业有关税收政策的通知》（财税〔2014〕39 号）等规章整理。

（2）提升城镇困难就业群体就业率的公共就业政策

城镇困难人员是社会的弱势群体，政府出台了相关的规章，以提高城镇困难就业群体的就业率。

由表 7-7 可见，现行促进城镇困难群体就业政策较为全面，并取得了一定的效果。国家通过援企稳岗、就业帮扶、就业援助等措施，帮助失业人员、就业困难人员实现就业。2011—2014 年，城镇失业人员再就业人数每年都超过 550 万人，就业困难人员实现就业年均 180 万人，均超额完成年度目标任务[①]。

[①] 就业稳定"双创"迅猛　社保改革取得重大进展——人社部部长尹蔚民答记者问[N]．中国劳动保障报，2015-10-16（1）．

表 7-7　　　　　　　　　促进城镇困难群体就业政策一览表

城镇困难就业群体	政策措施
企业下岗职工	①失业保险"援企稳岗"政策。降低失业保险缴费费率。并由失业保险基金对企业落实稳岗补贴，进一步减轻企业负担，积极鼓励和支持企业切实履行不裁员或少裁员的社会责任。更加注重发挥失业保险预防失业的功能。 ②个体经营的税收优惠。对持《就业失业登记证》人员从事个体经营在3年内按每户每年8000元为限额依次扣减其当年实际应缴纳的营业税及附加和个人所得税。 ③提高就业吸纳优惠力度。将企业吸纳就业税收优惠的人员范围由失业一年以上调整为失业半年以上人员。商贸企业、服务型企业等企业在3年内按实际招用人数予以定额依次扣减营业税及附加和企业所得税优惠。定额标准为每人每年4000元，最高可上浮30%。
残疾人	①安置残疾人单位的税收优惠政策。对安置残疾人的单位，实行由税务机关按单位实际安置残疾人的人数，限额即征即退增值税或减征营业税的办法。企业安置残疾人员的，在按照支付给残疾职工工资据实扣除的基础上，可以在计算企业所得税应纳税所得额时按照支付给残疾职工工资的100%加计扣除。 ②残疾人个人就业增值税和营业税政策。对残疾人个人为社会提供的应税劳务，免征增值税和营业税。 ③残疾人个人就业的个人所得税政策。对残疾人个人取得的劳动所得，按照省（不含计划单列市）人民政府规定的减征幅度和期限减征个人所得税。
零就业家庭	确保零就业家庭、最低生活保障家庭等困难家庭至少有一人就业。允许实现就业或自主创业的最低生活保障对象在核算家庭收入时，扣减必要的就业成本。

资料来源：根据《关于下岗失业人员再就业有关税收政策问题的通知》（财税〔2005〕186号）、《关于延长下岗失业人员再就业有关税收政策的通知》（财税〔2009〕23号）、《关于继续实施支持和促进重点群体创业就业有关税收政策的通知》（财税〔2014〕39号）、《关于促进残疾人就业税收优惠政策的通知》（财税〔2007〕92号）、《关于继续实施支持和促进重点群体创业就业有关税收政策的通知》（国税局公告〔2014〕34号）、《关于促进残疾人就业税收优惠政策相关问题的公告》（国税局公告〔2015〕55号）等法规整理。

在推进"去产能"结构性改革的背景下，还需进一步完善对相关企业及员工的就业扶持政策。①实施支持企业兼并重组的政策。对产能过剩的"僵尸企业"要尽可能进行兼并重组、少破产清算，以减少下岗职工规模。实施增值税、企业所得税、契税的减免优惠政策和不良资产处置的信贷政策等，鼓励更多的企业兼并重组"僵尸企业"，以稳定就业岗位，减少失业。②增加稳就业基金。中央财政将安排 1000 亿元专项奖补资金，重点用于职工分流安置①，对城镇就业困难人员提供托底帮扶。③加大扶持再就业的财税政策力度，促进多渠道再就业。一是提高个体经营者的税收定额扣除标准。建议将下岗职工从事个体经营的税收扣减额度由每户每年 8000 元提高至 12000 元。二是提高企业吸纳再就业人员的税收定额扣除标准。建议根据物价水平或工资浮动水平，重新测算企业定额扣除标准，设定为 6000 元/人/年。三是努力开发社区创业及就业岗位。建立社区服务发展基金，支持社区创业及就业培训；对本社区就业困难人员及"零就业"家庭在本社区创业的优先提供财政补贴以及场地和手续费等减免优惠。总之，通过就业扶持与就业援助政策，维护城镇困难群体的稳定就业。

（3）推进农业富余劳动力转移就业的公共政策

推进农业富余劳动力转移就业对于调整工农业产业结构，缓解城市"招工难"具有重要作用。为此，应采取以下措施：①推进新型城镇化建设，鼓励农业富余劳动力就地创业与就业。建议政府通过提供农业发展专项基金、贴息贷款、地方税收返还等财税政策，加快建设小城镇，发展县域经济与乡镇企业，鼓励农业富余劳动力就地创业与就业。同时完善创业政策措施，落实农村小额担保贷款制度、开展农民创业培训、对农民个体经营减免个人所得税，积极支持农民工返乡创业。② 推进农业富余劳动力稳定转移。消除流动就业的制度壁垒，推进基本公共服务均等化建设。结合户籍制度、土地制度以及社会保障制度改革，分优先顺序解决农民工的就业服务、工伤保险、子女教育等问题；再逐步扩大到社会保险、社会福利、保障性住房等公共服务，推进农业富余劳动力的稳定转移。

7.4.2　结构视角：保障充分就业的公共政策选择

实施创新驱动发展战略将是"十三五"时期的重要战役，其路径是把发展基点放在创新上，以科技创新为核心，以人才发展为支撑，推动科技创新与大众创业万众创新有机结合，塑造更多依靠创新驱动、更多发挥先发优势的引领型发展②。然而我国产业就业结构矛盾③制约着创新驱动发展战略的推进，为此，本部分将重点探索解决由人力资源供给结构与产业需求不匹配所造成的产业就业结构矛盾的路径。解决这一矛盾需要从两方面入手：一方面，推进产业升级，改变

---

① 《2015 年政府工作报告》。
② 《国民经济和社会发展第十三个五年规划纲要》。
③ 由 2.2.1.2 的分析可知，我国就业结构的矛盾主要表现为产业就业结构矛盾与城乡就业结构矛盾，而且产业就业结构矛盾还具有日趋加剧之势，成为我国就业结构中的难题。

经济结构对人力资源的需求；另一方面，通过教育改革，培养产业发展所需要的、多层次的人才队伍，提供与产业结构对劳动力需要相一致的人力资源①。

7.4.2.1 需求视角：构建现代产业体系的公共政策

《十三五规划纲要》指出，实施创新驱动发展战略，首先要发挥科技创新在全面创新中的引领作用，加强基础研究，强化原始创新、集成创新和引进消化吸收再创新，着力增强自主创新能力，为经济社会发展提供持久动力②。《国家中长期科技发展规划纲要（2006—2020）》提出，到2020年，自主创新能力显著增强，科技促进经济社会发展和保障国家安全的能力显著增强，为全面建设小康社会提供强有力的支撑；基础科学和前沿技术研究综合实力显著增强，取得一批在世界具有重大影响的科学技术成果，进入创新型国家行列，为在本世纪中叶成为世界科技强国奠定基础③。在产业结构方面，围绕结构深度调整、振兴实体经济，推进供给侧结构性改革，培育壮大新兴产业，改造提升传统产业，发展现代服务业，加快构建创新能力强、品质服务优、协作紧密、环境友好的现代产业新体系④。全面提高我国产业的核心竞争力，进而为就业结构升级奠定人才需求基础。

（1）实施制造强国战略的公共政策选择

我国产业体系目前存在高耗能、低效率以及低技术含量产业比重过大，导致发展方式粗放、发展成本过高的问题。因此，实施制造强国战略，以科技进步推动传统产业优化升级是构建我国现代产业体系的基础（见表7-8）。

表7-8　　　　　　　　　　实施制造强国战略的行动纲领

战略要素	战略内容
战略纲领	"中国制造2025"：通过三个十年行动纲领，力争在2045年左右成为工业强国。坚持创新驱动、智能转型、强化基础、绿色发展，加快从制造大国转向制造强国。
战略发展目标	深入实施《中国制造2025》，以提高制造业创新能力和基础能力为重点，推进信息技术与制造技术深度融合，促进制造业朝高端、智能、绿色、服务方向发展，培育制造业竞争新优势。到2020年，一是掌握一批事关国家竞争力的装备制造业和信息产业核心技术，制造业和信息产业技术水平进入世界先进行列；二是农业科技整体实力进入世界前列，促进农业综合生产能力的提高，有效保障国家食物安全。

---

① 辜胜阻，王敏，李睿.就业结构性矛盾下的教育改革与调整［J］.教育研究，2013，(5)：12.
② 《国民经济和社会发展第十三个五年规划纲要》.
③ 《国家中长期科技发展规划纲要（2006—2020）》.
④ 《国民经济和社会发展第十三个五年规划纲要》.

续表

战略要素	战略内容	
重大行动	1. 全面提升工业基础能力 2. 加快发展新型制造业 3. 推动传统产业改造升级 4. 加强质量品牌建设 5. 积极稳妥化解产能过剩 6. 降低实体经济企业成本	
重大政策措施	限制性政策	激励性政策
	去产能、清退"僵尸企业"。抑制高耗能、高污染和资源性行业的低水平重复建设、产能过剩。形成要素价格倒逼创新机制，淘汰落后产能。	应用财税、金融激励政策，对传统产业的技术改造、设备更新、使用新型资源、原材料和中间产品提供支持。

资料来源：根据《2015 年政府工作报告》、《2015 年中央经济工作会议公报》、《国民经济和社会发展第十三个五年规划纲要》整理补充。

依据《实施制造强国战略的行动纲领》，我们应分别采取限制性与激励性两类公共政策。

①实施限制性公共政策，淘汰落后产能

一是去产能、清退"僵尸企业"。目前中国产能过剩问题严重，截至 2015 年 12 月初，八大产能过剩行业的生产价格指数已连续 40 多个月呈负增长状态，亏损面达 80%[①]。为此，坚持市场倒逼、企业主体、地方组织、中央支持的原则，运用经济、法律等手段，坚决淘汰落后产能。采取兼并重组、债务重组或破产清算等措施，积极稳妥处置"僵尸企业"[②]。

二是加强限制性行业的准入管理。针对一些扩张速度过快、浪费资源污染环境、安全隐患等问题突出的行业，加强准入管理；同时，严格执行现行的固定资产投资项目资本金比例制度（较高资本金比例要求 30%—40%），提高投资门槛，进一步抑制这些行业的低水平重复建设。

三是形成要素价格倒逼创新机制。第一，提高企业污染成本。加快推进资源税改革，扩大征收范围，提高税收负担，强化资源税的资源保护功能；积极推进环境保护费改税，充分发挥税收的强制调节功能。第二，提高企业运营成本。完善市场

---

① 刘丽靓. 中央出重拳！八大行业"僵尸"国企逐步退出[N]. 中国证券报，2015-12-28（A01）.

② 《2015 年中央政府工作报告》.

化的工业用地价格形成机制,健全企业职工工资正常增长机制,实现劳动力成本变化与经济提质增效相适应。通过要素价格倒逼机制,促使企业向依靠创新转变。

②实施激励性公共政策,促进传统产业技术改造

一是财政激励政策。第一,减税刺激政策。扩大新增固定资产加速折旧的行业,推动机械、纺织、汽车等领域加速折旧①;降低制造业增值税税率;建议对企业购买先进设备,实施投资税收抵免政策,推动企业增加技术改造有效投资,进而促进传统产业技术改造。第二,增加财政投资。进一步增加传统产业技术改造项目、节能环保和生态建设项目的财政有效投资,并通过中央财政带动地方财政增加技术改造有效投资。

二是金融激励政策。应对企业进行设备更新、使用新型资源、原材料和中间产品提供贴息或低息的政策性贷款,推动企业增加技术改造有效投资,促进传统产业的升级。

(2) 发展战略性新兴产业的公共政策选择

十三五规划提出,瞄准技术前沿,把握产业变革方向,围绕重点领域,优化政策组合,拓展新兴产业增长空间,抢占未来竞争制高点,使战略性新兴产业增加值占国内生产总值比重达到15%②。因此,发展战略性新兴产业是构建我国现代产业体系的核心。

依据《发展国家战略性新兴产业行动纲领》(见表7-9),我们应加大财税金融政策扶持,引导和促进各种要素向战略性新兴产业集中,推动战略性新兴产业的加速发展。

表7-9　　　　　　　发展国家战略性新兴产业行动纲领

战略要素	战略内容
战略纲领	把握世界新科技革命和产业革命的历史机遇,面向经济社会发展的重大需求,以改革创新为动力,以营造良好的产业发展环境为重点,以企业为主体,以工程为依托,加强规划引导,加大政策扶持,着力提升自主创新能力,加速科技成果产业化,推动战略性新兴产业快速健康发展,抢占经济科技竞争制高点,促进产业结构升级、经济发展方式转变和经济社会可持续发展。

---

① 财税〔2014〕75号《关于完善固定资产加速折旧企业所得税政策的通知》规定对生物药品制造业,专用设备制造业,铁路、船舶、航空航天和其他运输设备制造业,计算机、通信和其他电子设备制造业,仪器仪表制造业,信息传输、软件和信息技术服务业等6个行业的企业2014年1月1日后新购进的固定资产,可缩短折旧年限或采取加速折旧的方法。

② 《国民经济和社会发展第十三个五年规划纲要》。

续表

战略要素	战略内容
战略发展目标	创新创业环境更加完善。 产业创新能力大幅提升。企业重大科技成果集成、转化能力大幅提高,掌握一批具有主导地位的关键核心技术,建成一批具有国际先进水平的创新平台,发明专利质量数量和技术标准水平大幅提升,战略性新兴产业重要骨干企业研发投入占销售收入的比重达到5%以上。一批关键核心技术达到国际先进水平。 引领带动作用显著增强。战略性新兴产业规模年均增长率保持在20%以上,形成一批具有较强自主创新能力和技术引领作用的骨干企业,一批特色鲜明的产业链和产业集聚区。到对产业结构升级、节能减排、提高人民健康水平、增加就业等的带动作用明显提高。 国际分工地位稳步提高。
重大行动	提升新兴产业支撑作用。实施高端装备、信息网络、集成电路、新能源、新材料、生物医药、航空发动机、燃气轮机等重大项目,把一批新兴产业培育成主导产业,形成一批新增长点。 "互联网+"行动计划。推动移动互联网、云计算、大数据、物联网等与现代制造业结合,促进电子商务、工业互联网和互联网金融健康发展,引导互联网企业拓展国际市场。
重大政策措施	实行严格的知识产权保护制度; 推进新技术新产品新商业模式的准入管理; 应用财税、政府采购、金融等经济政策的协调配合,引导和促进各种要素向战略性新兴产业集中。

资料来源:根据《十二五国家战略性新兴产业发展规划》(国发〔2012〕28号)、《2015年政府工作报告》、《国民经济和社会发展第十三个五年规划纲要》整理补充。

①财政激励政策。第一,培育和发展新兴产业投资。综合运用无偿资助、偿还性资助、创业投资引导、风险补偿、贷款贴息以及后期补助等多种方式,引导和带动社会资本参与科技创新。2015年国家已设立400亿元新兴产业创业投资引导基金,以及150亿元的中小企业发展基金,吸引民营企业和国有企业、金融机构、地方政府等共同参与,扩大基金规模,重点支持战略性新兴产业发展以及种子期、初创期成长型中小企业的发展①。第二,健全优先使用创新产品的政府采

---

① 中央财政通过整合资金出资150亿元,吸引民营和国有企业、金融机构、地方政府等共同参与,建立总规模为600亿元的国家中小企业发展基金。李克强主持召开国务院常务会议 [DB/OL]. [2015-9-1] http://www.gov.cn。

购政策。建立健全符合国际规则的支持采购创新产品和服务的政策体系,落实和完善政府采购促进中小企业创新发展的相关措施,加大创新产品和服务的采购力度。第三,税收刺激政策。建议实行以下税收优惠政策:一是对从事战略性新兴产业的企业,进口规定范围内的科研和技术开发用品,进口关键设备,免征进口关税和进口环节增值税。二是加大企业研发费用税收优惠力度。允许企业按当年实际发生的技术开发费用的200%抵扣当年应纳税所得额。三是加大研究开发仪器设备加速折旧的优惠力度。对新购进的专门用于研发的仪器、设备,单位价值不超过50万元的,允许一次性计入当期成本费用在计算应纳税所得额时扣除;单位价值超过50万元的,可缩短折旧年限或采取加速折旧的方法。四是加大高新技术企业税收优惠力度。国家高新技术产业开发区内新创办的高新技术企业经严格认定后,自获利年度起三年内免征所得税,两年后减按10%的税率征收企业所得税。

②金融激励政策。引导金融机构加大对战略性新兴产业的信贷支持。一是引导政策性银行在风险可控原则下,积极支持国家科技重大专项、重大科技产业化项目,加大对科技成果转化项目以及高新技术企业发展所需的核心技术和关键设备进出口的支持力度。二是引导商业银行优化信贷结构,加大对战略性新兴产业的信贷支持。三是通过风险补偿、担保业务补助等增信方式,引导银行加大对科技型中小企业的信贷支持力度。通过金融激励政策发挥市场的基础性作用,放大财政政策效力。

(3) 发展现代服务业的公共政策选择

21世纪以来,全球产业结构进入由"工业经济"主导向"服务经济"主导转变的新阶段。基于信息网络的现代服务业成为国际经济新的增长点,并呈现出细分化、国际化、数字化的发展趋势。然而,我国服务业的发展相对落后,主要表现为生产性服务业规模偏小、新兴服务业引领作用不强、科技服务业支撑能力薄弱等。以知识密集、技术密集、人力资源密集、高成长性为特征的现代服务业新业态,在推进产业结构调整中发挥着越来越重要的作用①。因此,发展现代服务业是构建我国现代产业体系的重点。

依据《发展现代服务业的行动纲领》(见表7-10),我们应采取以下公共政策与措施:

①完善市场机制。建立公平、规范、透明的市场准入标准,大力发展多种所有制服务业企业,鼓励和引导各类资本投向服务业;打破市场分割和地区封锁,

---

① 《现代服务业科技发展"十二五"专项规划》(国科发计〔2012〕70号)。

表 7-10　　　　　　　　　发展现代服务业的行动纲领

战略要素	战略内容
战略纲领	以适应新型工业化、信息化、城镇化、农业现代化同步发展的要求，将推动现代服务业大发展作为调整经济结构的重要突破口，以市场化、产业化、社会化、国际化为方向，促进生产性服务业专业化，提高生活性服务业品质。全力推动服务业发展提速、比重提高、水平提升，为增强我国产业核心竞争力和提高人民群众生活质量奠定坚实基础。
战略发展目标	提高服务业比重。到 2015 年，服务业增加值占国内生产总值的比重较 2010 年提高 4 个百分点，成为三次产业中比重最高的产业。 提升服务业水平。服务业新兴领域不断拓展，新型业态和新兴产业不断涌现，规模化、品牌化和网络化水平不断提升，生产性服务业对产业结构优化升级的支撑作用明显提高，生活性服务业满足人民群众多样化需求的能力明显增强。培育一批具有核心竞争力的大企业大集团，创建一批具有国际影响力的著名品牌，建设一批主体功能突出、辐射范围广、带动作用强的服务业发展示范区。 提高服务业吸纳就业能力。到 2015 年，服务业就业人数占全社会就业人数的比重较 2010 年提高 4 个百分点，服务业从业人员素质明显提高。 推进服务业改革开放。
重大行动	现代服务业科技行动： 加强现代服务业共性关键技术支撑体系、标准规范体系和科技创新体系建设。在电子商务、现代物流、数字医疗、数字内容、数字社区、数字教育、数字旅游、电子金融等现代服务业突破共性关键和系统集成技术。 开展了现代服务业科技应用示范。通过应用示范，创新了一批服务模式和服务业态，形成了一批有影响力的现代服务企业。
重大措施	深化服务业改革；创新政策支持。

资料来源：根据《服务业发展"十二五"规划》（国发〔2012〕62 号）、《现代服务业科技发展"十二五"专项规划》、（国科发计〔2012〕70 号）《2015 年政府工作报告》、《国民经济和社会发展第十三个五年规划纲要》整理补充。

建立全国统一、开放、竞争、有序的服务业市场。

②优化公共政策，营造有利于服务业发展的制度环境。第一，财税支持政策。全面推进营业税改征增值税，降低企业税负；增加政府采购服务产品的类别和数量。第二，金融支持政策。拓宽服务业发展融资渠道，鼓励符合条件的服务业企业上市融资和发行债券。第三，价格政策。完善以市场形成价格为主、政府

制定价格为辅的服务业价格形成机制,规范服务价格行为①。

7.4.2.2 供给视角:促进人才结构优化升级的公共政策

产业就业结构矛盾的本质是教育体系与产业体系长期不匹配所造成的劳动力供给与市场需求结构的错位②。为此,我们在构建现代产业体系的同时,应该依据《国家十三五规划》、《国家中长期人才发展规划纲要》和《国家中长期教育改革和发展规划纲要》,实施人才优先发展战略,深化教育改革,促进人才结构的优化升级,促进"教育结构—产业结构—就业结构"的协调与匹配,化解结构性就业矛盾。

(1)现行人才培养体系的问题分析

自从 1978 年恢复高考制度以来,为集中力量发展教育事业,缩短与发达国家的人才差距,我国积极推进投入驱动型、规模扩张型、硬件导向型的教育发展方式③,并取得举世瞩目的成绩。然而,这种发展方式的弊病也逐步凸显,产生了教育结构失衡、教育质量下滑、保障投入不均等问题,从而致使教育发展与经济社会发展需求脱节的内在矛盾日趋尖锐。

①中高等教育结构严重失衡

目前我国中高等教育结构严重失衡,加剧了劳动供需的不匹配。导致结构性失业日益严重。具体表现为:一是普通高等教育与职业教育结构失衡。伴随着高校的扩招,一部分地方性普通高校追求"高、大、上",盲目发展。当前高校毕业生就业难,主要难在这部分办学定位不清,专业特色不显,与地方经济社会发展脱节严重的地方本科高校。这种低就业率、低就业质量的状况,不仅直接造成国家教育资源的严重浪费,直接影响数百万家庭的民生福祉,更影响到国家的长远竞争力④。二是高等院校学科专业比例失调。未来 10 年,从吸纳新就业人员总量和大学毕业生的去向预测分析,需求量大的岗位主要是工业、交通、建筑、农业、商业服务等实体行业和生产第一线的高中级技能型岗位。但由于文科类专业培养成本低,于是众多高校盲目发展文科类专业,导致文科与工科专业及毕业生比例失调。在大类学科招生方面,2010 年大学(指本、专科)招生数是 1998 年的 6.3 倍。其中,管理学科招生 154 万多人,是 1998 年的 11.9 倍;艺术学科招

---

① 《服务业发展"十二五"规划》(国发〔2012〕62 号)。
② 辜胜阻、王敏、李睿. 就业结构性矛盾下的教育改革与调整[J]. 教育研究,2013,(5):15.
③ 赵应生等. 转变教育发展方式:教育事业科学发展的必然选择[J]. 教育研究,2012,(1):34-35.
④ 鲁昕. 发展现代职业教育解决就业结构性矛盾[DB/OL]. [2014-03-22]. http://www.finance.sina.com.cn.

生 46 万多人，是 1998 年的 11.2 倍。与之相比，农学科招生 12 万多人，是 1998 年的 3.7 倍，占大学总招生数的比例从 1998 年的 3.7% 降到 1.8%[①]。麦可思的统计数据显示，当前大学的法学类、外语学类、新闻学类、秘书学类、艺术设计类等专业已是供过于剩的红牌专业，但仍在大量招生，而对口生产服务第一线的技能型基础工种岗位的专业招生数量严重不足，这种人才供求脱节的现象加剧了大学生（甚至研究生）结构性失业的矛盾。

②教育质量下滑

在高校扩招的背景下，由于教育资源和师资力量的不足、教学内容的陈旧以及偏重知识传授而轻实践的教学模式等原因，造成大学毕业生整体素质下降，与社会需求不相适应。据麦可思公司对 2008—2010 届大学毕业生的调查发现，无论是本科毕业生还是高职高专毕业生，其毕业时对基本工作能力掌握的水平均低于工作岗位要求的水平。

③保障投入不均

由 6.1.2.2 的分析可知，虽然近年来我国财政性教育支出增长速度较快，然而这一水平仅仅是最基本的保证，与其他国家相比，我国的教育投入相差甚远，而且职业教育的投入更显不足。财政性教育投入的不足制约了中高等教育的发展。

（2）人才结构优化升级的发展思路

"十三五"规划提出，推进实施国家人才优先发展战略，把人才作为支撑发展的第一资源，加快推进人才发展体制和政策创新，构建具有国际竞争力的人才制度优势，提高人才质量，优化人才结构，加快建设人才强国[②]。为此，应坚持以国家发展需要和社会需求为导向，以提高思想道德素质和创新能力为核心[③]，构建与现代经济社会发展相衔接配套的多层次人力资源体系。

①中国人才优先发展战略

依据《国家十三五规划》、《国家中长期人才发展规划纲要》和《国家中长期教育改革和发展规划纲要》的目标与内容，国家人才优先发展战略行动纲要如表 7-11 所示。

---

① 高峰. 大学生就业难：根源何在？[J]. 中国就业，2013，(11)：23.
② 《国民经济和社会发展第十三个五年规划纲要》。
③ 《国家中长期人才发展规划纲要》。

表 7-11　　　　　　　　　国家人才优先发展战略行动纲要

战略要素	战略内容	
战略方针	服务发展、人才优先、以用为本、创新机制、高端引领、整体开发。	
战略目标	**总体目标** 到 2020 年，培养和造就规模宏大、结构优化、布局合理、素质优良的人才队伍，促进人才优化配置，营造良好的人才发展环境，确立国家人才竞争比较优势，进入世界人才强国行列，为在 21 世纪中叶基本实现社会主义现代化奠定人才基础。	**具体目标** 人才资源总量稳步增长。人才资源总量增长 58%，人才资源占人力资源总量的比重提高到 16%，基本满足经济社会发展需要。 人才素质大幅度提高，结构进一步优化。主要劳动年龄人口受过高等教育的比例达到 20%，每万劳动力中研发人员达到 43 人/年，高技能人才占技能劳动者的比例达到 28%。人才的分布和层次、类型、性别等结构趋于合理。 人才竞争力不断提升，人才规模效益显著提高。在装备制造、信息、生物技术、新材料、航空航天、海洋、新能源等经济社会发展重点领域，建成一批人才高地。 人才使用效能明显提高。人才发展机制创新取得突破性进展，人才辈出、人尽其才的环境基本形成。人力资本投资占国内生产总值比例达到 15%，人力资本对经济增长贡献率达到 33%，人才贡献率达到 35%。
战略任务	发展目标	主要举措
1. 突出培养造就创新型科技人才	围绕提高自主创新能力、建设创新型国家，以高层次创新型科技人才为重点，努力造就一批世界水平的科学家、科技领军人才、工程师和高水平创新团队，注重培养一线创新人才和青年科技人才，建设宏大的创新型科技人才队伍。到 2020 年，研发人员总量达到 380 万人/年，高层次创新型科技人才总量达到 4 万人左右。	创新人才培养模式，建立学校教育和实践锻炼相结合、国内培养和国际交流合作相衔接的开放式培养体系。 实施创新人才推进计划、海外高层次人才引进计划、青年英才开发计划，推进"千人计划"、"万人计划"提升工程等人才项目。 深化科技体制改革，完善评价科学、创新引导的科技管理制度。

续表

战略要素	战略内容	
2. 推进专业技术人才队伍建设	适应现代化建设的需要，以提高专业水平和创新能力为核心，以高层次人才和紧缺人才为重点，打造一支宏大的高素质专业技术人才队伍。到2020年，专业技术人才总量达到7500万人，占从业人员的10%左右，高级、中级、初级专业技术人才比例为10:40:50。	加强产业、行业人才发展统筹规划和分类指导，围绕重点领域发展，开展人才需求预测，定期发布急需紧缺人才目录。调整优化高等学校学科专业设置，加大急需研发人才和紧缺技术的培养力度。 加强产学研合作，重视企业工程技术与管理人才的培养，推动科技人才向企业集聚。 提高专业技术人才创新能力。构建分层分类的专业技术人才继续教育体系，加快实施专业技术人才知识更新工程。 根据国家规划，制定人才特别是产业领军人才、工程技术人才向重点产业集聚的倾斜政策。 统筹推进专业技术职称和职业资格制度改革。 改进专业技术人才收入分配。
3. 推进高技能人才队伍建设	适应走新型工业化道路和产业结构优化升级的要求，以提升职业素质和职业技能为核心，以技师和高级技师为重点，形成一支门类齐全、技艺精湛的高技能人才队伍。到2020年，建立1200个高技能人才培训基地，高技能人才总量达到3900万人，其中技师、高级技师达到1000万人左右。	完善以企业为主体、职业院校为基础，学校教育与企业培养紧密联系、政府推动与社会支持相结合的高技能人才培养培训体系。 实施国家高技能人才振兴计划。促进技能人才评价多元化。 逐步实行中等职业教育免费和学生生活补助制度。 制定高技能人才与工程技术人才职业发展贯通办法。
体制机制创新	改革人才发展体制机制，完善人才管理体制，创新人才培养开发、评价发现、选拔任用、流动配置、激励保障机制，营造充满活力、富有效率、更加开放的人才制度环境。	
重大政策	实施促进人才投资优先保证的财税金融政策 实施产学研合作培养创新人才政策 实施人才创业扶持政策 实施推进各类人才合理流动政策 实施更加开放的人才政策	

资料来源：根据《国民经济和社会发展第十三个五年规划纲要》、《国家中长期人才发展规划纲要》、《国家中长期教育改革和发展规划纲要》整理补充。

②优化人才培养开发机制

依据国家人才优先发展战略行动纲要,针对目前我国人才培养开发中的问题,必须深化教育改革,推进教育现代化重大工程,优化教育结构,提升受教育者的就业能力,构建与现代经济及产业体系衔接配套的多层次人才培养体系(见表7-12)。

表7-12 多层次人才培养体系

人才培养结构体系		产、学、研教育联盟		创新人才培养模式	重要举措
教育结构	人才培养体系	学校	社会组织		
普通高等教育	创新研究型人才培养体系	研究型大学;研究与应用并重的大学	部门、科研机构、行业、企业	培养目标:培养以为科学家代表的学术研究型人才。 培养方法:突出基础理论、前沿学科、创新能力教育。	建立学校、科研及产业实践锻炼相结合、国内培养和国际交流合作相衔接的开放式培养体系。
职业教育	专业应用型人才培养体系	地方性应用技术大学	由院校、行业、企业、科研机构、社会组织等共同组建的职业教育集团	培养目标:培养以工程师、会计师为代表的应用型人才。 培养方法:突出基础理论、创新能力、应用能力教育。	普通本科高等学校向应用技术型高等学校转型,重点举办本科职业教育。 推进产教融合,校企协同的培养平台建设。
职业教育	技能型人才培养体系	高等职业学校 中等职业学校		培养目标:培养高级技师、技师、高素质劳动者的应用型人才。 培养方法:突出基础知识、实践能力教育。	推进产教融合,校企协同的培养平台建设。
成人教育	研究型、应用型、技能型人才		由院校、行业、企业、社会组织(培训机构等)等共同组建的再教育平台	培养目标:通过知识更新,提高就业能力与可持续性。 培养方法:突出前沿知识、基础知识、实践能力教育。	推进产教研融合,校企协同的培养平台建设。

学术界关于构建我国多层次人才培养体系的讨论主要集中在发展职业教育方面,由此形成两种不同的观点。一是短期效果论。这种观点立足于短期效果,认

为高等教育扩招之后，大学生供给过剩，造成"就业难"；而职高生却就业前景良好，有的甚至供不应求。为此，应该压缩高等教育发展规模，大力发展职业教育。而且政府已在全国范围内推广全新的职业高中教育，目标是让 1/2 的初中毕业生在职业高中就读，成为企业当前所需要的技术工人。二是长期效果论。这种观点立足于长期效果。蔡昉[①]（2014）认为治理结构性就业难题，需要的是劳动者学习能力的培养，是受教育年限的持续。要提前为产业升级培育人力资本。职业教育可能会出现两个错位。首先，现在职业教育的体系和能力未必能够培养出适合于这些行业的就业技能。尽管很多数据好像可以解释职业培训学校的就业状况很好，学生刚刚步入校门就被企业盯上，但这种现象是由于劳动力短缺所造成的，并不是学生在职业学校真的学到了什么技能。其次，由于我们的产业结构调整非常快，不知道那个时候需要什么样的技能，因此我们今天为未来产业结构升级所培养出来的人力资本，很可能是未来并不需要的。

我们赞同长期效果论，教育战略必须面向未来，才能立足于不败之地。为此，建议采取以下措施：第一，调整现行高中与职高教育结构。将 1/2 的对半开结构改为 1/3 的结构，即 2/3 的初中生能够升普通高中，而 1/3 的初中生升职高。这样使大部分学生掌握更坚实的基础知识，具备成长为适应产业发展人才的潜质。第二，调整高等教育结构。保持高等院校发展及招生规模，调整高等院校发展方向，形成综合性大学与应用技术大学并行的"双元"高等教育结构。

（3）促进人才结构优化升级的公共政策

依据《国民经济和社会发展第十三个五年规划纲要》、《国家中长期人才发展战略行动纲领》，我国应采取激励性公共政策，保障多层次人才培养体系的形成与运行。

①优化人才培养结构的公共政策

一是调整高等教育结构的公共政策。通过推进世界一流大学和一流学科建设、地方性高校转型改革以及调整学科专业等措施，优化我国普通高等教育结构。

首先，建立高校分类体系，实行分类管理。建立高等学校分类体系，实行分类管理。发挥政策指导和资源配置的作用，引导高校合理定位，克服同质化倾向，在不同层次、不同领域办出特色，争创一流。

第一，推进世界一流大学和一流学科建设。力争到 21 世纪中叶，一流大学和一流学科的数量和实力进入世界前列，基本建成高等教育强国的总体目标。为

---

① 刘砚青．蔡昉：警惕招工难就业难演变为人才短缺［J］．中国经济周刊，2014，(5)：6.

此，应采取以下公共政策：a. 鼓励多元投入，合力支持。通过强化财政资金投入、鼓励有关部门和行业企业积极参与建设、吸引社会捐赠等多渠道汇聚资源，增强自我发展能力。b. 强化绩效，动态支持。创新财政支持方式，突出绩效导向。在相对稳定支持的基础上，根据相关评估评价结果、资金使用管理等情况，动态调整支持力度，增强建设的有效性[①]。

  第二，鼓励支持普通高校转型改革。引导一批普通本科高等院校向应用技术类型高等学校转型，重点举办本科职业教育，并在招生、投入等政策方面向应用技术类型高等学校倾斜。2013 年 4 月，178 所高校发布《驻马店共识》，提出引导部分普通本科高校向应用技术型高校转型。自启动普通高校转型改革试点以来，得到了较多省市地方政府、教育部门、行业企业、高校和研究机构的积极响应，形成了广泛共识。例如，上海市建立了高校分类管理体系；重庆市政府组建了由市直各部门共同参与的地方高校转型发展联盟；河南省安排了 2 亿元专项经费；山东省安排了 1 亿元本科高校转型发展专项经费；广东省专门设立了"示范性应用型本科高校建设工程"支持转型发展。建议中央财政设立"示范性应用型本科高校建设工程"专项基金，进一步引导地方政府与社会的参与，支持普通高校的转型改革。

  其次，建立动态调整机制，不断优化高等教育学科专业结构。压缩过滥的"学术型"、"文科类"专业的招生规模及经费，重点扩大应用型、复合型、技能型人才培养规模。并且建立动态调整机制，不断优化高等教育学科专业、类型、层次结构，适应经济社会发展的需要。

  二是重构多层次职业教育体系的公共政策。

  首先，重构职业教育体系。实行激励性的公共政策，重构我国职业教育体系，力争到 2020 年形成适应发展需求、产教深度融合、中职高职衔接、职业教育与普通教育相互沟通，体现终身教育理念，具有中国特色、世界水平的现代职业教育体系。第一，巩固提高中等职业教育发展水平。在保障学生技术技能培养质量的基础上，加强文化基础教育，实现就业有能力、升学有基础。第二，创新发展高等职业教育。专科高等职业院校要密切产学研合作，培养服务区域发展的技术技能人才，重点服务企业特别是中小微企业的技术研发和产品升级，加强社区教育和终身学习服务。引导普通本科高等学校转型发展，探索发展本科层次职业教育。建立以职业需求为导向、以实践能力培养为重点、以产学结合为途径的

---

  ① 国务院.《关于印发统筹推进世界一流大学和一流学科建设总体方案的通知》（国发〔2015〕64 号）.

专业学位研究生培养模式。形成定位清晰、科学合理的职业教育层次结构。形成由本科职业教育、大专职业教育、中专职业教育的多层次职业教育体系（见表7-12），以培养高素质的应用型人才①。

其次，完善职业培训体系。

第一，完善学生职业培训制度。加大学生就业培训支出力度，向毕业前延伸就业培训和就业见习。目前虽然实施了对离校未就业大学生发放各类见习和培训支出，但是这些财政补贴数额较小，而且大多集中于毕业后阶段，对大学生就业能力的提升滞后。为此，应建立高校毕业生就业促进或培训专项资金，扩大就业见习和职业培训规模，落实职业技能培训和技能鉴定补贴；通过政府拨款和补贴方式，帮助高等学校建立实习基地、大学生创业园；增设各类职业培训和职业规划课程，鼓励企业和培训机构专业人员授课；将就业见习和各类培训向毕业前延伸，提高大学生的职业素养和就业能力；各地政府为见习毕业生提供不低于当地失业保险金的生活补贴，财力状况好的地方政府可适当提高补贴水平。

第二，完善农民工职业培训制度。从农民工培训来看，目前存在资金使用和管理分散、培训补贴标准偏低、补贴标准不统一、拨付方式不一致等问题，由此导致农民工培训效果不佳。为此，需进一步完善农民工培训制度，以实现"十三五"期间累计开展农民工培训4000万人次的目标。a. 统一使用培训资金。将分散于人社部、农业部、教育部、扶贫办的各类农民工培训资金由财政部门统筹管理，按照培训内容、资格认定不交叉的原则，分别拨付各项资金。b. 适当提高培训补贴标准，建立培训质量和财政扶持挂钩的激励机制。建议将目前国家对农民工培训每人500—1000元/年的补贴，提高至每人1500—2000元/年，以增加"阳光工程"的吸引力。而且根据培训领证率、就业率等指标，对培训机构实施绩效考核，并以考核结果发放相应级别的财政补贴。通过优化财政教育培训支出结构，优化人才培养结构，满足社会经济发展对人才的需求。

第三，完善特殊人群职业培训制度。加大贫困家庭子女、大龄失业人员、转岗职工、退役军人和残疾人等劳动者的职业技能和创业培训力度，按规定提供培训补贴，对农村贫困家庭学员和城市居民最低生活保障家庭学员给予生活补贴②。同时，加强监督力度，提高资金使用效率。进一步落实订单式"政府购买"，将"政府购买"的适用范围由职业培训扩大到公益性岗位安置，采取竞争性招投标方式，加强公众监督力，提高政策效率。

---

① 国务院.《关于加快发展现代职业教育的决定》（国发〔2014〕19号）.
② 《国民经济和社会发展第十三个五年规划纲要》.

②提升人才培养质量的公共政策

《国家中长期教育改革和发展规划纲要（2010—2020年）》提出，要把提高质量作为教育改革发展的核心任务，把促进人的全面发展、适应社会需要作为衡量教育质量的根本标准①。教育必须加快转变发展方式，积极从重视教育规模扩张的外延式发展向重视教育质量和效益的内涵式发展转变。

一是全面实施"高等学校教学质量与教学改革工程"。第一，改革教学内容、方法、手段，健全课程衔接体系。适应经济社会发展需要，建立专业教学标准和职业标准联动开发机制。动态调整的高等教育课程体系与内容。普通高等教育教学内容要侧重于前瞻性、理论性；高等职业教育教学内容要侧重于新技术、应用性，特别要推进职业学校专业课程内容和职业标准相衔接。第二，把教学作为教师考核的首要内容。推进教授为低年级学生授课的制度。改革研究生导师制度，强化导师对学生的指导责任。第三，健全教学质量保障体系，改进高校教学评估体系，严格教学管理。

二是加强教师队伍建设。不断优化师资结构，引进具有较高学历、高素质、高技能的教师与兼职教师。在职业教育院校，努力建设"双师型"教师队伍。提升师资力量，提升科研水平与教学水平。

三是创立高校与科研院所、行业、企业联合培养人才的新机制。

第一，引导支持社会力量兴办职业教育。实施激励性公共政策，积极支持各类办学主体通过独资、合资等多种形式、以资本、知识、技术等要素举办或参与职业教育办学；探索公办和社会力量举办的职业院校相互委托管理和购买服务的机制②。

第二，打造产教研融合的教育平台。实施激励性公共政策，打造产教研融合的教育平台。一是鼓励多元主体组建职业教育集团。建议对中央企业和行业龙头企业等多元主体的投资额实行企业所得税抵免优惠，以发挥职业教育集团在促进教育链和产业链有机融合中的重要作用。二是对企业建设兼具生产与教学功能的公共实训基地减免增值税和房产税；对企业等用人单位接纳高校、职业学校学生实习等有关的支出进行企业所得税前额扣除。三是对职业院校与行业企业共建的产品开发中心、实验实训平台等减免增值税和房产税。促进产教融合，发挥企业的重要作用。

四是推进人才培养模式创新。加强就业创业教育与就业能力培养。在普通高

---

① 《国家中长期教育改革和发展规划纲要（2010—2020年）》。
② 国务院《关于加快发展现代职业教育的决定》（国发〔2014〕19号）。

等教育领域，支持学生参与科学研究，强化实践教学与技能训练。在职业教育领域，坚持校企合作、强化教学、学习、实训相融合的教育教学活动；推行项目教学、案例教学、工作过程导向教学等教学模式①，加强就业创业教育与就业能力培养。

③提升人才培养保障水平的公共政策

一是构建多元人力资本投入机制。实行人才投资优先，健全政府、社会、用人单位和个人多元人力资本投入机制，加大对人才培养与发展的投入，提高人才投资效益。保证全社会的人力资本投入占国内生产总值的比例逐年提高，到2020年达到或超过15%。

首先，完善财政投入机制。教育属于公共产品，因而政府应该是人力资本投入的主体。由图7-3可知，尽管近年来政府教育支出增长速度较快，但与其他国家相比，我国的教育投入相差甚远。为此，应进一步加大财政性教育投资力度，提高教育支出比重，充分发挥教育对技术进步和经济发展的溢出效应，以拉动就业增长。

各级政府必须严格按照教育法律法规规定，优先保证对人才发展的投入，确保国家教育、科技支出增长幅度高于财政经常性收入增长幅度，确保教育费用逐步增长；保障人才培养与发展重大项目的实施。而且还须建立科学化、精细化财政教育支出管理机制，提高预算执行效率，强化财政教育支出使用监督。

其次，引导社会投入机制。实施激励性公共政策，鼓励社会力量捐资、出资兴办教育。

第一，引导支持企业投入。a. 鼓励企业和社会组织建立人才发展基金。建议对设立人才发展基金的企业，按40%比例进行企业所得税前扣除。b. 提高企业职工培训经费的提取比例。企业要依法履行职工教育培训和足额提取教育培训经费的责任，一般企业按照职工工资总额的1.5%足额提取教育培训经费，而从业人员技能要求高、培训任务重、经济效益较好的企业可按2.5%提取，其中用于一线职工教育培训的比例不得低于60%。对企业发生的职工教育经费支出，不超过工资薪金总额2.5%的部分，准予扣除；超过部分，准予在以后纳税年度结转扣除②。

第二，引导支持个人投入。建议实行对个人接受高等教育或职业教育的教育支出按比例抵免个人所得税的优惠政策，以引导支持个人增加人力资本投入。

---

① 国务院《关于加快发展现代职业教育的决定》（国发〔2014〕19号）。
② 国务院《关于加快发展现代职业教育的决定》（国发〔2014〕19号）。

第三，鼓励社会力量捐赠教育活动。允许企业、社会团体和个人通过公益性的社会团体向学校进行教育捐赠的款项，进行所得税前扣除。

二是完善资助政策体系。进一步健全公平公正、多元投入、规范高效的职业教育国家资助政策。推进中等职业教育免学杂费制度，逐步建立职业院校助学金覆盖面和补助标准动态调整机制，实行国家基本职业培训包制度，加大对农林水地矿油核等专业学生的助学力度。完善面向农民、农村转移劳动力、在职职工、失业人员、残疾人、退役士兵等接受职业教育和培训的资助补贴政策，积极推行以直补个人为主的支付办法[①]。

7.5 结语

"十三五"将是我国全面建成小康社会的决胜期。而这一时期又将直面经济发展新常态，就业格局将面临总量矛盾与结构矛盾的挑战。

依据构建充分就业长效机制的必然路径，中国公共政策的重构基点应该是：摒弃治标不治本的决策思路，推进创新驱动发展战略，转变经济发展方式，越过"中等收入陷阱"，形成保障充分就业长效机制，实现可持续的充分就业。然而，在我国经济增长减速的新常态下，我国劳动力的供求现状、创新驱动发展需较长时间周期等约束因素决定了我们应该走渐近式转变经济发展方式的路径，即由"要素驱动与创新驱动"双元型经济增长模式逐步过渡到集约型经济增长方式的路径，并由此作为中短期重构公共政策体系的基础。

实现更加充分的就业是建设小康社会的重要目标。因此，就业是新时期的民生之本。在经济发展新常态的环境下，我们必须从总量与结构两方面入手，治理失业。一方面，在推进创新驱动战略的过程中，中短期启动"要素平衡发展战略"。即政府应根据当年经济增长与就业增长的态势，以及后五年经济增长与就业增长趋势的预判，实施劳动密集型与定向投资驱动的要素平衡发展战略。这一发展战略具有应急性与动态性的特征，它的战略目标是反经济周期波动，保障合理的经济增长率，防控恶性失业态势的发生与扩展。以要素驱动与创新驱动双元型经济增长模式为基点，从供需两端发力，实施"稳增长，保就业、促创业"的公共经济政策，努力扩大就业规模。另一方面，解决结构性就业矛盾将是这一时期公共就业政策重中之重的目标。为此，需要公共政策双管齐下：在需求方

---

① 国务院《关于加快发展现代职业教育的决定》（国发〔2014〕19号）。

面，实施构建现代产业体系的公共政策。推进创新驱动发展战略，以科技进步推动传统产业优化升级、发展战略性新兴产业、发展现代服务业。形成结构优化、技术先进、附加值高、吸纳就业能力强的现代产业体系，全面提高我国产业的核心竞争力，进而为就业结构升级奠定人才需求基础。在供给方面，实施促进人才结构优化升级的公共政策。在构建现代产业体系的同时，深化教育改革，推进人才优先发展战略，促进人才结构的优化升级，促进"教育结构—产业结构—就业结构"的协调与匹配，化解结构性就业矛盾。

参考文献

1. 阿兰·J. 奥尔巴克，马丁·菲尔德斯坦. 公共经济学手册（第1卷）[M]. 北京：中国经济出版社，2005.
2. 蔡昉主编. 中国人口与劳动问题报告（2007）：刘易斯转折点及其政策挑战[M]. 北京：社会科学文献出版社，2007.
3. 蔡昉主编. 中国人口与劳动问题报告（2008）：刘易斯转折点与库兹涅茨转折点会合[M]. 北京：社会科学文献出版社，2008.
4. 蔡昉主编. 中国人口与劳动问题报告（2009）：提升人力成本的教育改革[M]. 北京：社会科学文献出版社，2009.
5. 蔡昉主编. 中国人口与劳动问题报告（2010）：反金融危机的劳动力市场挑战[M]. 北京：社会科学文献出版社，2010.
6. 蔡昉主编. 中国人口与劳动问题报告（2011）："十二五"时期中国经济发展五大挑战[M]. 北京：社会科学文献出版社，2011.
7. 蔡昉主编. 中国人口与劳动问题报告（2012）：人口转变与中国经济再平衡[M]. 北京：社会科学文献出版社，2012.
8. 蔡昉主编. 中国人口与劳动问题报告（2013）：从人口红利到制度红利[M]. 北京：社会科学文献出版社，2013.
9. 蔡昉主编. 中国人口与劳动问题报告（2014）：面向全面建成小康社会的政策调整[M]. 北京：社会科学文献出版社，2015.
10. 财政部. 中国财政年鉴[M]. 北京：中国财政经济出版社，1998—2013.
11. D. 格林沃尔德. 现代经济词典[M]. 上海：上海译文出版社，1988.
12. 大卫·桑普斯福特，泽弗里斯·桑纳托斯. 劳动经济学前言问题[M]. 北京：中国税务出版社，2000.
13. 戴维·罗默. 高级宏观经济学[M]. 上海：上海财经大学出版社，2001.
14. 冯煜. 中国经济发展中的就业问题及其对策研究[M]. 北京：经济科学出版社，2002.

15. 龚六堂. 公共财政理论［M］. 北京：北京大学出版社，2009.

16. 郭庆旺、赵志耘. 积极财政政策效果及淡出策略研究［M］. 北京：中国人民大学出版社，2007.

17. 国家统计局. 国际统计年鉴（2013）［M］，北京：中国统计出版社，2013.

18. 国家统计局. 中国统计年鉴［M］，北京：中国统计出版社，2014.

19. 国家统计局. 全国农民工监测调查报告［M］，北京：中国统计出版社，2010—2013.

20. 黄达. 宏观调控与货币供给［M］. 北京：中国人民大学出版社，1997.

21. 教育部发展规划司. 中国教育统计年鉴［M］. 北京：人民教育出版社，2014.

22. 刘易斯. 二元经济论［M］. 北京：北京经济学院出版社，1989.

23. 罗伯特·J. 巴罗，哈维尔·萨拉伊马丁. 经济增长［M］. 北京：中国社会科学出版社，2000.

24. 罗纳德·G. 伊兰伯格、罗伯特·S. 史密斯. 现代劳动经济学理论与公共政策［M］. 北京：中国人民大学出版社，2011.

25. 罗伯特·S. 平狄克，丹尼尔·L. 鲁宾费尔德. 微观经济学［M］. 北京：中国人民大学出版社，2013.

26. 迈克尔·帕金. 宏观经济学［M］. 北京：人民邮电出版社，2003.

27. 曼昆·N. 格里高利著. 宏观经济学［M］，北京：中国人民大学出版社，2009.

28. 麦可思研究院. 2014年中国大学生就业报告（就业蓝皮书）［M］. 北京：社科文献出版社出版，2014.

29. 曲顺兰. 就业再就业财税政策研究［M］. 北京：经济管理出版社，2006.

30. 田成诗. 中国就业的宏观经济决定机制［M］. 北京：人民出版社，2011.

31. 托乌斯·J. 萨全特. 宏观经济理论［M］. 北京：中国经济出版社，1998.

32. 吴敬琏. 中国增长模式抉择［M］. 上海：上海远东出版社，2008.

33. 王文甫. 财政政策的就业效应研究［M］. 成都：西南财经大学出版社，2013.

34. 袁志刚. 非瓦尔拉斯均衡理论及其在中国经济中的应用［M］. 上海：上海三联出版社，1993.

35. 约翰·梅纳德·凯恩斯. 就业、利息和货币通论 [M]. 北京：商务印书馆，1983.

36. 杨伟国：转型中的中国就业政策 [M]. 北京：中国劳动社会保障出版社，2007.

37. 张车伟. 劳动供求关系变化与就业政策 [M]. 北京：机械工业出版社，2006.

38. 张勇. 中国就业制度变迁与公共政策选择 [M]. 南昌：江西科学技术出版社，2007.

39. 中国现代化战略研究课题组、中国科学院中国现代化研究中心. 中国现代化报告——世界现代化概览 [M]. 北京：北京大学出版社，2010.

40. 黄学斌. 促进就业的财税金融政策研究厦门 [D]. 厦门：厦门大学. 2007.

41. 王志伟. 中国就业函数 [D]. 北京：中共中央党校，2011.

42. 赵朝霞. 中国货币政策的就业结构效应研究 [D]. 湘潭：湘潭大学，2010.

43. 郑程. 教育—就业结构与就业—产业结构双联动：缓解劳动力市场结构性矛盾的新视角 [D]. 杭州：浙江大学，2011.

44. 丁守海. 托达罗模型真的能揭示中国的劳动力转移规律吗？——对修正后托达罗模型的实证检验. 2005 年中国经济学年会论文集 [C]. 2005：42－48.

45. 巴伟杰、伍艳. 中国货币政策与就业关系的实证分析 [J]. 海南金融，2010，(5)：52－63.

46. 常欣. 20 世纪 90 年代以来中国宏观政策的演进（1991—2002）[J]. 经济研究资料，2003，(12)：9－23.

47. 常云昆，肖六亿. 有效就业理论与宏观经济增长悖论 [J]. 经济理论与经济管理，2004，(2)：5－12.

48. 蔡昉、都阳、高文书. 就业弹性、自然失业和宏观经济政策——为什么经济增长没有带来显性就业？[J]. 经济研究，2004，(9)：18－25.

49. 蔡昉. 中国劳动力市场发育与就业变化 [J]. 经济研究，2007，(7)：4－14.

50. 蔡昉. 中国就业制度改革的回顾与思考 [J]. 理论前沿，2008，(11)：5－8.

51. 蔡昉、王广州、王美艳. 依靠深化教育缓解就业压力 [J]. 理论视野，

2009，(5)：31.

52. 蔡昉．"中等收入陷阱"的理论、经验与针对性 [J]．经济学动态，2011，(11)：4-9.

53. 蔡燕华．我国劳动力流动的一般均衡分析 [J]．金融经济，2006，(24)：29-31.

54. 陈美，张福明，孙鹏飞．劳动力有限供给条件下我国农村劳动力就业问题研究——基于刘易斯模型的分析 [J]．农业现代化研究，2012，(5)：580-584.

55. 陈晓卫．我国劳动力市场动态均衡分析与实证研究 [J]．成都信息工程学院学报，2006，(10)：775-778.

56. 陈永伟，徐冬林．税收优惠能够促进就业吗？——基于企业所得税的分析 [J]．中南财经政法大学学报，2011，(2)：29-34.

57. 陈桢．产业结构与就业结构关系失衡的实证分析 [J]．山西财经大学学报，2007，(10)：32-37.

58. 陈桢．经济增长与就业增长关系的实证研究 [J]．经济学家，2008，(2)：90-95.

59. 陈正光，骆正清．我国城乡社会保障支出均等化分析 [J]．江西财经大学学报．2010，(5)：54-58.

60. 邓远军．课税对我国就业影响的经济分析 [J]．税务研究，2006，(12)：14-19.

61. 董再平．税收和就业的经济学分析 [J]．税务研究，2008，(2)：19-23.

62. 董万好，刘兰娟．财政科教支出对就业及产业结构调整的影响——基于CGE 模拟分析 [J]．上海经济研究，2012，(2)：41-52.

63. 鄂永健．货币政策与就业：一个带有内生劳动力供给的MIU 模型 [J]．世界经济，2006，(7)：56-65.

64. 付伯颖．现行税制对劳动力供给影响的理论与实证分析 [J]．财经问题研究，2007，(9)：84-88.

65. 胡永刚、刘方．劳动调整成本、流动性约束与中国经济波动 [J]．经济研究，2007，(10)：32-43.

66. 高峰．大学生就业难：根源何在？[J]．中国就业，2013，(11)：23.

67. 葛蔓、刘祯．中国"高增长低就业"的断言太轻率 [J]．中国经济周刊，2006，(49)：32-33.

68. 龚玉泉．袁志刚．中国经济增长与就业增长非一致性及其形成机理 [J]，经济学动态，2002，(10)：35-39.

69. 关凤利,关利平,周传鹏. 城乡统筹就业视角下的农村公共投资问题与对策分析 [J]. 东北师大学报,(哲学社会科学版),2010,(1):28-33.

70. 谷宏伟. 教育成本、技术进步与劳动力市场均衡——对中国 80 年代义务教育发展的一个理论解释 [J]. 财经问题研究,2012,(10):115-122.

71. 辜胜阻、王敏、李睿. 就业结构性矛盾下的教育改革与调整 [J]. 教育研究,2013,(5):12-18.

72. 郭庆松. 新世纪我国实施就业发展战略需要注意的几个问题——兼论 21 世纪前一二十年我国城乡劳动力供求的影响因素 [J]. 人口与经济,2004,(1):41-47.

73. 郭庆旺,贾俊雪,刘晓路. 财政政策与宏观经济稳定:情势转变视角 [J]. 管理世界,2007,(5):7-15.

74. 郭新强,胡永刚. 中国财政支出与财政支出结构偏向的就业效应 [J]. 经济研究,2012,(增2):5-17.

75. 郭瑜,贾德芳. 城乡统筹就业的财政政策支持 [J]. 2010,(12):81-82.

76. 胡鞍钢,杨竺松,鄢一龙. 就业发展"十三五"基本思路与目标——构建更高质量的充分就业型社会 [J]. 北京交通大学学报(社会科学版),2015,(1):1-6.

77. 黄婧. 中国经济增长与就业非一致性的成因分析——基于要素配置扭曲的视角 [J]. 经济问题探索,2011,(1):13-17.

78. 黄婧. 双重二元分割视角下中国失业问题探析 [J]. 中央财经大学学报,2011,(4):72-76.

79. 黄赜琳. 技术进步与就业波动变化的影响分析——基于可分劳动 RBC 模型的实证检验 [J]. 统计研究,2006,(6):34-38.

80. 贾海彦. 转型期财政政策与就业政策:冲突抑或搭配 [J]. 改革,2007,(5):42-48.

81. 纪韶,李舒丹,周亮亮. 宏观财政政策对就业影响效应的研究综述 [J]. 人口与经济.2009,(2):42-48.

82. 赖德胜,李长安. 当前我国就业领域的主要矛盾及其对策 [J]. 经济学动态,2010,(3):68-72.

83. 赖德胜,孟大虎,李长安,田永坡. 中国就业政策评价 1998—2008 [J]. 北京师范大学学报(社会科学版),2011,(3):110-124.

84. 劳动和社会保障部劳动科学研究所课题组. 建立促进就业的长效机制

[J]．理论参考，2006，(11)：17－20．

85．李村璞，赵守国，何静．我国的政府规模与经济增长：1979—2008——基于非线性 STR 模型的实证分析［J］．经济科学，2010，(4)：15－26．

86．李红松．我国经济增长与就业弹性问题研究［J］．财经研究，2003，(4)：23－27．

87．李建民．中国劳动力市场多重分割及其对劳动力供求的影响［J］．中国人口科学，2002，(2)：1－7．

88．李鹏．促进我国城乡就业统筹发展的税收政策［J］．税务研究，2010，(12)：14－18．

89．李素梅．我国货币政策与就业政策有效联结之途径［J］．现代财经，2001，(3)：25－28．

90．李晓芳，高铁梅，梁云芳．税收和政府支出政策对产出动态冲击效应的计量分析［J］，财贸经济，2005，(2)：32－39．

91．李星星，货币供给、通货膨胀与经济增长关系实证研究［J］．现代营销，2016，(2)：6－7．

92．李永友．我国经济波动与财政政策波动的关联性分析——兼论我国财政政策的相机抉择与自动稳定机制［J］．财贸经济，2006，(4)：73－80．

93．林秀梅．经济增长、经济结构与就业的互动机理［J］．社会科学战线．2009，(4)：101－103．

94．刘长生，简玉峰．税收、财政支出与内生经济增长［J］．经济问题，2009，(4)：17－20．

95．刘金全．货币政策的有效性和非对称性［J］．管理世界，2002，(3)：43－51．

96．刘军．建立科学的就业促进长效机制［J］．中国劳动保障，2005，(11)：50．

97．刘溶沧，马拴友．论税收与经济增长——对中国劳动、资本和消费征税的效应分析［J］．中国社会科学，2002，(1)：67－76．

98．刘社建．就业制度改革三十年的回顾与反思［J］．社会科学，2008，(3)：117－122．

99．刘伟．我国宏观经济失衡的新特征［J］．中共中央党校学报，2007，(1)：31－37．

100．刘学军，赵耀辉．劳动力流动对城市劳动力市场的影响［J］．经济学(季刊)，2009，(2)：693－710．

101. 刘燕斌，马永堂. 公共财政对就业经费投入比较研究，（下）［J］. 中国劳动，2007，（7）：110－124.

102. 刘怡，聂海峰，邢春冰. 个人所得税费用扣除调整的劳动供给效应［J］. 财贸经济，2010，（6）：52－69.

103. 刘毅、杨宇. 中国人口、资源与环境面临的突出问题及应对新思考［J］. 中国科学院院刊，2014，（2）：248－256.

104. 刘宗明. 投资冲击与劳动就业动态：经验事实与理论解释［J］. 南开经济研究，2011，（6）：66－93.

105. 刘宗明. 工资加成、就业抑制与最优货币政策分析——货币政策是否应该对劳动力市场作出反馈？［J］. 南开经济研究，2013，（1）：68－90.

106. 楼继伟. 中国经济最大潜力在于改革［J］. 求是，2016，（1）：16－20.

107. 马岩. 我国向对中等收入陷阱的挑战及对策［J］. 经济学动态，2009，（7）：42－46.

108. 苗文龙、万杰. 经济运行中的技术进步与选择——基于中国技术发展路径与经济增长、就业关系的实证分析［J］. 经济评论，2005，（3）：34－38.

109. 明娟，王文甫. 技术冲击、非技术冲击与中国劳动就业的实证分析［J］. 南京师大学报（社会科学版），2011，（2）：72－78.

110. 莫荣. 贯彻落实就业优先的发展战略［J］. 中国就业，2012，（10）：6－8.

111. 欧阳志刚. 我国政府支出对经济增长贡献的经验研究［J］. 数量经济技术经济研究，2004，（5）：5－10.

112. 潘国锋，刘良. 二元经济刘易斯拐点与劳动力就业［J］. 企业导报，2013，（10）：23－24.

113. 裴平、熊鹏. 我国货币政策传导过程中的"渗漏"效应［J］. 经济研究，2003，（8）：21－27.

114. 钱雪亚，张昭时，姚先国. 城镇劳动力市场城乡分割的程度与特征——基于浙江数据的经验研究［J］. 统计研究，2009，（10）：23－31.

115. 钱燕、万解秋. 货币供应！通货膨胀与经济增长的互动关系研究——基于时变参数VAR模型的实证检验［J］. 西安财经学院学报，2014，（1）：5－10.

116. 邱嘉锋，董直庆. 经济增长和就业增长周期波动关联效应——来自时域和频域的经验证据［J］. 经济学动态，2010，（4）：46－49.

117. 睿君. 我国的动态劳动需求及就业保护制度的影响：基于动态面板数据

的研究[J].南开经济研究,2010,(1):66-78.

118. 邵国华.我国货币供给与经济增长的相关性实证分析[J].理论探讨,2008,(5):86-90.

119. 宋晓梧:专家热议就业优先——就业优先战略研讨会侧记[J].中国就业,2010,(5):4-6.

120. 孙艳梅、郭红玉.我国货币政策传导的央行沟通路径研究[J].经济问题探索,2013,(6):54-57.

121. 唐平.我国扩大就业的货币政策——基于结构性就业分析[J].经济体制改革,2010,(3):40-43.

122. 田雪原.通货膨胀、劳动力市场与工资率走势[J].财贸经济,2011,(7):5-10.

123. 万国峰.贸易条件恶化:劳动力市场均衡和比较优势[J].云南财经大学学报,2003,(3):32-34.

124. 王芳琴,于维生.基于人力资本视角的劳动力市场非均衡分析[J].经济问题,2012,(9):25-30.

125. 王君斌、薛鹤翔.扩张型货币政策能刺激就业吗?——刚性工资模型下的劳动力市场动态分析[J].统计研究,2010,(6):7-16.

126. 王娜,夏杰长.税收对城镇居民劳动供给影响的实证分析[J].税务研究,2006,(9):5-8.

127. 王伟.金融危机背景下中国货币政策有效性的实证研究[J].求索,2011,(2):14-16.

128. 王旭升,王旭辉.重化工业阶段的就业效应探析[J].生产力研究,2009,(11):89-91.

129. 王志宇,田金信,王文静.财政支出政策的就业效应研究[J].预测,2012,(3):19-23.

130. 吴江,张艳丽,刘勇.财政政策冲击对实体经济的总体和结构性影响分析[J].财政研究,2011,(7):42-47.

131. 小志:世界就业政策和就业服务的沿革与发展[J].中国就业,2012,(9):14.

132. 小志.就业质量的内涵[J].中国就业,2013,(10):13;2013,(11):14.

133. 肖捷.努力建立政府促进就业的长效机制(摘要)[J].中国就业,2004,(5):21.

134. 辛振国. 劳动力市场的非均衡性与失业问题 [J]. 商业时代, 2007, (17): 9 – 11.

135. 徐瑾. 中等收入陷阱研究评述——兼对"东亚增长模式"的思考及启示 [J]. 经济学动态, 2014, (5): 96 – 103.

136. 许先普. 货币政策与居民就业——基于带有内生劳动力供给的 Sidrauski 模型分析框架 [J]. 经济前沿, 2009, (5): 14 – 19.

137. 徐旭川, 杨丽琳. 公共投资就业效应的一个解释——基于 CES 生产函数的分析及其检验 [J]. 数量经济技术经济研究, 2006, (11): 94 – 103.

138. 徐振. 财政社会保障支出对资本和劳动供给的挤出效应分析 [J]. 财会研究, 2011, (19): 12 – 14.

139. 严成樑, 龚六堂. 财政支出、税收与长期经济增长 [J]. 经济研究, 2009, (6): 4 – 15.

140. 姚远. 中国货币供应、通货膨胀及经济增长关系实证研究 [J]. 经济与管理, 2007, (2): 45 – 49.

141. 杨秋明, 姜海蓉, 魏丽. 就业结构与产业结构协调性及其影响因素——以江苏省为例 [J]. 企业经济, 2013, (2): 159 – 162.

142. 叶志明. 探究大学生就业难的治本之策 [J]. 中国高等教育, 2009, (20): 46 – 47.

143. 尹音频, 张昆明. 财政政策结构的就业效应分析与思考 [J]. 西南民族大学学报 (人文社科版), 2004, (2): 201 – 204.

144. 于洪. 我国个人所得税税负归宿与劳动力供给的研究 [J]. 财经研究, 2004, (4): 50 – 59.

145. 余显才. 所得税劳动供给效应的实证研究 [J]. 管理世界, 2006, (1): 28 – 40.

146. 赵曼, 顾永红. 财政就业支出的政策效果及其改进建议 [J]. 中国财政, 2009, (19): 54 – 55.

147. 赵应生等. 转变教育发展方式：教育事业科学发展的必然选择 [J]. 教育研究, 2012, (1): 34 – 35.

148. 张世伟, 周闯, 万相昱. 个人所得税制度改革的劳动供给效应——基于自然实验的研究途径 [J]. 吉林大学社会科学学报, 2008, (4): 98 – 106.

149. 张世伟, 周闯. 工薪所得税减除费用标准提升的作用效果：基于劳动供给行为微观模拟的研究途径 [J]. 世界经济, 2010, (2): 67 – 82.

150. 张文, 郭苑. 城乡收入差距演化与就业结构转化的关系研究——基于中国经验数据的协整与因果分析［J］.经济体制改革,2012,(3):168-172.

151. 邹一南,石腾超.产业结构升级的就业效应分析［J］.上海经济研究,2012,(12):3-13.

152. 周锦林.关于我国货币"中性"问题的实证研究［J］.经济科学,2002,(1):61-65.

153. 中国就业促进会课题组."十二五"就业优先势在必行——关于"就业优先发展战略"的若干思考［J］.人才资源开发,2011,(2):6-9.

154. 中国就业促进会课题组.开动网络创业就业"引擎"——网络创业促进就业研究取得重大成果［J］.中国就业,2013,(4):8-11.

155. 朱加凤.我国财政货币政策就业效应的实证分析［J］.学术交流,2009,(6):127-129.

156. 就业稳定"双创"迅猛社保改革取得重大进展——人社部部长尹蔚民答记者问［N］.中国劳动保障报,2015-10-16(1).

157. 刘丽靓.中央出重拳!八大行业"僵尸"国企逐步退出［N］.中国证券报,2015-12-28(A01).

158. 我国首次公布基尼系数.统计局承认贫富差距较大［N］.北京晨报,2013-01-19(2).

159. 周天勇.中国经济深层次问题的分析［N］.中国经济时报,2006.7.11(5).

160. 中国就业促进会.积极有效地应对就业结构性矛盾——关于就业结构性问题的研究［N］.中国劳动保障报,2014-3-19(3).

161. 方烨.李克强:供需两端发力兼顾远近目标［DB/OL］.［2015-12-7］.http//www.gve.cn.

162. 李克强主持召开国务院常务会议［DB/OL］.［2015-9-1］.http://www.gov.cn.

163. 鲁昕.发展现代职业教育解决就业结构性矛盾［DB/OL］.［2014-03-22］.http//www.finance.sina.com.cn.

164. 人力资源和社会保障部.2013年度人力资源和社会保障事业发展统计公报［EB/OL］.［2014-05-28］.http://www.mohrss.gov.cn.

165. 人力资源和社会保障部.2014年度人力资源和社会保障事业发展统计公报［EB/OL］.［2015-05-28］.http://www.mohrss.gov.cn.

166. 社科院:经济新常态下就业结构性问题突出［DB/OL］.［2014-12-25］.http://www.yicai.com/news.

167. 石睿. 人社部:"十三五"期间每年需安排2500万人在城镇就业 [DB/OL]. [2015-10-16]. http://www.caixin.com.

168. 宋晓梧:深化改革,促进经济发展方式转变 [DB/OL]. [2009-10-26]. http://finance.sina.com.cn/hy/20091026/10196882600.shtml.

169. 提法排序均有变习近平讲话透露"十三五"哪些重大改变? [DB/OL]. [2015-7-25]. http://www.ce.cn.

170. 中国就业促进会. 积极有效地应对就业结构性矛盾——关于就业结构性问题的研究 [DB/OL]. [2014-03-19]. http://www.clssn.com:80/html/node/95864-1.htm.

171. 中国人力资源市场信息监测中心. 2001年至2014年各季度部分城市公共就业服务机构市场供求状况分析 [EB/OL]. [2015-07-15]. http://www.mohrss.gov.cn.

172. 中共第十八次代表大会报告.《坚定不移沿着中国特色社会主义道路前进为全面建成小康社会而奋斗》. 2012.1.8.

173. 国务院《国家中长期科技发展规划纲要》. 2006.2.9.

174. 国务院《国家中长期教育改革和发展规划纲要》. 2010.5.5.

175. 国务院《国家中长期人才发展规划纲要》. 2010.6.6.

176. 国务院《"十二五"促进就业规划》(国发〔2012〕6号), 2012.02.10.

177. 国务院.《"十二五"国家战略性新兴产业发展规划》(国发〔2012〕28号), 2012.7.9.

178. 国务院《服务业发展"十二五"规划》(国发〔2012〕62号), 2012.12.12.

179. 国务院《关于加快发展现代职业教育的决定》(国发〔2014〕19号).

180. 国务院.《关于进一步做好新形势下就业创业工作的意见》(国发〔2015〕23号).

181. 国务院.《关于深化体制机制改革加快实施创新驱动发展战略的若干意见》, 2015.03.13.

182. 国务院办公厅.《关于做好2014年全国普通高等学校毕业生就业创业工作的通知》(国办发〔2014〕22号).

183. 国务院办公厅.《关于支持农民工等人员返乡创业的意见》(国办发〔2015〕47号). 2015.6.17.

184.《现代服务业科技发展"十二五"专项规划》(国科发计〔2012〕70号). 2012.02.22.

185.《2015年中央经济工作会议公报》. 2015.12.22.

186. 《2015年政府工作报告》. 2015. 3. 5.

187. 《国民经济和社会发展第十三个五年规划纲要》. 2016. 3.

188. 《关于下岗失业人员再就业有关税收政策问题的通知》（财税〔2005〕186号）.

189. 《关于促进残疾人就业税收优惠政策的通知》（财税〔2007〕92号）.

190. 《关于延长下岗失业人员再就业有关税收政策的通知》（财税〔2009〕23号）.

191. 《关于继续实施支持和促进重点群体创业就业有关税收政策的通知》（财税〔2014〕39号）.

192. 《关于继续实施支持和促进重点群体创业就业有关税收政策的通知》（国税局公告〔2014〕34号）.

193. 《关于促进残疾人就业税收优惠政策相关问题的公告》（国税局公告〔2015〕55号）.

194. 《关于扩大企业吸纳就业税收优惠适用人员范围的通知》（财税〔2015〕77号）.

195. Aaberge, R. Microsimulation Model for Policy Analysis: Challenges and Innovations [M]. London: Cambridge University Publish Press, 2000: 260 – 300.

196. Armey D. The Freedom Revolution [M]. Washington: Regnery Bourgeois, 1995: 1164 – 1782.

197. Blundell, R. and MaCurdy, T. Labor supply: A review of approaches in Ashenfelter [M]. Handbook of Labor Economics [M]. New York: North – Holland Publish Press, 1999: 1560 – 1670.

198. Davis, Steven J & Henrekson, Magnus. Tax Effects on Work Activity, Industry Mix and Shadow Economy Size: Evidence from Rich Country Comparisons. Cheltenham [M], U. K. and Northampton, Mass: Elgar, 2005: 44 – 104.

199. Friedman M & Schwartz A. A monetary history of the United States, 1867 – 1960 [M]. New Jersey: Princeton University Press, 1963: 31 – 48.

200. G Ranis & J C H Fei. Development of the Labor Surplus Economics: Theory and Policy [M]. Homewood Illinois Richard D. Irwin, 1964: 32 – 186.

201. Plosser Charles I. The Search for Growth [M]. Symposium Series. Kansas City: Author. 1992: 57 – 86.

202. Sala – i – Martin, Xavier et al, The Global Competitiveness Report 2010 – 2011, World Economic Forum [M]. Geneva, Switzerland, 2010.

203. Shapiro M. D. & M. Watson. Sources of Business Cycle Fluctuations [M]. In NBER Macroeconomics Annual, MIT Press. Cambridge, Massachusetts. 1988: 111 – 148.

204. Vedder R K & Gallaway L. Government Size and Economic Growth [M]. Washington: Joint Economic Committee. 1998: 12 – 34.

205. Alan J. Auerbach, Hassett Kevin. Fiscal Policy and Uncertainty [J]. International Finance, 2002, 5 (2): 229 – 249.

206. Appelbaum E & Schettkat R. Employment and Productivity in Industrialized Economy [J]. International Labor Review, 1995, 134 (4 – 5): 605 – 623.

207. Bae Sang – Kun & Ratti Ronald A. Long – run Neutrality, Nigh Inflation, and Bank Insolvencies in Argentina and Brazil? [J]. Journal of Monetary Economics, 2000, 46 (3): 581 – 604.

208. Barbara Roffia & Andrea Zaghini. Excess Money Growth and High Flation Dynamies [J]. International Finance, 2007, 10 (3): 241 – 280.

209. Basu S., J. G. Fernald & M. S. Kimball. Are Technology Improvements Contractionary? [J]. American Economic Review, 2006, 196 (5): 1418 – 1448.

210. Bernanke Ben S & Blinder Alan S. The Federal Funds Rate and the Channels of Monetary Transmission [J]. American Economic Review, 1992, 82 (4): 901 – 921.

211. Blondal Sveinbjorn & Scarpetta Stefano. Early Retirement in OECD Countries: The Role of Social Security Systems [J]. OECD. Economic Studies, 1997, 2 (29): 233 – 257.

212. Bluestone, Barry. Deindustrialization and Unemployment in America. Review of Black Political Economy [J]. 1988, 17 (2): 29 – 44.

213. Boskin, J, M. The Economics of Labor supply [J]. Income Maintenance and Labor Supply, 1973: 163 – 218.

214. Boston, Thomas D. Segmented Labor Markets: New Evidence from a Study of Four Race – Gender Groups. Industrial and Labor Relations Review [J]. 1990, 44 (1): 99 – 115.

215. Bowles, Samuel & Gintis, Herbert. The Problem with Human Capital Theory – A Marxian Critique. American Economic Review [J]. 1975, 65 (2): 74 – 82.

216. Bratberg, M, Espen, H, Holmas, T, H. and Thogersen Oystein. Assessing the Effects of an Early Retirement Program [J]. Population Economics, 2004, 17 (3): 387 – 408.

217. Capolupo Rosa. Output Taxation, Human Capital and Growth [J]. Manchester Schoo, 2000, 68 (2): 166 – 183.

218. Carlsson M. Measure of Technology and the Short – Run Response to Technology Shock: Is the RBC Model Consistent with Swedish Manufacturing Data? [J]. The Scandinavian Journal of Economics, 2000, 105 (4): 555 – 579.

219. Chang E C, Chang JW. Inflation and relative price variability: a revisit. [J] Applied Economics Letters, 2002, 9 (5): 325 – 330.

220. Christiano L., M. Eichenbaum & R. Vigfusson. What Happens After a Technology Shock?. NBER Working Paper, 2003: 9819.

221. Dar, Atul A & AmirKhalkhali, Sal. Government Size, Factor Accumulation, and Economic Growth: Evidence from OECD Countries [J]. Journal of Policy Modeling, 2002, 24 (7 – 8): 679 – 692.

222. David Bulletin Archer. Monetary Policy, Output and Employment [J]. Reserve Bank, 1994, (4): 57.

223. Demetriades, P and Mamuneas, T. Intertemporal Output and Employment Effects of Public Infrastructure Capital: Evidence from 12 OECD Economies [J]. The Economic Journal, 2000, 110 (4): 687 – 712.

224. Diamond J. W. Dynamic Effects of Extending the 2001 and 2003 Income Tax Cuts [J]. International Tax And Public Finance, 2005, 12 (2): 165 – 192.

225. Dixon H. D &N. Rankin. In Perfect Competition and Macroeconomics: A Survye.. Oxford Economic papers, 1994, 44 (1): 171 – 199.

226. Eissa, N. "Taxation and Labor Supply of Married Women: The Tax Reform Act of 1986 as A Natural Experiment [J]. NBER Working Paper, 1995: 5023.

227. Erceg C. J. Henderson D. W. Levin A. T. Optimal Monetary Policy with Staggered Wage and Price Contracts [J]. Journal of Monetary Economics, 2000, 46 (2): 281 – 313.

228. Faia E. Optimal Monetary Policy Rules with Labor Market Frictions [J]. Journal of Economic Dynamics & Control, 2008, (32): 16 – 21.

229. Fatas, A. & I. Mihov. The Case for Restricting Fiscal Policy Discretion [J]. Quarterly Journal of Economics, 2003, 118 (4): 1419 – 1447.

230. Fisher J. D. M. The Dynamic Effect of Neutral and Investment Specific Technology Shocks [J]. Journal of Political Economy, 2006, 114 (3): 413 – 451.

231. Garfinkle N. Supply – side vs. Demand – side Tax Cuts and US Economic

Growth: 1951 – 2004 [J]. Critical Review, 2005, 17 (3 – 4): 427 – 448.

232. Gourinchas P. O. Exchange rate do matter: French job reallocation and exchange rate turbulence. 1984 – 1992. European Economic Review [J]. 1999, 43 (1): 279 – 316.

233. Gwartney, James & Holcombe, Randall & Lawson, Robert [J]. The Scope of Government and the Wealth of Nations Cato Journal, 1998, 18 (2): 163 – 190.

234. Hall, R. Wages, Income, and Hours of Work in the U. S. Labor Force [J]. Income Maintenance and Labor Supply, 1973: 102 – 162.

235. Hausman, J. How Taxes Affect Economic Behavior [J]. Journal of European Economic History, 1981, 10 (1): 131 – 143.

236. Hausman, J and Ruud, P. A Family Labor Supply with Taxes [J]. American Economic Review, 1984, 74 (2): 242 – 248.

237. Ippolito Richard A. Toward Explaining Earlier Retirement after 1970 [J]. Industrial and labor Relation Review, 1990, 43 (5): 556 – 569.

238. James S. Guseh. Government Size and Economic Growth in Developing Countries: A Political Economy Framework [J]. Journal of Macroeconomics. 1997, 19 (3): 175 – 192.

239. Jane Ihrig & Karine S. Moe. Tax Policies and Informal Employment: The Asian Experience. Asian Econimic Journa [J]. 2001, 15 (4): 369 – 383.

240. Jones, John Bailey. Has Fiscal Policy Helped Stabilize the Postwar U. S. Economy? [J]. Journal of Monetary Economics, 2002, 49 (4): 709 – 746.

241. Jorgenson, D W. Lucas, Robert E, Jr. Expectations and the Neutrality of Money. Journal of Economic Theory [J]. 1972, 4 (2): 103 – 124.

242. Kosi, T. and Bojnec, S. The Impact of Labor Taxation on Job Creation and Unemployment [J]. Ekonomicky Casopis/Journal of Economics, 2006, 54 (7): 652 – 667.

243. Kowsky, H. Donald & Foote, G. William Intertemporal Substitution in Macroeconomics: Consumption, Labor Supply and Money Demand [J]. The Review of Economics and Statistics, 1992 (5): 333 – 338.

244. Kydland F E, Prescott. Time to Build Aggregate Fluctuations [J]. Econometrica, 1982, 50 (6): 1345 – 1371.

245. Landau, Daniel L. Government Expenditure and Economic Growth: A Cross – Country Study [J]. Southern Economic Journal., 1983, 49 (3): 783 – 792.

246. Lin, Steven A. Government Spending and Economic Growth [J]. Applied Economics, 1994, 26 (1): 83 – 94.

247. Lorenzo Forni, Libero Monteforte & Luca Sessa. The General Equilibrium Efects of Fiscal Policy: Estimates for the Euro Area [J]. Journal of Public Economics., 2009, 93 (3 – 4): 559 – 585.

248. Mallick S. K & Rafiq M. S. The Effect of Monetary Policy on Output. in EMU3: A Sign Restriction Approach [J]. Journal of Macroeconomics, 2008, 30 (4): 1756 – 1791.

249. Martin Feldstein. Is there a role for discretionary fiscal policy: a critique. NBER Working Paper, 2002: 9336.

250. McCandless & Weber. Subsample instability and asymmetries in money – income causality [J]. Journal of Econometrics, 1995, 64 (2) : 669 – 840.

251. Mika, K. and Ville, K. The effects of fiscal policy on economic activity in Finland [J]. Journal of Economic Modelling, 2010, 27 (5): 1315 – 1323.

252. Molana H, Moutos T. A note on taxation, imperfect competition and the balanced budget multiplier [J]. Oxford Economic Papers, 1992, 44 (1): 68 – 74.

253. Orcutt, G. "A New Type of Social – economic System [J]. Review of Economics and Statistics, 1957, 39 (2): 36 – 57.

254. Osterman, Paul. An Empirical Study of Labor Market Segmentation. Industrial and Labor Relations Review [J]. 1975, 28 (4): 508 – 523.

255. Padalino S & Vivarelli M. The Employment Intensity of Economic Growth in the G – 7 Countries [J]. International Labor Review, 1997, 136 (2): 191 – 213.

256. Peter G & Neil B. The Determination of Employment in Counties: Some Evidence on the Importance of Local Authority Fiscal policy and Government Regional Policy in England and Wales. Applied Economics [J]. 1982, 14 (3): 211 – 218.

257. Pevcin P. Economic Output and the Optimal Size of Government [J]. Economic and Business Review, 2004, 6 (3): 213 – 227.

258. Pierre – Richard Age'nor. Fiscal Adjustment and Labor Market Dynamics in an Open Economy [J]. Journal of Development Economics, 2005, 16 (1): 97 – 125.

259. Ram, Rati. Government Size and Economic Growth: A New Framework and Some Evidence from Cross – Section and Time – Series Data [J]. American Economic Review, 1986, 76 (1): 191 – 203.

260. Roeger W. Growth, Employment and Taxation with Distortions in the Goods and Labor Market [J]. German Economic Review, 2007, 8 (1): 1 – 27.

261. Romer C. D & Romer D. H. Does monetary policy matter? A New test in the sprite of Friedman and Schwarz in Blanehard O. J. and Fisher. eds NBER [J]. Macroeconomic Annual. 1989: 121 – 180.

262. Sandmo Agnar. Investment Incentives and the Corporate Income Tax. [J]. Journal of Political Economy, 1974, 82 (2): 287 – 302.

263. Silvia, A. Fiscal policy in unionized labor markets [J]. Journal of Economic Dynamics & Control, 2007, 31 (5): 1498 – 1534.

264. Surplus agricultural labour and the development of a dual economy. Oxford Economic Papers. New Series [J]. 1967, 19 (3): 7288 – 7312.

265. Tabb, William K. Perspectives on Black Economic Development. Journal of Economic Issues [J]. 1970, 4 (4): 68 – 81.

266. Tamai M and Toshiki, R. Employment, Fiscal Policy, and Oligopsonistic Labour Market [J]. Australian Journal of Labour Economics, 2009, 67 (3): 321 – 337.

267. Thurow, L C. Disequilibrium and the marginal productivity of capital and labor. Review of Economics and Statistics [J]. 1968, 40 (3): 23 – 31.

268. Todaro, Michael P. Income Expections, Rural – Urban Migration and Employment in Africa. International Labor Review [J]. 1971, 104 (5): 387 – 413.

269. Turnovsky S. J. Optimal Tax, Debt, and Expenditure Policies in a Growing Economy [J]. Journal of public Economics, 1996, 60 (1): 21 – 44.

270. Uhlig H. Do Technology Shocks Lead to a Fall in Total Hours Worked? [J]. Journal of the European Economic Association, 2004, 12 (2 – 3): 361 – 371.

271. Wales, T. and Woodland, A. "Labor Supply and Progressive Taxes [J]. Review of Economic Studies, 1979, 46 (1): 88 – 10.

272. W. A. Lewis. Economic Development with Unlimited Supplies of Labor. Manchester School of Economic and Social Studies [J]. 1954, 22 (3): 153 – 165.

273. Wang P & Yip C K. Examining the long – run effect of money on economic growth [J]. Journal of Macroeconomics, 1992, 14 (2): 359 – 369.

274. Yelena Takhtamanova, Eva Sierminska. Gender differences in the effect of monetary policy on employment: The case of nine OECD countries. IRISS Working Paper, 2008, 4 (5): 1 – 46.

后　记

　　治理失业与实现充分就业，向来都是世界各国政府面临的难题，尤其是经济转轨的中国所面临的重大政治、经济、社会问题。实现更加充分的就业是十三五时期我国全面建成小康社会的重要战略目标。因而，深入探索保障我国充分就业的长效机制与公共政策构架具有重要的战略现实意义与决策应用价值。

　　2013年我们获得了国家社学科学基金项目《充分就业的长效机制与公共政策重构研究》（项目批准号：13BZZ055）。在此后的几年里，我们查阅了大量的文献资料，进行调查研究，反复开展讨论，写作修改，终于完成了课题，本著作就是这一项目研究的最终成果。本项目由西南财经大学博士生导师尹音频教授主持，负责研究框架设计、部分章节撰写以及总纂修改工作。课题组成员杨晓妹、杨欣彦、王君斌、陈勇明、张莹、魏彧、张丽丽、杨玲玲承担了文献和数据的收集以及撰写工作。

　　在本项目申报、立项、研究、撰写的过程中，得到国家社学科学基金、西南财经大学财税学院、西南财经大学科研处的有力支持；在撰写过程中，还吸收了国内外的相关研究成果；在出版过程中，胡博编辑精益求精的工作为本书增色添彩。在此，我们一并表示诚挚的谢意。

　　就业是涉及政治、经济、社会的跨学科综合命题，我们期望本著作能抛砖引玉，为推进这一领域的研究而共同努力。恳请专家和读者批评指正。

尹音频
2017年秋于成都光华园